目　次

—Contents—

音声ファイル無料ダウンロード

本書内の の表示がある箇所の音声は、下記方法にて無料でダウンロードできます。

※音声ファイルは、各パートのパート別バージョンと、テスト開始の挨拶から終了の合図までのテスト本番バージョンの2パターンございます。

ダウンロードパスワード：**hskkako2104**

◇ **スマホ・タブレットから**

“App Store”、“Google Playストア”で HSK音声ポケット を検索して無料アプリをインストール

【手順】
①「MYポケット」ページの 書籍を追加 をタップ
②「書籍一覧」ページで、ダウンロードする書籍をタップ
③「PW入力」ページに、ダウンロードパスワードを入力し、ダウンロード をタップ

◆ **パソコンから**

URL：**https://ch-edu.net/hsk_kakomon2021/**

【手順】
①上記URLにアクセス
（URLからアクセスする際は、検索欄ではなく、ページ上部のURLが表示されている部分に直接ご入力下さい。）
②アクセス先のページでダウンロードパスワードとメールアドレス等の必要事項を入力
③ご入力いただいたメールアドレス宛にダウンロードページURLが記載されたメールが届く
（自動送信の為、ご入力いただいたメールアドレスに必ずお送りしています。受信しない場合は、迷惑メールフォルダー等をご確認下さい。それでも受信していない場合は再度初めからご登録下さい。）
④ダウンロードページにて音声（MP3）ファイルをダウンロード

※CDはご用意しておりませんのでご了承下さい。

はじめに

1. 本書について

○ 本書には、近年実施されたHSKの試験５回分の問題を収録しています。聴力問題の音声はすべて無料でダウンロードしていただけます。詳細は2ページをご覧ください。

○ 115ページからの解答・解説には、聴力問題のリスニングスクリプトと和訳、読解問題の和訳と解説、書写問題の和訳と解説を掲載しています。

○ 本書では、逐語訳を基本としていますが、訳文がなるべく自然な日本語となるよう、各文法要素が読み取れるような表現を使用しています。

2. 文法用語

解説では次の用語を使用しています。

文を構成するもの及び文の成分

・単語、連語（=フレーズ）、節

・主語、述語、目的語、状語（=連用修飾語）、定語（=連体修飾語）、補語（状態補語、程度補語、結果補語、方向補語、可能補語、数量補語）

品詞等

名詞、時間詞、場所詞、方位詞、数詞、量詞（名量詞、動量詞）、数量詞、代詞（人称代詞、指示代詞、疑問代詞）、動詞、能願動詞（=助動詞）、形容詞、副詞（一般副詞、否定副詞）、介詞、接続詞、助詞（構造助詞、動態助詞、語気助詞）、感動詞、擬声詞、離合詞、成語、慣用語、接頭辞、接尾辞

HSK 概要

HSK とは？？

HSKは中国語能力検定試験 **"汉语水平考试"**（Hanyu Shuiping Kaoshi）のピンインの頭文字をとった略称です。HSKは、中国政府教育部（日本の文部科学省に相当）が認定する世界共通の中国語の語学検定試験で、母語が中国語ではない人の中国語の能力を測るために作られたものです。現在、中国国内だけでなく、世界各地で実施されています。

Hanyu **S**huiping **K**aoshi
汉语 水平 考试

中国政府認定
世界共通のテスト

HSKの導入と試験内容

HSKは、1990年に中国国内で初めて実施され、翌1991年から、世界各国で実施されるようになりました。

2010年から導入されたHSKでは、これまで以上にあらゆるレベルの学習者に対応できるよう、試験難易度の幅を広げ、各段階での学習者のニーズを満たすことを目指しました。また、HSKは、中国語によるコミュニケーション能力の測定を第一の目的とした実用的な試験です。そのため、実際のコミュニケーションで使用する会話形式の問題や、リスニング、スピーキング能力の測定に重点をおいた試験となっています。

HSK受験のメリット

HSKは、中国政府の認定試験であるため、中国において中国語能力の公的な証明として通用し、HSK証書は中国の留学基準や就職の際にも活用されています。

また、2010年のリニューアルでは、ヨーロッパにおいて外国語学習者の能力評価時に共通の基準となるCEFR※1と合致するよう設計されたため、欧米各国の外国語テストとの互換性から難易度の比較がしやすく、世界のどの地域でも適切な評価を受けることが可能となりました。

中国語能力の測定基準

- 自分の中国語能力を測定することで、学習の効果を確認するとともに、学習の目標として設定することでモチベーション向上につながります。

企業への中国語能力のアピール

- 企業採用選考時の自己アピールとして中国語能力を世界レベルで証明できるだけでなく、入社後の実務においても中国語のコミュニケーション能力を社内でアピールする手段になり、現地（中国）勤務や昇進等の機会を得ることにつながります。

中国の大学への留学や中国での就職

- HSKは大学への本科留学の際に必要な条件となっています。また、中国国内での就職を考える際にも、中国語能力を証明するために必要な資格であると言えます。

日本国内の大学入試優遇

- 大学入試の際にHSKの資格保有者に対し優遇措置をとる大学が増えてきています。（詳細はHSK事務局HP：https://www.hskj.jp）

※1
CEFR（ヨーロッパ言語共通参照枠組み：Common European Framework of Reference for Languages: Learning, teaching, assessment）は、ヨーロッパにおいて、外国語教育のシラバス、カリキュラム、教科書、試験の作成時、および学習者の能力評価時に共通の基準となるもので、欧州評議会によって制定されたもの。学習者個人の生涯にわたる言語学習を、ヨーロッパのどこに住んでいても断続的に測定することができるよう、言語運用能力を段階的に明記している。

HSK 各級のレベル

HSKでは、1級から6級までに級が分けられ、合否およびスコアによって評価されます。

難易度 高 → 低

級	試験の程度	語彙量	CEFR	
6級	中国語の情報をスムーズに読んだり聞いたりすることができ、会話や文章により、自分の見解を流暢に表現することができる。	5,000語以上の常用中国語単語	C2	熟達した言語使用者
5級	中国語の新聞・雑誌を読んだり、中国語のテレビや映画を鑑賞したりでき、中国語を用いて比較的整ったスピーチを行うことができる。	2,500語程度の常用中国語単語	C1	
4級	中国語を用いて、広範囲の話題について会話ができ、中国語を母国語とする相手と比較的流暢にコミュニケーションをとることができる。	1,200語程度の常用中国語単語	B2	自立した言語使用者
3級	生活・学習・仕事などの場面で基本的なコミュニケーションをとることができ、中国旅行の際にも大部分のことに対応できる。	600語程度の基礎常用中国語単語及びそれに相応する文法知識	B1	
2級	中国語を用いた簡単な日常会話を行うことができ、初級中国語優秀レベルに到達している。大学の第二外国語における第一年度履修程度。	300語程度の基礎常用中国語単語及びそれに相応する文法知識	A2	基礎段階の言語使用者
1級	中国語の非常に簡単な単語とフレーズを理解、使用することができる。大学の第二外国語における第一年度前期履修程度。	150語程度の基礎常用中国語単語及びそれに相応する文法知識	A1	

HSK4級 試験概要

※2024年1月試験時点

HSK4級について

HSK筆記４級は、受験生の日常中国語の応用能力を判定するテストで、「幅広い範囲にわたる話題について、中国語でコミュニケーションをすることができ、中国語を母語とする者と流暢に話すことができる」ことが求められます。主に週２～４回の授業を２年間（４学期間）習い、1,200語程度の常用単語を習得している者を対象としています。

試験内容

聴力（聞き取り）：約30分・放送回数1回

パート	形　式	問題数	配点
第１部分	放送される2つの短文の内容が一致するかを答える	10題	100点
第２部分	放送される短い会話の内容に関する問いに答える	15題	
第３部分	放送されるやや長い会話や文の内容に関する問いに答える	20題	

読解：40分

パート	形　式	問題数	配点
第１部分	文中の空所に適切な語句を補う	10題	100点
第２部分	短文を並べ替えて正しい文を作る	10題	
第３部分	短文の内容に関する問いに答える	20題	

書写：25分

パート	形　式	問題数	配点
第１部分	与えられた語句を並び替えて文を作る	10題	100点
第２部分	写真の内容について、与えられた語句を使って文を作る	5題	

○試験開始の前に、解答用紙に必要事項を記入する時間が与えられます。
○聴力試験終了後に、解答用紙に記入する時間が予備として５分間与えられます。

成績および有効期間

○聴力、読解、書写の配点はそれぞれ100点、合計300点で評価されます。

○総得点180点が合格ラインです。

○HSK 4 級の成績報告には、聴力、読解、書写のそれぞれの得点および総得点が明記されます。

○成績報告は合否に関わらず受験者全員（試験無効者を除く）に送付され、発送には試験後約60日を要します。

○試験の約 1 か月後から、HSK公式ホームページ（https://www.hskj.jp）にて成績照会を行うことが可能（准考証号と姓名の入力が必要）です。

○採点は中国本部にて実施しており、配点・採点基準等につきましては非公開となっております。

○HSKの成績は、外国人留学生が中国の大学に入学するための中国語能力証明とする場合、その有効期間は受験日から起算して 2 年間とされています。

試験当日の流れ

ここでは、試験当日の注意事項や、試験の概要を紹介します。

持ち物

試験当日の持ち物を確認しておきましょう。

- □ 受験票
- □ 身分証明書（顔写真付きのもの）
- □ 鉛筆（2B以上の濃いもの）
- □ 消しゴム
- □ 時計（携帯電話等は不可）

集合時間

受験票に記載されている集合時間を確認しておきましょう。

試験開始時刻の20分前に受付が開始されます。

試験開始時刻から試験の事前説明が始まり、これ以降は入室できなくなりますので注意しましょう。

試験の流れ

試験開始から終了までは次のような流れで進行します。

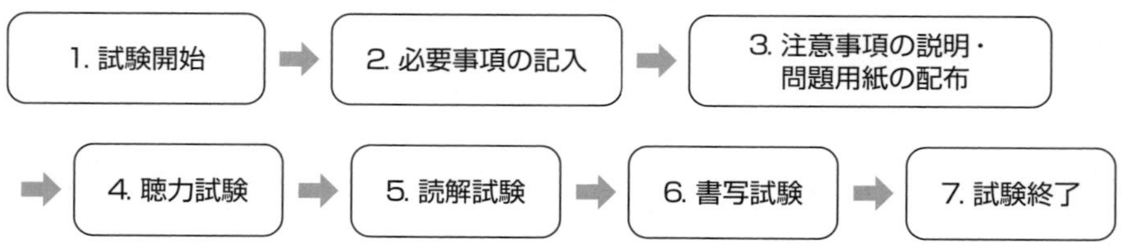

次ページ以降では、試験の流れを詳しく見ていきます。

※ 4 級の試験では、試験開始以降の指示は中国語と日本語の両方で行われます。指示内容は12、13ページ、聴力試験の放送内容は22ページで紹介していますので、事前に確認しておきましょう。

試験の流れ

1. 試験開始

試験開始時刻になると、事前説明が始まります。

2. 必要事項の記入

試験官の指示に従い、受験票に記載されている番号などを参考にして必要事項の記入を行いましょう。

① 姓名（名前）
② 中文姓名（中国語の名前：記入不要）
③ 考生序号（受験番号）
④ 考点代码（受験地番号）
⑤ 国籍（国籍：番号）
⑥ 年龄（年齢）
⑦ 性别（性別）

※③～⑥は左側の空欄に数字を記入したうえで、その横に並んでいる番号のうち、該当するものをそれぞれマークしてください。

■　汉语水平考试 HSK（四级）答题卡　■

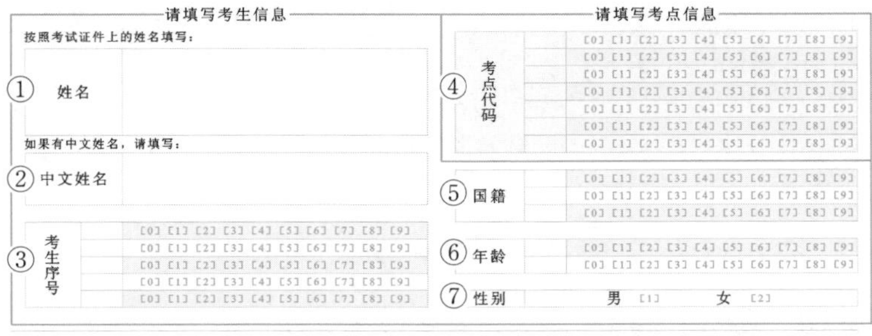

请填写考生信息

按照考试证件上的姓名填写：

① 姓名

如果有中文姓名，请填写：

② 中文姓名

③ 考生序号
[0] [1] [2] [3] [4] [5] [6] [7] [8] [9]
[0] [1] [2] [3] [4] [5] [6] [7] [8] [9]
[0] [1] [2] [3] [4] [5] [6] [7] [8] [9]
[0] [1] [2] [3] [4] [5] [6] [7] [8] [9]
[0] [1] [2] [3] [4] [5] [6] [7] [8] [9]

请填写考点信息

④ 考点代码
[0] [1] [2] [3] [4] [5] [6] [7] [8] [9]
[0] [1] [2] [3] [4] [5] [6] [7] [8] [9]
[0] [1] [2] [3] [4] [5] [6] [7] [8] [9]
[0] [1] [2] [3] [4] [5] [6] [7] [8] [9]
[0] [1] [2] [3] [4] [5] [6] [7] [8] [9]
[0] [1] [2] [3] [4] [5] [6] [7] [8] [9]
[0] [1] [2] [3] [4] [5] [6] [7] [8] [9]

⑤ 国籍
[0] [1] [2] [3] [4] [5] [6] [7] [8] [9]
[0] [1] [2] [3] [4] [5] [6] [7] [8] [9]
[0] [1] [2] [3] [4] [5] [6] [7] [8] [9]

⑥ 年龄
[0] [1] [2] [3] [4] [5] [6] [7] [8] [9]
[0] [1] [2] [3] [4] [5] [6] [7] [8] [9]

⑦ 性别　男 [1]　女 [2]

3. 注意事項の説明・問題用紙の配布

必要事項の記入が終わると、試験中の注意事項および試験内容に関して説明が行われます。その後、音量確認が行われ、問題用紙が配布されます。問題用紙は試験官から指示があるまで開封できません。

問題用紙に記載してある注意事項について、試験官から説明があります。

注意事項は次のとおりです。

① HSK4級の試験は3つの部分に分かれている。

1. 聴力（聞き取り）試験（45題、約30分間）
2. 読解試験（40題、40分間）
3. 書写試験（15題、25分間）

② 聴力試験の後、解答用紙に記入するための時間が5分間ある。

③ 試験時間は全部で約105分間（必要事項を記入する時間5分間を含む）。

※会場ごとに聴力試験、読解試験、書写試験の開始時間および終了時間が記入・掲示されますので、終了時間は会場ごとに異なる場合があります。

4. 聴力試験

説明の後、試験官より問題用紙開封と、聴力試験開始の合図があります。

“请打开试卷的第一页。”

“现在，开始做听力考试。”

「問題用紙の１ページ目を開いてください。」

「今から、聞き取り試験を開始します。」

その後、放送が開始します。聴力試験の試験時間は約30分間です。

※聴力試験の放送内容は22ページで紹介しています。

放送終了後、試験官より次のような指示があります。

“现在给大家５分钟。请没有填完答题卡的考生继续填写，填完的考生安静等待。”

「ただいまより５分間、時間を提供します。解答を書き終えていない方は引き続き解答を記入してください。書き終わっている方は、そのままでお待ち下さい。」

その後５分間が与えられますので、解答を書ききれなかった場合は、この時間で解答の記入を行います。

5. 読解試験

解答用紙の記入時間が終了すると、次の指示があり、読解試験が開始します。読解試験の試験時間は40分間です。

"请停止作答。接下来，开始做阅读考试。请打开阅读题，开始作答。阅读考试为 40 分钟。"
「解答をやめて下さい。引き続き、読解試験を開始します。問題用紙を開き、解答を始めて下さい。読解試験は 40 分間です。」

読解試験終了の５分前に、一度アナウンスがあります。

"阅读考试还剩下 5 分钟。"
「読解試験の残り時間はあと５分です。」

6. 書写試験

読解試験終了時間になると、次の指示があり、書写試験が開始します。書写試験の試験時間は25分間です。

"请停止作答。阅读考试到此结束。"
"接下来，开始书写考试。书写考试为 25 分钟。"
「解答をやめてください。以上で読解試験を終了いたします。」
「引き続き、書写試験を開始いたします。書写試験は 25 分間です。」

書写試験終了の５分前に、一度アナウンスがあります。

"书写考试还剩下 5 分钟。"
「書写試験の残り時間は５分です。」

7. 試験終了

試験終了時間になると、試験官が問題用紙と解答用紙を回収します。

これで試験は終了です。試験官の指示に従って退出しましょう。

問題形式の確認

HSK 4 級の試験では、各パートの初めに例題が用意されています。

ここでは、例題の内容と和訳を紹介しています。各パートの問題形式を、確認しておきましょう。

	パート	問題数	時間	配点
听力 （聴力）	第 1 部分	10 題	約 30 分間	100 点
	第 2 部分	15 題		
	第 3 部分	20 題		
阅读 （読解）	第 1 部分	10 題	40 分間	100 点
	第 2 部分	10 題		
	第 3 部分	20 題		
书写 （書写）	第 1 部分	10 題	25 分間	100 点
	第 2 部分	5 題		

1 听 力

第1部分 判断对错。文が正しいかどうか判断しなさい。

第1部分は、正誤判断の問題です。問題文と、問題用紙にあらかじめ与えられた短文がそれぞれ1回だけ読み上げられます。読み上げられる問題文の内容が、与えられている短文の内容と一致している場合には「✓」を、一致していない場合には「×」を選択しましょう。あらかじめ短文を読み、内容を確認しておきましょう。

【例題】

スクリプト　**我想去办个信用卡，今天下午你有时间吗？陪我去一趟银行？**

問題　**★　说话人打算下午去银行。**

スクリプト和訳　クレジットカードを作りたいのですが、今日の午後時間はありますか？　私と一緒に銀行に行ってくれませんか？

問題文和訳　★　話し手は午後銀行に行くつもりだ。　正解　✓

スクリプト　**现在我很少看电视，其中一个原因是，广告太多了。不管什么时间，也不管什么节目，只要你打开电视，总能看到那么多的广告，浪费我的时间。**

問題　**★　说话人喜欢看电视广告。**

スクリプト和訳　最近私はあまりテレビを見ません。コマーシャルが多すぎるのがその理由の1つです。いつどの番組を見ても、ひとたびテレビのスイッチを入れればたくさんのコマーシャルが目に入ってきます。時間の無駄です。

問題文和訳　★　話し手はテレビコマーシャルを見るのが好きだ。　正解　×

第2部分 请选出正确答案。正しい答えを選びなさい。

第２部分は、会話の内容に関する問題です。
２人の会話とその内容に関する問いがそれぞれ１回だけ読み上げられます。問いに対する答えとして正しいものを、与えられた４つの選択肢から選びましょう。あらかじめ４つの選択肢に目を通しておきましょう。

【例题】

スクリプト

女：该加油了，去机场的路上有加油站吗?

男：有，你放心吧。

问：男的主要是什么意思?

選択肢

A 去机场　　B 快到了　　C 油是满的　　D 有加油站

スクリプト和訳

女　：ガソリンを入れないといけません。空港に行く途中、ガソリンスタンドはありますか？

男　：あるから大丈夫です。

問題：男性が言っているのは主にどういう意味ですか？

正解 D（ガソリンスタンドはある）

第３部分　请选出正确答案。正しい答えを選びなさい。

第３部分は２つのパートに分かれています。
前半10問は、会話の内容に関する問題です。２人の会話とその内容に関する問いがそれぞれ１回だけ読み上げられます。問いに対する答えとして正しいものを、与えられた４つの選択肢から選びましょう。（第２部分の会話より少し長い会話です。）あらかじめ４つの選択肢に目を通しておきましょう。
後半10問は、文の内容に関する問題です。まとまった長さの問題文とその内容に関する問い２問がそれぞれ１回だけ読み上げられます。問いに対する答えとして正しいものを、与えられた４つの選択肢から選びましょう。問題文は５つあり、それぞれに対して問いが２問ずつあります。

【例題】

スクリプト

男：把这个材料复印五份，一会儿拿到会议室发给大家。

女：好的。会议是下午三点吗？

男：改了。三点半，推迟了半个小时。

女：好，六〇二会议室没变吧?

男：对，没变。

问：会议几点开始?

選択肢

A　14:00　　B　15:00　　C　15:30　　D　18:00

スクリプト和訳

男　：この資料を５部コピーして、あとで会議室で皆に配ってください。
女　：分かりました。会議は午後３時ですか?
男　：30分遅らせて、３時半に変更となりました。
女　：分かりました。602会議室で変更はありませんか?
男　：はい、変更はありません。
問題：会議は何時から始まりますか?

正解　C（15：30）

2 阅 读

第1部分 选词填空。語句を選んで空所を埋めなさい。

第１部分は、空所補充問題です。短文の空所部分に適切な語句を補い、意味の通る文章を作りましょう。語句の選択肢は例題を除いて５つ与えられており、すべての選択肢が１回ずつ選ばれるようになっています。短文からの出題が５問、会話文からの出題が５問あります。

【例題】

選択肢
A 禁止　B 海洋　C 推迟
D 坚持　E 顺便　F 估计

問題　她每天都（　　）走路上下班，所以身体一直很不错。

問題文和訳　彼女は毎日歩いて通勤［し続けて］います。
だから体はずっと調子がいいです。

正解 D（堅持する）

選択肢
A 工具　B 收　C 温度
D 到底　E 辛苦　F 抱歉

問題　A：今天真冷啊，好像白天最高（　　）才 2℃。
B：刚才电视里说明天更冷。

問題文和訳　A：今日は本当に寒いですね。昼間の最高［気温］はたった２℃しかないようです。
B：さっきテレビで明日はもっと寒くなると言っていました。

正解 C（温度）

第2部分　排列顺序。順序を並べ替えなさい。

第２部分は、並べ替え問題です。３つの短文が与えられているので、適切な順序に並べ替え、意味の通る文章を作りましょう。文の意味だけでなく、接続詞にも着目して並べ替えましょう。

【例題】

問　題

A　可是今天起晚了

B　平时我骑自行车上下班

C　所以就打车来公司

和　訳

普段私は自転車に乗って通勤しています。だけど今日は起きるのが遅くなってしまったから、タクシーで会社に来ました。

正解　B A C

第3部分 请选出正确答案。正しい答えを選びなさい。

第3部分は、文の内容に関する問題です。
問題文とその内容に関する問いが与えられています。問いに対する答えとして正しいものを、与えられた4つの選択肢から選びましょう。

【例題】

問題 她很活泼，说话很有趣，总能给我们带来快乐，我们都很喜欢和她在一起。

★ 她是个什么样的人？

選択肢 A 幽默　B 马虎　C 骄傲　D 害羞

問題文和訳 彼女は活発で、話が面白く、いつも私たちを楽しませてくれるので、私たちはみんな彼女と一緒にいるのがとても好きです。

★ 彼女はどのような人ですか？

正解 A（ユーモアがある）

3 书 写

第1部分　完成句子。文を完成させなさい。

第1部分は、語句の並べ替え問題です。与えられた語句をすべて1回ずつ使って、意味の通る文を作りましょう。解答は解答用紙に直接記入しましょう。

【例題】

問　題　**那座桥　　800 年的　　历史　　有　　了**

和　訳　この橋は800年の歴史があります。 正解　那座桥有800年的历史了。

第2部分　看图，用词造句。写真を見て、単語を用いて文を作りなさい。

第2部分は短文を作る問題です。写真に関する語句が与えられていますので、その語句を用いて短文を作成しましょう。短文は一文でなくても構いません。簡潔に意味の通る文を作成しましょう。

【例題】

問　題

乒乓球

和　訳　彼女は卓球をするのがとても好きです。 解答例　她很喜欢打乒乓球。

聴力試験のスクリプト

ここでは、聴力試験の放送内容を紹介しています。問題のスクリプトは解答・解説を参照してください。実際の試験では日本語は読み上げられません。

"大家好！欢迎参加HSK四级考试。"
「みなさん、こんにちは。HSK4級の試験にようこそ。」
（3回読み上げられます。）

"HSK四级听力考试分三部分，共45题。请大家注意，听力考试现在开始。"
「HSK4級の聴力試験は3つの部分に分かれており、全部で45題です。それでは、今から聴力試験を始めますので、注意して聴いてください。」

その後、第１部分から順に放送が始まります。

各部分の初めには

"一共〇个题、每题听一次。"
「全部で〇題あり、各問題の音声は1回ずつ流れます。」

というアナウンスがあります。

続いて例題が放送され、

"现在开始第〇题。"
「それでは、第〇題から始めます。」

というアナウンスの後、すぐに問題が始まります。

複数の問題が続いている場合には、

"第〇到〇题是根据下面一段话。"
「第〇題～第〇題は次の話から出題します。」

という指示があります。

すべての問題が終わると、

"听力考试现在结束。"
「これで聴力試験は終わります。」

とアナウンスがあり、試験官の指示が続きます。

4級　解答用紙

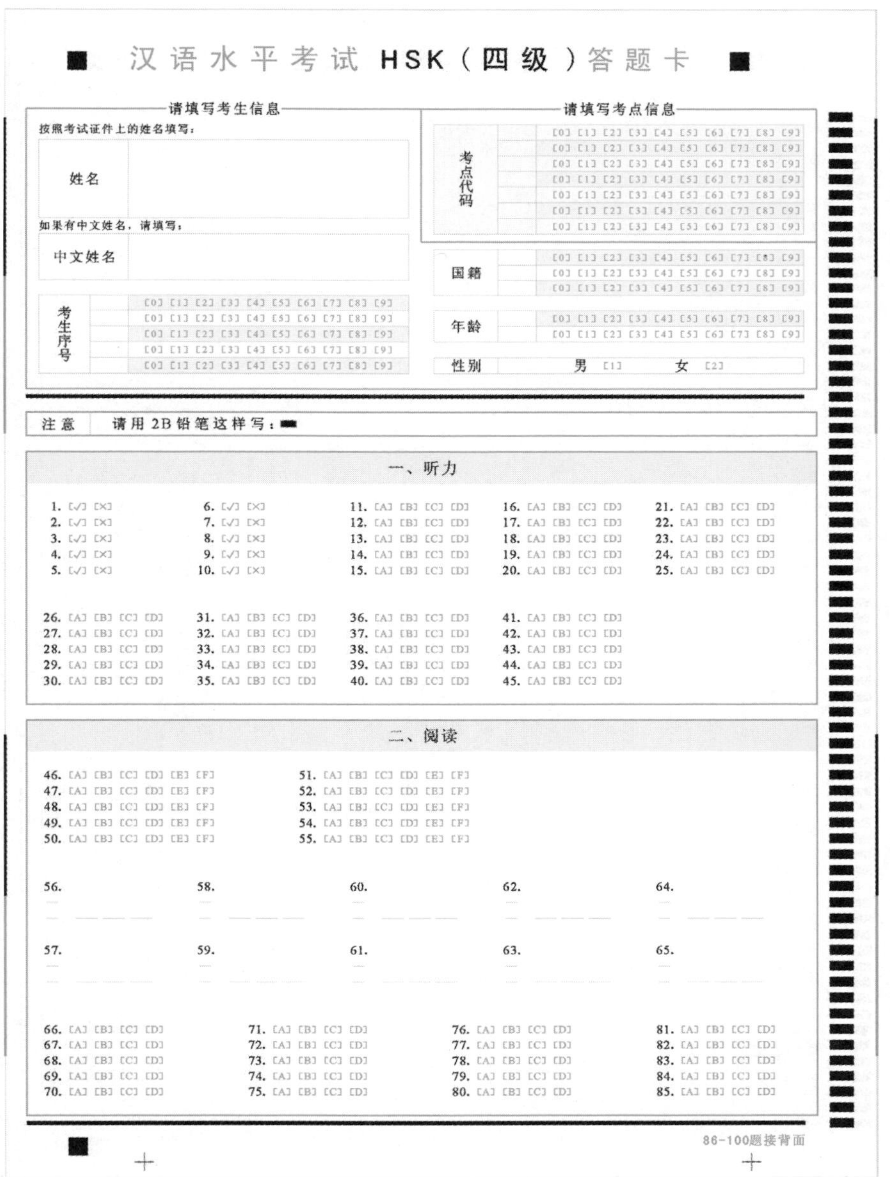

■ 汉语水平考试 HSK（四级）答题卡 ■

请填写考生信息

按照考试证件上的姓名填写：

姓名

如果有中文姓名，请填写：

中文姓名

考生序号
[0] [1] [2] [3] [4] [5] [6] [7] [8] [9]
[0] [1] [2] [3] [4] [5] [6] [7] [8] [9]
[0] [1] [2] [3] [4] [5] [6] [7] [8] [9]
[0] [1] [2] [3] [4] [5] [6] [7] [8] [9]
[0] [1] [2] [3] [4] [5] [6] [7] [8] [9]

请填写考点信息

考点代码
[0] [1] [2] [3] [4] [5] [6] [7] [8] [9]
[0] [1] [2] [3] [4] [5] [6] [7] [8] [9]
[0] [1] [2] [3] [4] [5] [6] [7] [8] [9]
[0] [1] [2] [3] [4] [5] [6] [7] [8] [9]
[0] [1] [2] [3] [4] [5] [6] [7] [8] [9]
[0] [1] [2] [3] [4] [5] [6] [7] [8] [9]
[0] [1] [2] [3] [4] [5] [6] [7] [8] [9]

国籍
[0] [1] [2] [3] [4] [5] [6] [7] [8] [9]
[0] [1] [2] [3] [4] [5] [6] [7] [8] [9]
[0] [1] [2] [3] [4] [5] [6] [7] [8] [9]

年龄
[0] [1] [2] [3] [4] [5] [6] [7] [8] [9]
[0] [1] [2] [3] [4] [5] [6] [7] [8] [9]

性别　男 [1]　女 [2]

注意　请用2B铅笔这样写：▬

一、听力

1. [√] [×]　6. [√] [×]　11. [A] [B] [C] [D]　16. [A] [B] [C] [D]　21. [A] [B] [C] [D]
2. [√] [×]　7. [√] [×]　12. [A] [B] [C] [D]　17. [A] [B] [C] [D]　22. [A] [B] [C] [D]
3. [√] [×]　8. [√] [×]　13. [A] [B] [C] [D]　18. [A] [B] [C] [D]　23. [A] [B] [C] [D]
4. [√] [×]　9. [√] [×]　14. [A] [B] [C] [D]　19. [A] [B] [C] [D]　24. [A] [B] [C] [D]
5. [√] [×]　10. [√] [×]　15. [A] [B] [C] [D]　20. [A] [B] [C] [D]　25. [A] [B] [C] [D]

26. [A] [B] [C] [D]　31. [A] [B] [C] [D]　36. [A] [B] [C] [D]　41. [A] [B] [C] [D]
27. [A] [B] [C] [D]　32. [A] [B] [C] [D]　37. [A] [B] [C] [D]　42. [A] [B] [C] [D]
28. [A] [B] [C] [D]　33. [A] [B] [C] [D]　38. [A] [B] [C] [D]　43. [A] [B] [C] [D]
29. [A] [B] [C] [D]　34. [A] [B] [C] [D]　39. [A] [B] [C] [D]　44. [A] [B] [C] [D]
30. [A] [B] [C] [D]　35. [A] [B] [C] [D]　40. [A] [B] [C] [D]　45. [A] [B] [C] [D]

二、阅读

46. [A] [B] [C] [D] [E] [F]　51. [A] [B] [C] [D] [E] [F]
47. [A] [B] [C] [D] [E] [F]　52. [A] [B] [C] [D] [E] [F]
48. [A] [B] [C] [D] [E] [F]　53. [A] [B] [C] [D] [E] [F]
49. [A] [B] [C] [D] [E] [F]　54. [A] [B] [C] [D] [E] [F]
50. [A] [B] [C] [D] [E] [F]　55. [A] [B] [C] [D] [E] [F]

56.　58.　60.　62.　64.

57.　59.　61.　63.　65.

66. [A] [B] [C] [D]　71. [A] [B] [C] [D]　76. [A] [B] [C] [D]　81. [A] [B] [C] [D]
67. [A] [B] [C] [D]　72. [A] [B] [C] [D]　77. [A] [B] [C] [D]　82. [A] [B] [C] [D]
68. [A] [B] [C] [D]　73. [A] [B] [C] [D]　78. [A] [B] [C] [D]　83. [A] [B] [C] [D]
69. [A] [B] [C] [D]　74. [A] [B] [C] [D]　79. [A] [B] [C] [D]　84. [A] [B] [C] [D]
70. [A] [B] [C] [D]　75. [A] [B] [C] [D]　80. [A] [B] [C] [D]　85. [A] [B] [C] [D]

86-100题接背面

■ 汉语水平考试 HSK（四级）答题卡 ■

三、书写

86.

87.

88.

89.

90.

91.

92.

93.

94.

95.

96.

97.

98.

99.

100.

不要写到框线以外！

4 級第 1 回

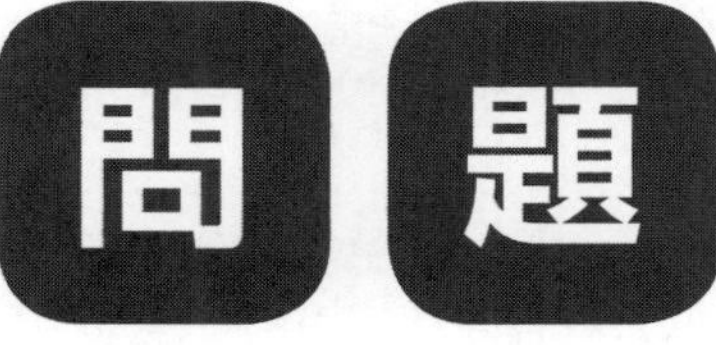

※テスト全体を通したテスト本番バージョンもダウンロードしていただけます。
（21K4Q-test1）

第1回 1 听力

第1部分

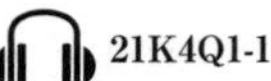

第1-10题 判断对错。

例如：我想去办个信用卡，今天下午你有时间吗？陪我去一趟银行？

★ 说话人打算下午去银行。 （ ✓ ）

现在我很少看电视，其中一个原因是，广告太多了，不管什么时间，也不管什么节目，只要你打开电视，总能看到那么多的广告，浪费我的时间。

★ 说话人喜欢看电视广告。 （ × ）

1. ★ 那本书很有趣。 （ ）
2. ★ 说话人接受了邀请。 （ ）
3. ★ 医院的厕所里可以抽烟。 （ ）
4. ★ 公司的收入增加了。 （ ）
5. ★ 说话人现在在公园入口处。 （ ）
6. ★ 同学们参加活动很积极。 （ ）
7. ★ 导游已经找到小王了。 （ ）
8. ★《音乐之声》是一个广播节目。 （ ）
9. ★ 说话人几乎没花钱。 （ ）
10. ★ 爷爷的房间里有张山水画。 （ ）

第 2 部分

第 11-25 题 请选出正确答案。

例如： 女：该加油了，去机场的路上有加油站吗？

男：有，你放心吧。

问：男的主要是什么意思？

A 去机场　B 快到了　C 油是满的　D 有加油站 ✓

11. A 上网　B 做菜　C 跳舞　D 写总结
12. A 没力气了　B 还在发烧　C 愿意帮忙　D 不打算吃药
13. A 超市　B 餐厅　C 大使馆　D 火车站
14. A 支持女的　B 样子好看　C 先别穿裙子　D 衬衫很流行
15. A 爬山　B 约会　C 参加会议　D 取登机牌
16. A 被误会了　B 赢了比赛　C 感到失望　D 找回了信心
17. A 非常旧　B 质量好　C 在盒子里　D 是父亲送的
18. A 游泳馆　B 烤鸭店　C 出租车上　D 手机修理店
19. A 母亲　B 姐姐　C 朋友　D 丈夫
20. A 想减肥　B 肚子难受　C 讨厌吃甜的　D 要准备材料
21. A 伤心　B 吃惊　C 激动　D 复杂
22. A 长得帅　B 脾气大　C 特别优秀　D 有些马虎
23. A 邻居　B 夫妻　C 姐弟　D 父女
24. A 倒垃圾　B 找信封　C 拿勺子　D 照镜子
25. A 基础更好　B 老师专业　C 练习努力　D 更感兴趣

第3部分 21K4Q1-3

第26-45题 请选出正确答案。

例如： 男：把这个材料复印五份，一会儿拿到会议室发给大家。

女：好的。会议是下午三点吗？

男：改了。三点半，推迟了半个小时。

女：好，六〇二会议室没变吧？

男：对，没变。

问：会议几点开始？

A 14：00　B 15：00　C 15：30 ✓　D 18：00

26. A 接收传真　B 联系作者　C 邮寄杂志　D 整理意见
27. A 明天上午　B 下个礼拜天　C 两周后　D 这个月月底
28. A 饭店　B 机场　C 海洋馆　D 亲戚家
29. A 改密码　B 猜词语　C 预习课文　D 填调查表
30. A 按时睡觉　B 最近多休息　C 暂时别游泳　D 重新做检查
31. A 缺少经验　B 拒绝批评　C 优点很多　D 十分轻松
32. A 留学经历　B 寒假作业　C 网站地址　D 生活烦恼
33. A 很爱逛街　B 搬了新家　C 没收拾行李　D 抬不动冰箱
34. A 觉得无聊　B 需要加班　C 要去出差　D 得参加聚会
35. A 交份申请　B 网上报名　C 不用交费　D 准时关门
36. A 洗茶杯　B 换毛巾　C 擦黑板　D 关窗户
37. A 刷牙的方法　B 牙膏的作用　C 喝茶的好处　D 皮鞋的价格

38.	A	一瓶酒	B	一本书	C	一杯咖啡	D	一场电影
39.	A	认真	B	冷静	C	勇敢	D	积极
40.	A	黄色	B	白色	C	蓝色	D	黑色
41.	A	饭后散步	B	给猫洗澡	C	躺着看报纸	D	抱着猫午睡
42.	A	作家	B	医生	C	司机	D	律师
43.	A	数学成绩好	B	坚持写日记	C	喜欢读小说	D	文章获过奖
44.	A	警察	B	房东	C	校长	D	售货员
45.	A	尊重别人	B	做好计划	C	学会改变	D	别怕困难

2 阅读

第1部分

第46-50题 选词填空。

A 由　　B 考虑　　C 长城

D 坚持　　E 不过　　F 千万

例如：　她每天都（　D　）走路上下班，所以身体一直很不错。

46. 判断学校好坏的标准有很多，（　　）我认为老师的水平是最主要的。

47. （　　）那么有名，来了北京还不去看一看，就太可惜了。

48. 如果所有事都（　　）家长拿主意，孩子就会缺少很多锻炼的机会。

49. 既然大家都反对你做生意，你就再稍微（　　）一下吧。

50. 你一个人在外地生活，（　　）要照顾好自己。

第1回

第 51-55 题 选词填空。

A 苦　　B 皮肤　　C 温度

D 证明　　E 来得及　　F 遍

例如：　A：今天真冷啊，好像白天最高（　C　）才2℃。

　　　　B：刚才电视里说明天更冷。

51. A：真羡慕你（　　）这么好。

B：你平时少喝饮料，多吃水果，坚持运动也可以做到。

52. A：大夫，上次您开的药太（　　）了，孩子吃不下去。

B：那换另一种药试试，不管怎样，都得让他按时吃药。

53. A：电脑的开机密码是多少？我试了好几（　　）都提醒我密码错误。

B：忘记告诉你了，我把密码改成你手机号码的后四位了。

54. A：这次羽毛球比赛我们还是输了。

B：一次失败不能说明什么，以后有的是机会（　　）自己。

55. A：家里就只剩一点儿盐了，菜才做了一半儿。

B：别着急，你先把火关上，我现在去买也（　　）。

第2部分

第56-65题 排列顺序。

例如： A 可是今天起晚了

B 平时我骑自行车上下班

C 所以就打车来公司 B A C

56. A 因此，今后我们必须更加重视环境问题

B 环境污染已经影响了地球上很多地方的气候

C 使有些动物不得不离开原来的生活环境 ________

57. A 几十年过去，她仍然觉得那里的人们最热情

B 却对那儿有着很深的感情

C 她只是年轻时在广东省生活过几年 ________

58. A 既然我已经努力过了

B 无论最后结果怎样

C 我都不会后悔 ________

59. A 还教会了我许多节约的好办法

B 母亲经常教育我不要浪费

C 比如，把用破了的旧毛巾拿来擦桌子 ________

60. A 这种花的特点是只在寒冷的冬季开花

B 所以不适合长时间放在室外

C 也不喜欢阳光 ________

61. A 再将护照复印一份

B 请您先仔细填写表格

C 然后在这儿排队等人叫您的名字 ________

62. A 还好由于天气原因，航班推迟起飞了

B 我们一定赶不上飞机

C 否则路上堵车这么严重 ________

63. A 关键是要弄清错在哪里

B 做错事很正常，不要害怕被批评

C 更不要自我怀疑 ________

64. A 抱歉先生，这里不允许停车

B 马路对面有个地下停车场

C 您有购物小票的话，可以在那儿免费停两小时 ________

65. A 早早地起床开始准备中午的饭菜

B 张奶奶就兴奋得睡不着觉

C 一想到小孙子就要回家了 ________

第3部分

第66-85题 请选出正确答案。

例如：她很活泼，说话很有趣，总能给我们带来快乐，我们都很喜欢和她在一起。

★ 她是个什么样的人？

A 幽默 ✓　B 马虎　C 骄傲　D 害羞

66. 坐在第一排那个高高瘦瘦的小伙子是新来的同事，别看他年轻，却很有社会责任感，常常为了一条新闻的准确性进行详细地调查，所以我想把这次的任务交给他去完成。

★ 那个小伙子：

A 很负责任　B 个子不高

C 是体育记者　D 普通话不好

67. 您好，经检查，我们认为：此电梯完全符合安全标准，没有任何问题，请放心使用。

★ 说话人认为电梯：

A 声音响　B 没问题

C 该打扫了　D 最多乘坐十人

68. 跳伞运动一直被当成是“勇敢者的游戏”，看起来非常危险。但其实，只要经过多次练习，把规定的动作做标准，再加上有专业的老师在旁边保护，跳伞的安全性是不用担心的。

★ 跳伞时要：

A 找准方向　　B 动作标准

C 放松心情　　D 提前熟悉环境

69. 上海旅游节在每年9月举办，在旅游节进行的20多天里，丰富多样的活动会吸引大量来自世界各地的游客前来参观游玩儿，十分热闹。

★ 上海旅游节：

A 活动很丰富　　B 时长两个月

C 在冬天举行　　D 国内游客多

70. 美好的儿时回忆对人有很多好处。根据调查，它可以让人们养成好的性格与健康的生活习惯，以帮助人们更有效地减轻压力。

★ 美好的儿时回忆能带给人们：

A 好的性格　　B 远大理想

C 管理能力　　D 深厚友谊

71. 人们对一些职业的印象往往不够准确。例如，很多人觉得大学老师一定是头发花白，戴着眼镜，说话做事很严格的老教授。然而实际上，现在的很多大学老师都是刚毕业的年轻人，很能接受新鲜的东西。

★ 人们一般认为，大学老师：

A 浪漫　　B 做事严格

C 没有耐心　　D 爱讲笑话

72. 北京有很多家茶馆，这些茶馆大多有两三层，来到这里，顾客不仅可以喝到各种名茶，尝到不同的北京小吃，还能观看京剧等精彩的艺术演出。

★ 根据这段话，北京的茶馆：

A 门票比较贵　　B 有京剧表演

C 常挂老照片　　D 一般有四层

73. “字如其人”的意思是通过一个人的字能够看出他的性格。在工作中，字写得漂亮的人往往容易给人留下好印象，甚至获得更好的工作机会。

★ 在工作中，字写得漂亮的人往往：

A 对人礼貌　　B 有同情心

C 给人好印象　　D 会受到表扬

74. 去年，一种蓝绿色的、样子像“小面包”的公交车出现在三亚市。它比一般的公交车小，能够开在普通公交车难以进入的小街道上。它既方便了人们的短距离出行，又减少了堵车情况，深受大家的喜爱。

★ 那种公交车：

A 票价便宜　　B 只收现金

C 能随便停车　　D 方便了出行

75. 这次校内的讲故事比赛，我本来准备得挺好的，可是一看到下面有那么多观众，就紧张得什么都忘了，我当时脸肯定特别红。

★ 说话人比赛时很紧张，是因为：

A 观众太多　　B 没准备好

C 身体不舒服　　D 竞争很厉害

76. 小王一直有个功夫梦，这两年借着来中国留学的机会，他还专门请了位老师来教他功夫。他在学习过程中付出的努力，使他离自己的梦又近了一步。

★ 根据这段话，小王：

A 很懒　　B 经常做梦

C 正在学功夫　　D 成为了演员

77. 很多人爱在刚出生的孩子面前做各种动作来吸引他们的注意。其实，他们的眼睛虽然可以感觉到光，可是真正看清楚东西却是几个月以后的事情了。

★ 根据这段话，刚出生的孩子：

A 爱出汗　　B 容易困

C 注意力差　　D 看不清东西

78. 怎样让广告更吸引人？首先内容要有重点，要向观众说明东西的作用；其次要注意观众的年龄，给不同年龄段的人看的广告要各有特点，这样效果才更好。

★ 要想广告吸引人，就要：

A 故事幽默　　B 音乐活泼

C 内容有重点　　D 邀请到名人

79. 人们常说“花儿要叶陪，人要人帮”，就像花儿少不了叶子陪在左右，人也离不开他人的帮助。我们都会在生活中遇到困难，互相帮助才有助于问题的解决。

★ 那句话告诉了人们要：

A 保护花草　　B 互相帮助

C 懂得原谅　　D 及时道歉

80-81.

外来词，也叫借词，指一种语言从别的语言借来的词。就像汉语中的“沙发”“巧克力”等就是按照发音直接从英语翻译而来的。外来词的出现与各国间的经济文化交流有很大关系，并且受到社会发展变化的影响。

★ 关于外来词，可以知道什么？

A 数量极少　B 没收进词典　C 不符合语法　D 来自其他语言

★ 外来词的出现与什么有关？

A 国际法　B 语言学发展

C 国家教育水平　D 经济文化交流

82-83.

我们新电影的名字叫《长江图》，讲了一个发生在长江上的爱情故事。因为这个电影大部分要在水上完成，而我从小就怕水，也不习惯坐船，所以感到很不适应。是大家的照顾与鼓励，让我坚持到了最后，真的非常感谢大家！

★ 那部电影的内容是关于什么的？

A 爱情　B 节日　C 自然科学　D 民族艺术

★ 说话人为什么感到不适应？

A 天气热　B 宾馆脏　C 从小就怕水　D 有点儿害羞

84-85.

随着互联网的普遍使用，人们的办公方式越来越多样。只要有一台电脑，很多以前在办公室才能完成的工作，现在在家里也能完成。这样不但为公司减少了租办公室的费用，而且能帮人们节约花在上下班路上的时间，因此越来越受到人们的欢迎。

★ 根据这段话，在家工作为什么越来越受到欢迎？

A 压力小　　B 收入高　　C 节约时间　　D 可以照顾老人

★ 这段话主要介绍了什么？

A 应聘条件　　B 怎样选电脑

C 城市交通问题　　D 新的工作方式

3 书 写

第1部分

第86-95题 完成句子。

例如：那座桥　　800年的　　历史　　有　　了

那座桥有800年的历史了。

86. 完全　　当时的情况　　不了解　　她对

87. 接受客人的　　意见　　我们　　一切

88. 喝　　起来　　这个汤　　又酸又辣

89. 零钱　　包里的　　花光了　　被我

90. 今天打扮　　很正式　　妹妹　　得

91. 空气　　多么　　新鲜　　森林里的　　啊

92. 为了　　共同的理想　　让我们　　而努力

93. 顺序　　从高到矮的　　按照　　请大家　　站好

94. 班里大约　　考试　　合格了　　有一半儿的人

95. 脱掉　　你最好　　袜子　　先把

第 2 部分

第 96-100 题 看图，用词造句。

例如：

乒乓球　　她很喜欢打乒乓球。

96.

打针

97.

整理

98.

镜子

99.

看法

100.

感动

4級第2回

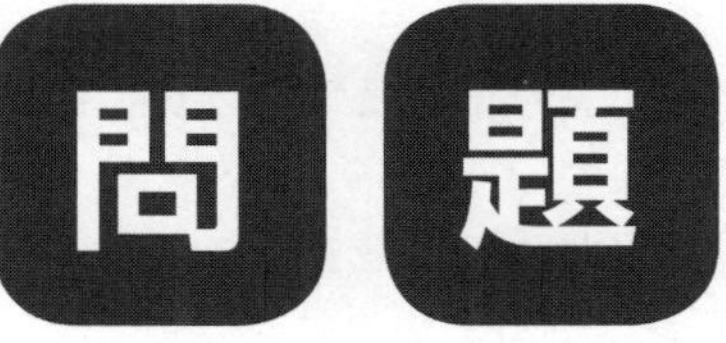

※テスト全体を通したテスト本番バージョンもダウンロードしていただけます。
(21K4Q-test2)

1 听 力

第1部分

第1-10题 判断对错。

例如：我想去办个信用卡，今天下午你有时间吗？陪我去一趟银行？

★ 说话人打算下午去银行。 （ ✓ ）

现在我很少看电视，其中一个原因是，广告太多了，不管什么时间，也不管什么节目，只要你打开电视，总能看到那么多的广告，浪费我的时间。

★ 说话人喜欢看电视广告。 （ × ）

1. ★ 后天的天气会比较暖和。 （ ）
2. ★ 别随便和不熟悉的人开玩笑。 （ ）
3. ★ 小美需要打针。 （ ）
4. ★ 当老师不容易。 （ ）
5. ★ 说话人以前的头发太短。 （ ）
6. ★ 上次的活动很成功。 （ ）
7. ★ 说话人的儿子这次没考好。 （ ）
8. ★ 别一次吃太多水果。 （ ）
9. ★ 火车已经到站了。 （ ）
10. ★ 说话人准备参加比赛。 （ ）

第 2 部分 21K4Q2-2

第 11-25 题 请选出正确答案。

例如： 女：该加油了，去机场的路上有加油站吗？

男：有，你放心吧。

问：男的主要是什么意思？

A 去机场　B 快到了　C 油是满的　D 有加油站 ✓

11. A 4　B 6　C 8　D 10
12. A 房租贵　B 没电梯　C 房东不友好　D 离公司太远
13. A 有信心　B 忘记发通知　C 当然会报名　D 再考虑一下
14. A 介绍校长　B 接送学生　C 安排会议　D 联系宾馆
15. A 年龄　B 个子　C 脾气　D 收入
16. A 非常麻烦　B 能节约水　C 不够实际　D 擦得不干净
17. A 邮局　B 车站　C 网球场　D 植物园
18. A 奖金很低　B 经常请假　C 感到不适应　D 换了新工作
19. A 母亲　B 同事　C 邻居　D 亲戚
20. A 填表格　B 收传真　C 改密码　D 回短信
21. A 失望　B 兴奋　C 吃惊　D 感动
22. A 没排队　B 出发晚了　C 不得不加班　D 弄错了顺序
23. A 饺子馆　B 小吃街　C 烤鸭店　D 咖啡厅
24. A 果汁　B 行李箱　C 洗车卡　D 加油卡
25. A 黑色　B 白色　C 蓝色　D 红色

第3部分

21K4Q2-3

第 26-45 题 请选出正确答案。

例如： 男：把这个材料复印五份，一会儿拿到会议室发给大家。

女：好的。会议是下午三点吗？

男：改了。三点半，推迟了半个小时。

女：好，六〇二会议室没变吧？

男：对，没变。

问：会议几点开始？

A 14：00　B 15：00　C 15：30 ✓　D 18：00

26.	A	一直响	B	太旧了	C	门坏了	D	无法正常关机
27.	A	下周结婚	B	正在约会	C	喜欢热闹	D	妻子是律师
28.	A	祝贺他	B	请他帮忙	C	让他放松	D	表示感谢
29.	A	付款	B	刷碗	C	做饭	D	点菜
30.	A	水很清	B	鱼在减少	C	禁止游泳	D	大概十米深
31.	A	被骗了	B	迷路了	C	钥匙丢了	D	想放弃了
32.	A	想减肥	B	病刚好	C	力气很大	D	爱打羽毛球
33.	A	王教授	B	王记者	C	李博士	D	售货员
34.	A	太脏了	B	声音大	C	纸放多了	D	特别费电
35.	A	想赚钱	B	想学电脑	C	在家无聊	D	想锻炼自己
36.	A	杂志	B	广播	C	报纸	D	电视
37.	A	很冷静	B	技术差	C	要去火车站	D	已被送往医院

38. A 经济 B 动物 C 环境 D 海洋

39. A 课学完了 B 作业太多 C 成绩还没出 D 下节课考试

40. A 中文 B 艺术 C 法律 D 历史

41. A 认真的 B 有经验的 C 懂礼貌的 D 外语流利的

42. A 厕所小 B 家具全 C 购物方便 D 周围安静

43. A 弹钢琴 B 整理衣物 C 去公园踢球 D 和朋友逛街

44. A 要求严格 B 方法简单 C 作用不大 D 常表扬孩子

45. A 老人的提醒 B 学校的管理 C 儿时的经历 D 孩子的性格

2 阅读

第1部分

第46-50题 选词填空。

A	复杂	B	接着	C	戴
D	坚持	E	网站	F	羡慕

例如： 她每天都（ D ）走路上下班，所以身体一直很不错。

46. 钱叔叔家的两个孩子同时考上了大学，真让人（ ）。
47. 那个包没破，只是有点儿脏，洗洗还能（ ）用。
48. 申请过程中会用到很多材料，你可以先在（ ）上查清楚。
49. 本来挺简单的一件事情，大家越说越（ ）了。
50. 为了方便开车，我今天专门（ ）了太阳镜。

第 51-55 题 选词填空。

A	成为	B	竟然	C	温度
D	顺便	E	毛巾	F	包子

例如： A：今天真冷啊，好像白天最高（ C ）才2℃。

B：刚才电视里说明天更冷。

第2回

51．A：没想到咱俩（ ）有这么多相同的经历！

B：是啊，要是早点儿认识你就好了。

52．A：你要去学校吗？能不能（ ）帮我把这本书还了？

B：没问题，我正好也想去图书馆借书。

53．A：厨房里的（ ）是昨天买的吗？我尝了一口，味道有点儿奇怪。

B：呀！那是坏了，不能吃了，快扔掉吧。

54．A：你帮我把（ ）拿过来，我擦擦汗。

B：出了这么多汗，你还是直接去洗个澡吧。

55．A：父母的性格往往对孩子的将来有很大影响。

B：是啊，所以我们要努力（ ）合格的父母。

第 2 部分

第 56-65 题 排列顺序。

例如： A 可是今天起晚了

B 平时我骑自行车上下班

C 所以就打车来公司 B A C

56. A 而有些人在特别紧张时只想睡觉

B 比如，有些人喜欢通过吃东西来减轻压力

C 每个人都有不同的放松方式 ______

57. A 这样友谊才能走得长久

B 朋友之间应该互相尊重

C 意见不同时要多交流 ______

58. A 因为这可能会让你加倍努力

B 竞争大不一定是坏事

C 取得更好的成绩 ______

59. A 负责照相的师傅给我仔细地打扮了一下

B 最后照出来的照片确实好看又自然

C 我刚才专门去了照相馆 ______

60. A 他的妻子是个很浪漫的人

B 可他却完全相反

C 因此很多时候，他都不能理解妻子的想法 ________

61. A 我认为你这个人最大的缺点

B 总是按照别人说的去做

C 就是缺少自己的判断 ________

62. A 后来我给他买了葡萄味儿的儿童牙膏

B 从那以后，他每天刷牙都很积极

C 我孙子以前很讨厌刷牙 ________

63. A 我们的感情很深

B 我家的狗陪了我很多年

C 所以我到现在都很难接受它永远地离开了我 ________

64. A 你找时间跟她解释一下

B 就说你也不是故意的

C 她听后会原谅你的 ________

65. A 否则可能会有更多的人感冒

B 大家一定要多开窗户，换换空气

C 最近办公室里很多人都在咳嗽 ________

第3部分

第66-85题 请选出正确答案。

例如：她很活泼，说话很有趣，总能给我们带来快乐，我们都很喜欢和她在一起。

★ 她是个什么样的人？

A 幽默 ✓　B 马虎　C 骄傲　D 害羞

66. 民族共同语就是指一个民族内大多数人熟悉且共同使用的语言，现在汉民族使用的共同语就是普通话，它是在北方话的基础上发展起来的。

★ 这段话主要谈的是：

A 北京话　B 少数民族

C 汉语语法　D 民族共同语

67. 通过努力，我终于获得了来中国留学的奖学金。知道这个消息时，我激动得哭了，我觉得以前所有的辛苦都是值得的。

★ 说话人哭是因为：

A 激动　B 同情

C 伤心　D 害怕

68. “躺赢”是近几年流行起来的一个词，它的意思很简单，就是几乎什么都不做，躺着就赢了。它最早指的是在多人游戏中，如果其中有一名技术十分厉害的人，那么其他人不用花多大力气就能赢得比赛。

★ “躺赢”的意思是：

A 赢得轻松　　B 拒绝失败

C 遇到危险　　D 躺着舒服

69. 奶奶70多岁了，却越来越像个小孩子。她平时总喜欢拉着我们聊天儿，做什么都需要有人陪着，时不时还会发点儿小脾气引起我们注意，真是个可爱的“老小孩儿”。

★ 根据这段话，奶奶：

A 爱写日记　　B 对人热情

C 希望有人陪　　D 常回忆过去

70. 有研究指出，夫妻之间经常商量怎么花钱会加深两人的感情。据调查，每月做一次花钱计划的夫妻中，超过百分之七十感觉生活幸福；而每半年才做一次计划的夫妻中，仅有一半儿的有幸福感。

★ 为了增进感情，夫妻二人应该多：

A 到处旅游　　B 互相鼓励

C 自我批评　　D 做花钱计划

71. 做题时使用好方法可以事半功倍。比如做长篇的阅读题时，我们最好先看问题，再带着问题读文章、找答案。这样既可以加快阅读速度，也能使答案更准确。

★ 做阅读题遇到长文章时，最好先：

A 读文章　　B 看问题

C 猜内容　　D 找答案

72. 这个巧克力的广告很吸引人，故事轻松幽默，音乐简单活泼，给观众留下了很深的印象。

★ 那个巧克力广告：

A 吸引人　　B 是骗人的

C 缺少重点　　D 演员来自亚洲

第2回

73. 我们公司提供最专业的上门打扫服务，不管是客厅、厨房，还是卫生间，我们保证打扫过的每一个地方都像新的一样！

★ 那家公司提供什么服务？

A 修理空调　　B 打扫房间

C 打印材料　　D 卖旧家具

74. 比起买车，现在越来越多的年轻人开始考虑租车出行。随着网上租车的出现、租车公司数量的增多，租车也变得更加方便、便宜。

★ 说话人认为租车的优点是：

A 安全　　B 花费低

C 有免费导游　　D 减轻交通压力

75. 如果您选择邮寄，请在这里填写详细的地址，签证通过的话，我们会在七个工作日内把护照寄出。

★ 说话人最可能在哪儿上班？

A 银行　　B 商店

C 大使馆　　D 首都机场

76. 许多观众在电影院看电影时往往不愿意坐前排，一方面是因为距离太近会影响观看效果；另一方面是需要一直抬着头看，长时间下来很不舒服。

★ 人们一般不坐前排的原因是：

A 难买到票　　B 总被打扰

C 不方便进出　　D 观看效果不好

77. 两个人第一次约会时，男生最好穿得正式一些，不要太随便。这样不光能给女生留下一个好印象，也能表示你对女生的尊重。

★ 第一次见面时，男生最好：

A 别抽烟　　B 穿得正式些

C 准备好礼物　　D 多讲些笑话

78. 既然问题已经出现了，我们就应该想办法共同解决，而不是去讨论究竟是谁的错误，更不应该随便把责任推给别人。

★ 说话人认为现在应该：

A 进行总结　　B 向他人道歉

C 共同解决问题　　D 及时找出错误

79. 公路自行车，是指在公路上使用的一种自行车。与山地自行车相比，它车身较轻，但对道路的要求很高，所以骑行时要选择合适的地点。

★ 与山地车相比，公路自行车：

A 比较轻　　B 质量好

C 样子好看　　D 不适合城市

80-81.

考大学时，有的人认为专业不重要，只要能上好大学，随便选一个专业就可以。但等到真正开始学习的时候就后悔了。在我看来，好专业比好大学更重要。一个理想的专业首先要自己感兴趣，其次还要符合社会的需要。

★ 说话人认为：

A 要自信　B 应重视积累　C 能力是关键　D 好专业更重要

★ 根据这段话，理想的专业应该：

A 容易毕业　B 家人支持

C 职业选择多　D 符合社会需要

82-83.

一个女孩儿从小喜欢打乒乓球，但她个子矮小，胳膊又短，条件并不理想。因此，她进体育学校时，有很多人表示反对，只有父亲一直鼓励和帮助她，她因此更加努力。终于，在一次全国比赛中，她取得了第一名的好成绩。

★ 很多人反对那个女孩儿进体育学校是因为她：

A 个子矮　B 不聪明

C 不努力　D 不够勇敢

★ 那个女孩儿的故事告诉我们：

A 要少说多干　B 努力才能成功

C 运动员很辛苦　D 应该相信别人

84-85.

小李最近因为饭店生意不好而烦恼，店门口每天明明有很多人路过却没什么人注意。于是小李想出了一个好主意，他在窗户上写了三个字——不许看。有趣的是，越是不允许看，大家越想看。后来，很多人都被这三个字吸引而走进店里，且一进店就注意到饭菜的香味，就这样，小李的生意好了起来。

★ 小李饭店的生意为什么不好？

A 价格高　　B 态度差　　C 没人注意　　D 室内太脏

★ 小李用了什么办法使顾客走进饭店？

A 降价　　B 换服务员

C 在窗户上写字　　D 增加桌椅数量

3 书写

第1部分

第86-95题 完成句子。

例如：那座桥　　800年的　　历史　　有　　了

那座桥有800年的历史了。

86. 向大家　　大夫　　很久　　解释了

87. 我把　　吃了　　牛奶饼干　　盒子里的

88. 挂着　　门　　后面　　你的帽子

89. 长城　　邀请我　　一起去爬　　他

90. 很诚实　　弟弟　　这件事　　证明了

91. 难道你　　规定　　不知道这个　　吗

92. 那个　　至少得　　三千块钱　　沙发

93. 让　　孩子的出生　　一家人　　很开心

94. 赶不上那趟　　航班　　你恐怕　　了

95. 从来　　怀疑过他　　没有　　我

第 2 部分

第 96-100 题 看图，用词造句。

例如：

乒乓球　　她很喜欢打乒乓球。

96.

动作

97.

收拾

98.

打招呼

99.

勺子

100.

精彩

4級第3回

※テスト全体を通したテスト本番バージョンもダウンロードしていただけます。
(21K4Q-test3)

1 听 力

第1部分

21K4Q3-1

第 1-10 题 判断对错。

例如：我想去办个信用卡，今天下午你有时间吗？陪我去一趟银行？

★ 说话人打算下午去银行。 （ ✓ ）

现在我很少看电视，其中一个原因是，广告太多了，不管什么时间，也不管什么节目，只要你打开电视，总能看到那么多的广告，浪费我的时间。

★ 说话人喜欢看电视广告。 （ × ）

1. ★ 那件衬衫很贵。 （ ）
2. ★ 说话人很有管理经验。 （ ）
3. ★ 说话人填错了地址。 （ ）
4. ★ 说话人决定年底搬家。 （ ）
5. ★ 老同学之间有很多共同语言。 （ ）
6. ★ 那家药店全天都开着。 （ ）
7. ★ 签证已经办好了。 （ ）
8. ★ 说话人表演时很轻松。 （ ）
9. ★ 说话人的爸妈爱到处旅行。 （ ）
10. ★ 要注意保护眼睛。 （ ）

第 2 部分 21K4Q3-2

第 11-25 题 请选出正确答案。

例如： 女：：该加油了，去机场的路上有加油站吗？

男：有，你放心吧。

问：男的主要是什么意思？

A 去机场　B 快到了　C 油是满的　D 有加油站 ✓

11.	A 超市	B 商店	C 理发店	D 复印店
12.	A 擦车	B 抽烟	C 约会	D 散步
13.	A 休息一下	B 坚持下去	C 按时睡觉	D 去洗个澡
14.	A 警察	B 律师	C 医生	D 演员
15.	A 很热闹	B 适合生活	C 没人打扫	D 有很多宾馆
16.	A 一种植物	B 北京小吃	C 海洋动物	D 两个答案
17.	A 牙疼	B 在减肥	C 肚子难受	D 想保护皮肤
18.	A 作业下周交	B 文章不合格	C 密码太复杂	D 数字写错了
19.	A 着急	B 吃惊	C 得意	D 激动
20.	A 皮鞋买小了	B 选错颜色了	C 用现金付款	D 衣服在打折
21.	A 取钱	B 发通知	C 办信用卡	D 接受调查
22.	A 房东	B 新同事	C 王博士	D 王阿姨
23.	A 请假了	B 收入高	C 电话占线	D 在发传真
24.	A 人数太多	B 天气不好	C 那天有考试	D 校长不允许
25.	A 饭店	B 图书馆	C 火车站	D 公园入口

第3部分 21K4Q3-3

第26-45题 请选出正确答案。

例如： 男：把这个材料复印五份，一会儿拿到会议室发给大家。

女：好的。会议是下午三点吗？

男：改了。三点半，推迟了半个小时。

女：好，六〇二会议室没变吧？

男：对，没变。

问：会议几点开始？

A 14：00　B 15：00　C 15：30 ✓　D 18：00

26. A 厕所　B 厨房　C 垃圾桶里　D 窗户旁边
27. A 饱了　B 菜不香　C 汤很咸　D 太辣了
28. A 30分钟　B 50分钟　C 一小时　D 两小时
29. A 交通不便　B 没钱付房租　C 打扰到别人　D 卫生条件差
30. A 要出差　B 公司的规定　C 在进行研究　D 要举办会议
31. A 很浪费　B 脾气好　C 值得同情　D 不爱干净
32. A 餐厅　B 邮局　C 眼镜店　D 面包房
33. A 同名小说　B 感情问题　C 职业选择　D 昨天的电影
34. A 被骗了　B 在找工作　C 羡慕女的　D 面试失败了
35. A 夫妻　B 姐弟　C 病人和护士　D 售货员与顾客
36. A 讨厌打扮　B 容易骄傲　C 十分粗心　D 不够勇敢
37. A 怀疑　B 理解　C 感谢　D 失望

38. A 经验不多 B 爱丢东西 C 缺少判断力 D 不熟悉环境

39. A 向学校说明 B 提前做准备 C 做全身检查 D 结束学习任务

40. A 数学 B 中文 C 互联网 D 羽毛球

41. A 记者应道歉 B 年龄最关键 C 很难一直赢 D 赢不是目的

42. A 尊重他人 B 非常节约 C 遇事冷静 D 很有耐心

43. A 少批评 B 严格要求 C 不指出错误 D 让孩子拿主意

44. A 运动 B 听广播 C 写日记 D 早睡早起

45. A 变得优秀 B 懂得了放弃 C 学会了总结 D 更了解自己

2 阅 读

第1部分

第46-50题 选词填空。

A 过程	B 原谅	C 敲
D 坚持	E 到底	F 所有

例如： 她每天都（ D ）走路上下班，所以身体一直很不错。

46. 做一件事，不能光看结果，也要重视（ ）。
47. 你知道吗？点头这个动作并不是在（ ）国家都表示同意。
48. 你们两个说的正好相反，我都不知道（ ）该相信谁了。
49. 请您（ ），我当时没想到问题有这么严重。
50. 进他人房间前要先（ ）门，这是一种礼貌。

第 51-55 题 选词填空。

A 橡皮　　B 台　　C 温度

D 将来　　E 假　　F 超过

例如： A：今天真冷啊，好像白天最高（ C ）才2℃。

B：刚才电视里说明天更冷。

51. A：爷爷，我也想玩儿那个游戏，看起来好有意思！

B：体重（　　）一百斤才能玩儿，要想玩儿，你以后可得多吃点儿。

52. A：咱家的洗衣机洗衣服的时候声音特别响。

B：已经用了至少六七年了，也该换一（　　）新的了。

53. A：我昨晚做梦，梦到自己回到了几个世纪以前的中国。

B：真的（　　）的？你在开玩笑吧？

54. A：你在找什么呢？

B：我的（　　）掉桌子下面了，你能拿手机帮我照一下吗？这儿太黑了。

55. A：别让孩子学艺术专业了，我担心（　　）不好找工作。

B：学什么要看他是否感兴趣，我们就不要为他做决定了。

第 2 部分

第 56-65 题 排列顺序。

例如： A 可是今天起晚了

B 平时我骑自行车上下班

C 所以就打车来公司 B A C

56. A 我们寒假去长城玩儿的时候

B 遇到了一个非常专业的导游

C 他给我们介绍了许多有关北京和长城的历史知识 ______

57. A 今天的这节课

B 剩下的还需要回家下点儿功夫才能弄明白

C 我大概只听懂了80%的内容 ______

58. A 打扰他休息

B 他昨晚连衣服都没脱就在客厅睡着了，你别乱跑

C 方方，爸爸这几天一直加班，非常累 ______

59. A 完全无法判断他究竟是中国人，还是留学生

B 这篇文章的作者汉语水平很高

C 仅仅通过文章 ______

60．A　只有严格按照规定行车

B　高速公路上，不同车道有不同的车速标准

C　才能保证人们的安全　＿＿＿＿＿＿

61．A　提供技术支持

B　您放心，只要手机是在保修期内

C　我们会对出现的任何问题　＿＿＿＿＿＿

62．A　尽管他刚大学毕业，经验不多

B　但做事认真仔细，所以很多重要工作

C　我们也愿意交给他去完成　＿＿＿＿＿＿

63．A　否则你以后会后悔的

B　那你就应该再找机会和他好好聊聊

C　既然那天的事情是一场误会　＿＿＿＿＿＿

64．A　都没有找到合适的餐桌

B　于是我们计划明天去另外一个商场看看

C　我陪妈妈在这个家具城逛了一天　＿＿＿＿＿＿

65．A　这家酒店不仅环境浪漫

B　因此吸引了许多新婚夫妻前来入住

C　服务质量也很高　＿＿＿＿＿＿

第3部分

第66-85题 请选出正确答案。

例如：她很活泼，说话很有趣，总能给我们带来快乐，我们都很喜欢和她在一起。

★ 她是个什么样的人？

A 幽默 ✓　B 马虎　C 骄傲　D 害羞

66. 中国有一千多座城市，名字中带“京”的却很少，其中最著名的两座城市就是南京和北京了。“京”是指国家的首都，南京在历史上多次成为中国的首都；北京从六百多年前到现在，一直是中国的首都。

★ 根据这段话，“京”的意思是：

A 一个省　B 历史久远

C 国家的首都　D 经济发展快

67. 这本小说最近很受欢迎，大家都认为它内容丰富，语言幽默。不过对我来说，它最吸引人的是能让我回忆起美好的过去，并带给我深深的感动。

★ 说话人喜欢那本小说的主要原因是：

A 故事精彩　B 让人感动

C 语言简单　D 能忘掉烦恼

68. 生活中总是有各种酸甜苦辣。那些不愉快、不顺利的事往往更能锻炼人，就像树要经历风雨才能长得更高，人也要经历风雨才能变得更好。

★ 这段话中的"风雨"指的是：

A 理想　　B 困难

C 缺点　　D 幸福

69. 我公司现计划招聘记者十名，要求与新闻有关的专业毕业，外语流利，最好有两年以上工作经验，年龄在35岁以下，欢迎符合条件者积极报名。

★ 招聘广告中提了哪方面的要求？

A 专业　　B 性别

C 国籍　　D 性格

70. 哥哥一直对做音乐有极大的热情，他总对我说："在做出听众喜欢的音乐之前，首先要做出自己喜欢的音乐，这既是对自己负责，也是对听众负责。"

★ 哥哥认为，做音乐：

A 比较无聊　　B 使人开心

C 没什么好处　　D 要有责任感

71. 我觉得男人和女人遇到麻烦事时的解决方式不太相同：大部分男性会选择自己一个人解决，而女性往往更习惯和家人、朋友交流，听听他们的意见。

★ 大多数女性怎么解决生活中的麻烦？

A 根据经验　　B 问朋友意见

C 请邻居帮忙　　D 暂时放一边

第3回

72. 虽然爸妈的生意越做越大，赚了不少钱，但他们一直教育我这些得来不易。他们让我学做生意、学习管理，就是想让我明白这一切都是努力的结果。

★ 根据这段话，说话人的父母：

A 很穷　　B 生意成功

C 不关心他　　D 反对他学管理

73. 很多人以为打网球的关键是要胳膊力气大，实际上并不是这样。只要动作正确，就能借用身体的力。所以，很多动作标准的小朋友能打赢比他们力气大很多的大人。

★ 要想打好网球，关键是要：

A 力气大　　B 接球快

C 动作标准　　D 身体放松

74. 现在很多小学都增加了科学课。在这门课上，除了听老师讲，学生还有机会参加各种动手活动，在锻炼动手能力的同时了解一些科学基础知识。

★ 在科学课上，学生可以：

A 不做笔记　　B 增加信心

C 随便换座位　　D 提高动手能力

75. 红色的药你按说明书吃就行，绿色的药要记得每天晚上睡前再吃。另外，如果觉得咳嗽有好转，你可以把绿色的药停掉。

★ 说话人最可能是谁？

A 大夫　　B 司机

C 作家　　D 服务员

76. 森林对气候的变化有多方面的影响。在夏天，森林可以降低地面上的温度，让周围变得凉快；冬天刮风时，森林又能降低风速，使周围不那么冷。

★　这段话主要讲的是：

A　风的速度　　B　中国的气候

C　夏天的温度　　D　森林的作用

77. 十几年前，人们买火车票、飞机票时需要专门去一趟售票窗口。但现在，随着互联网的发展，人们只需花几分钟，就可以在网站上购买了。

★　这段话主要谈的是：

A　网上购票　　B　旅游网站

C　航班信息　　D　排队时间

78. 有压力并不是一件坏事，它能使人努力工作和学习，但压力太大人容易紧张，太小了又没什么作用，因此合适的压力最好。

★　下列哪个是说话人的看法？

A　要敢于认错　　B　积累很重要

C　压力合适最好　　D　改变永远不晚

79. 华罗庚是位著名的数学家，他读书时习惯先读几页，然后猜后面的内容——要是没猜到，就接着读；要是猜对了，就不继续读了。

★　华罗庚读书时有什么习惯？

A　和人讨论　　B　会画出重点

C　边读边喝茶　　D　猜后面的内容

80-81.

在中国，送礼是一门艺术。人们通过互相送礼物，加深感情，增进友谊，但如果送了不合适的礼物，很可能会起到完全相反的效果。例如，伞，因为和“散”发音相近，所以有“分开、离开”的意思，送伞给爱人和好朋友就很不合适。因此，平时要多了解一些送礼的文化，这样才不会引起误会。

★ 这段话主要介绍了：

A 送礼文化　B 民族艺术　C 法律知识　D 汉语语法

★ 根据这段话，“伞”不能送给：

A 妻子　B 客人　C 儿童　D 小伙子

第3回

82-83.

很多人总爱赶在最后一秒完成任务，他们有一个共同特点，就是把重要的事情放在最后。比如，准备复习时发现自己的桌子很乱，于是开始整理桌子，整理时发现需要买一些东西就又开始网购……研究发现，越容易受到心情影响的人，就越有可能出现**这一问题**，他们往往因此无法按时完成计划。

★ 对于重要的事情，很多人会：

A 认真考虑　B 拒绝商量　C 最后完成　D 试试新方法

★ 研究发现，那些有“这一问题”的人：

A 经常迟到　B 习惯网购

C 易受心情影响　D 喜欢整理桌子

84-85.

随着全球汽车数量的增加，堵车情况越来越严重，而且由此带来的空气污染也成为一大问题，甚至直接影响到人们的生命健康。为了减少空气污染，不少国家推出了免费乘坐公交的规定，以鼓励人们使用公共交通出行。

★ 汽车数量的增加带来了什么问题？

A 油价高了　　B 空气污染

C 汽车质量差　　D 没有停车位

★ 为减少空气污染，不少国家规定：

A 减少加油站　　B 禁用塑料袋

C 外来车辆禁入　　D 公交免费乘坐

3 书写

第1部分

第86-95题 完成句子。

例如：那座桥 800年的 历史 有 了

那座桥有800年的历史了。

86. 来自 老虎 亚洲 这只

87. 目的 发奖金的 竞争 是鼓励

88. 你把 旧 那些 杂志 扔了吧

89. 有 一张表格 信封 里

90. 葡萄是 吃光了 被 小孙子 吗

91. 很准确 黑板上的 句子 翻译得

92. 打印那份 下午去 我 证明

93. 顺序需要 重新 座位的 排列

94. 睡懒觉 普遍爱 年轻人

95. 这碗 汤 西红柿 没放盐

第 2 部分

第 96-100 题 看图，用词造句。

例如：

乒乓球　　她很喜欢打乒乓球。

96.

祝贺

97.

轻

98.

笑话

99.

出生

100.

饼干

4級第4回

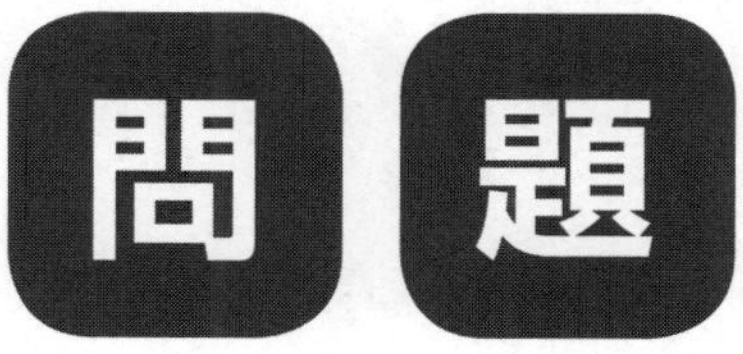

※テスト全体を通したテスト本番バージョンもダウンロードしていただけます。
（21K4Q-test4）

1 听 力

第1部分

第1-10题 判断对错。

例如：我想去办个信用卡，今天下午你有时间吗？陪我去一趟银行？

★ 说话人打算下午去银行。 （ ✓ ）

现在我很少看电视，其中一个原因是，广告太多了，不管什么时间，也不管什么节目，只要你打开电视，总能看到那么多的广告，浪费我的时间。

★ 说话人喜欢看电视广告。 （ × ）

1. ★ 说话人买了辆新车。 （　　）
2. ★ 照相机在办公室。 （　　）
3. ★ 警察想接着了解情况。 （　　）
4. ★ 说话人仍然很生气。 （　　）
5. ★ 他们要坐的是同一趟车。 （　　）
6. ★ 那台空调经常坏。 （　　）
7. ★ 说话人准备帮小静搬家。 （　　）
8. ★ 他的汉语水平提高得很快。 （　　）
9. ★ 说话人喜欢去看演出。 （　　）
10. ★ 父亲不重视医生说的话。 （　　）

第2部分 21K4Q4-2

第 11-25 题 请选出正确答案。

例如： 女：该加油了，去机场的路上有加油站吗？

男：有，你放心吧。

问：男的主要是什么意思？

A 去机场　B 快到了　C 油是满的　D 有加油站 ✓

11. A 非常后悔　B 生活幸福　C 收入高了　D 讨厌加班
12. A 公园　B 大使馆　C 首都机场　D 羽毛球场
13. A 同事　B 夫妻　C 父女　D 姐弟
14. A 城市变化快　B 市区更热闹　C 郊区空气好　D 交通方便了
15. A 把酒喝完　B 考试很简单　C 以后常联系　D 消息不准确
16. A 练习发音　B 做事要仔细　C 多积累经验　D 别害怕失败
17. A 卖家具　B 修手机　C 开宾馆　D 开咖啡馆
18. A 费用太高　B 意见不同　C 老师不允许　D 大家不积极
19. A 王小姐　B 老同学　C 游泳运动员　D 王阿姨的孙子
20. A 输了比赛　B 周末出差　C 被批评了　D 没赶上航班
21. A 对人友好　B 坚持下去　C 学会普通话　D 重新找工作
22. A 请马上离开　B 里面人满了　C 稍微等一下　D 入口在左边
23. A 水果不甜　B 菜很新鲜　C 售货员多　D 电梯总坏
24. A 客厅　B 厨房　C 信封里　D 盒子旁边
25. A 脱皮鞋　B 吃感冒药　C 收拾房间　D 拿出厚衣服

第3部分 21K4Q4-3

第26-45题 请选出正确答案。

例如： 男：把这个材料复印五份，一会儿拿到会议室发给大家。

女：好的。会议是下午三点吗？

男：改了。三点半，推迟了半个小时。

女：好，六〇二会议室没变吧？

男：对，没变。

问：会议几点开始？

A 14：00　　B 15：00　　C 15：30 ✓　　D 18：00

	A	B	C	D
26.	A 迷路了	B 没带眼镜	C 袜子破了	D 钥匙丢了
27.	A 邮局	B 餐厅	C 图书馆	D 火车站
28.	A 有错误	B 语言活泼	C 不吸引人	D 作者很年轻
29.	A 只能付现金	B 每月5号交	C 得一次付清	D 比原来高了
30.	A 味道好	B 不够咸	C 有点儿苦	D 糖放少了
31.	A 广播	B 教育	C 艺术	D 法律
32.	A 很流行	B 太重了	C 大小合适	D 颜色难看
33.	A 力气大了	B 会打扮了	C 皮肤变好了	D 越来越勇敢
34.	A 性格可爱	B 文章写得好	C 爱帮助同学	D 常打扫教室
35.	A 打印出来	B 减少内容	C 把它寄走	D 再检查一遍
36.	A 价格贵	B 很难买到	C 打折很厉害	D 必须网上购买
37.	A 出去旅行	B 参加聚会	C 要照顾母亲	D 去医院打针

38. A 工资高 B 长得帅 C 提前毕业了 D 学新闻专业

39. A 开公司 B 办杂志 C 继续学习 D 接受邀请

40. A 脾气差 B 尊重顾客 C 爱开玩笑 D 没赚到钱

41. A 技术好 B 离得近 C 偶尔免费 D 不用排队

42. A 理解 B 不关心 C 不支持 D 感到吃惊

43. A 提高能力 B 解决问题 C 找到理想 D 获得自信

44. A 记者 B 律师 C 演员 D 导游

45. A 注意安全 B 戴太阳镜 C 别乱扔垃圾 D 读管理规定

2 阅读

第1部分

第46-50题 选词填空。

A 比如　　B 真正　　C 巧克力

D 坚持　　E 互相　　F 节

例如：　她每天都（　D　）走路上下班，所以身体一直很不错。

46. 姐姐在超市逛了两个小时，最后只买了一盒（　　）。
47. 请大家回去好好复习这（　　）课的内容，有不懂的再来问我。
48. 我的爱好有很多，（　　）打网球、看电影、听音乐等。
49. 不用客气，既然我们是邻居，就应该（　　）帮助。
50. （　　）的友谊不会因为时间和距离而改变。

第 51-55 题 选词填空。

A　得意　　B　饺子　　C　温度

D　精彩　　E　难道　　F　受不了

例如：　A：今天真冷啊，好像白天最高（　C　）才2℃。

　　　　B：刚才电视里说明天更冷。

51．A：（　　）就没有别的办法了？

　　B：我能想到的只有这个了，再问问其他人有没有什么好主意吧。

52．A：你又买了这么多东西，冰箱已经快满了。

　　B：我就买了点儿菜和肉，咱晚上吃羊肉（　　）吧。

53．A：这本小说几十万字，你这么快就看完了？

　　B：不得不说，写得太（　　）了。我除了吃饭、睡觉，一直都在看。

54．A：我们不能（　　）得太早，这只是暂时的比分。

　　B：我有信心，我相信我们最后一定能赢。

55．A：这几天天气挺凉快的，睡觉也舒服。

　　B：是啊，上个礼拜热得人（　　），还好下了场雨。

第 2 部分

第 56-65 题 排列顺序。

例如： A 可是今天起晚了

B 平时我骑自行车上下班

C 所以就打车来公司 B A C

56. A 如果菜单上只有汉字，没有图片

B 那么对像我这样刚开始学中文的外国人来说

C 点菜将会是一件困难的事 ______

57. A 我们首先要找到其中的原因

B 下午开会讨论这个问题时

C 然后再提出解决办法 ______

58. A 所以我一眼就认出她来了

B 不过她的样子几乎没什么改变

C 我和她已经十几年没见面了 ______

59. A 因为保护地球是我们共同的责任

B 尽管节约用水、不乱扔垃圾都是小事

C 也需要每个人坚持去做

60. A 无论做什么事情

B 他都要做到让自己满意为止

C 弟弟从小就对自己很严格 ______________

61. A 以保证任务能按时完成

B 就应该第一时间对出现的问题做出准确判断

C 既然他是负责人 ______________

62. A 我跟父母就像是好朋友

B 我都会跟他们商量着解决

C 遇到任何烦心事 ______________

63. A 你千万别误会，你做的包子很好吃

B 味道香极了

C 只是我已经饱了，实在吃不下了 ______________

64. A 还要预习下学期的课本

B 应该没空儿出去旅游了

C 这个暑假我不仅要参加市里举办的翻译大赛 ______________

65. A 爸爸平时几乎不喝酒

B 只有过节时会陪爷爷喝点儿红酒

C 就连谈生意时也从来不喝 ______________

第 3 部分

第 66-85 题 请选出正确答案。

例如：她很活泼，说话很有趣，总能给我们带来快乐，我们都很喜欢和她在一起。

★ 她是个什么样的人？

A 幽默 ✓　B 马虎　C 骄傲　D 害羞

66. 电视上说，人睡得太多可能会觉得更困更累，睡得不够注意力又会降低。一般来说，年轻人每天睡八个小时最合适。

★ 这段话主要告诉了我们：

A 做梦不好　B 早些起床

C 午睡很重要　D 睡八小时最好

67. 哥哥和女朋友的感情一开始就受到了父母的反对，但是经过了三年的坚持和努力，他们终于感动了父母。下个月他们就要结婚了，真为他们高兴！

★ 哥哥和他的女朋友：

A 经常约会　B 下个月结婚

C 过去是邻居　D 认识超过十年

68. 大夫建议妈妈们不要在孩子出生后就急着减肥，最好多去医院做做检查，等身体符合健康标准后，再有计划地减肥，这样效果可能会更好。

★ 孩子出生后，大夫建议妈妈们：

A 每天散步　　B 放松心情

C 别着急减肥　　D 多跟人交流

69. 运动饮料近年来深受欢迎，很多人甚至把它当水来喝。实际上，运动饮料是专门为进行大量运动后出汗很多的人准备的，平时拿来当水喝，对身体并无好处。

★ 运动饮料：

A 作用不大　　B 不能当水喝

C 会使人变胖　　D 比矿泉水好

70. 外边下这么大的雨，我以为上周在网上买的冰箱得推迟送货了。没想到，送货师傅们还是准时把东西送来了。

★ 根据这段话，可以知道：

A 送货很准时　　B 路上堵车了

C 地址填错了　　D 外面在下雪

71. 妹妹，你年底做工作总结时，讲话一定要有重点，不用详细介绍自己都做了什么，主要说说你在过去的一年取得的成绩和获得的经验，这样更容易给经理留下个好印象。

★ 说话人提醒妹妹：

A 整理材料　　B 遇事冷静

C 讲话有重点　　D 记得打招呼

72. 为了了解中小学生的阅读习惯，这家网站做过一次调查。结果发现，大约有30%的学生每天的阅读时间在一小时以上。不过，这里面超过90%的学生都是用手机看互联网小说。

★　那个调查是关于什么的？

A　暑假安排　　　　B　儿童的爱好

C　学生阅读习惯　　D　互联网的特点

73. 虽然做护士工作比较辛苦，但每当病人专门来向我表示感谢时，我还是十分感动，觉得付出的一切都是值得的。

★　说话人觉得护士的工作怎么样？

A　很轻松　　　　B　有些危险

C　需要热情　　　D　再累也值得

74. 我很喜欢小张，他有很多优点，人诚实可信，学习上又愿意下功夫，是同年级几个硕士中最努力的一个，所以我才鼓励他继续读博士。

★　说话人鼓励小张：

A　去应聘　　　　B　出国留学

C　研究语法　　　D　接着读博士

75. 每个礼拜天这个超市都会做活动，很多东西都会降价打折，因此来的人特别多，有时候付款都要排半个小时的队，本来就不大的超市看上去更小了。

★　那家超市每个礼拜天：

A　东西会降价　　B　可以换零钱

C　关门时间晚　　D　不提供塑料袋

76. 广播里面已经在通知登机了，把行李给我吧，我得出发了，再晚要来不及了。别担心，飞机降落后我会给你打电话的。

★ 说话人接下来要做什么？

A 登机　　B 存包

C 抽烟　　D 上厕所

77. 普通人进行长距离跑时可以慢一点儿，把速度降到自己觉得不会难受为止，但要一直坚持下去。另外，由于每个人的身体条件不同，所以适合的运动距离也不同，一般情况下，最长不超过35公里。

★ 长跑时要注意什么？

A 动作标准　　B 放慢速度

C 及时喝水　　D 做准备活动

78. 这学期艺术学院开了京剧兴趣班，将由王教授为大家上课。王教授对京剧表演很有研究，请感兴趣的同学来学院办公室取报名表，积极报名。

★ 关于京剧兴趣班，可以知道：

A 寒假上课　　B 正在报名

C 申请人数多　　D 教基础知识

79. 生活中有很多事情都需要我们做出选择，大到职业、爱情，小到吃饭、购物，有人会感觉到压力，因为我们无法保证每一次的选择都是正确的。然而，很多选择其实不分对错，适合自己才最重要。

★ 根据这段话，做选择时关键是要：

A 适合自己　　B 保证安全

C 对别人负责　　D 用对的方法

80-81.

孩子的性格会受到多方面的影响，但其中最重要的影响来自父母，父母的生活态度和教育方式对孩子有着更直接、更长久、也更普遍的影响。所以，要想孩子优秀，大家就要努力成为合格的父母。

★ 关于孩子的性格，下列哪个正确？

A 容易改变　B 与性别有关　C 由环境决定　D 受多方面影响

★ 这段话最可能是对谁说的？

A 父母　B 校长　C 房东　D 作家

82-83.

中国中部有个城市叫做“江城”。它被长江和汉江分成了三部分。虽然自然环境条件十分复杂，但是完全没有影响那里交通网的发展。最让人骄傲的是那里的地铁，其中一条是中国首条经过长江的地铁，在2012年底通了车，大大减轻了长江大桥的交通压力。

★ 关于江城，可以知道什么？

A 景色美　B 气候寒冷　C 经济发展快　D 自然条件复杂

★ 那条地铁：

A 经过黄河　B 已经通车　C 座位很多　D 全长60公里

84-85.

随着信息技术的发展，数字电视被越来越多的人熟知、接受。与之前的电视相比，数字电视的节目内容更加丰富，人们可以通过付费有选择地点播节目。同时，数字电视能极大地提高节目的音画质量，为观众带来更好的观看效果。

★　关于数字电视，可以知道什么？

A　无需密码　　B　能打电话　　C　声音不清楚　D　节目更丰富

★　这段话主要谈了数字电视的：

A　观众年龄　　B　收费方式　　C　技术优点　　D　广告数量

3 书写

第1部分

第86-95题 完成句子。

例如：那座桥　　800年的　　历史　　有　　了

那座桥有800年的历史了。

86. 了　　太粗心　　缺点就是　　你的

87. 儿子　　保证以后　　完成作业　　按时

88. 很严重　　被　　这条　　河　　污染得

89. 参加各种　　经常　　她　　社会活动

90. 牙膏已经　　用光　　这盒　　了

91. 文化　　民族　　大家对于　　看法　　有不同的

92. 今年的奖金　　一倍　　比去年　　多了

93. 那碗　　倒掉吧　　鱼汤　　你把

94. 别人　　不礼貌　　很　　笑话

95. 喜欢　　阳光　　植物　　这种

第 2 部分

第 96-100 题 看图，用词造句。

例如：

乒乓球　　她很喜欢打乒乓球。

96.

躺

97.

区别

98.

伤心

99.

烤鸭

100.

弹钢琴

第4回

4級第5回

※テスト全体を通したテスト本番バージョンもダウンロードしていただけます。
(21K4Q-test5)

1 听 力

第1部分

第1-10题 判断对错。

例如：我想去办个信用卡，今天下午你有时间吗？陪我去一趟银行？

★ 说话人打算下午去银行。 （ ✓ ）

现在我很少看电视，其中一个原因是，广告太多了，不管什么时间，也不管什么节目，只要你打开电视，总能看到那么多的广告，浪费我的时间。

★ 说话人喜欢看电视广告。 （ × ）

1. ★ 说话人上个月去了长江。 （ ）
2. ★ 第一印象很难改变。 （ ）
3. ★ 蛋糕需要客人自己取。 （ ）
4. ★ 小王有很多帽子。 （ ）
5. ★ 那只小狗很聪明。 （ ）
6. ★ 那个老师的声音很小。 （ ）
7. ★ 说话人想乘坐出租车。 （ ）
8. ★ 说话人希望先办好杂志。 （ ）
9. ★ 飞机降落时要在座位坐好。 （ ）
10. ★ 学跳舞很轻松。 （ ）

第2部分 21K4Q5-2

第 11-25 题 请选出正确答案。

例如： 女：该加油了，去机场的路上有加油站吗？

男：有，你放心吧。

问：男的主要是什么意思？

	A		B		C		D		
	A	去机场	B	快到了	C	油是满的	D	有加油站	✓
11.	A	理发	B	办签证	C	举办聚会	D	整理书桌	
12.	A	教室	B	邮局	C	超市	D	宾馆	
13.	A	接着逛逛	B	景色很美	C	不照相了	D	眼镜在包里	
14.	A	换座位	B	坐在后面	C	推迟计划	D	向女的道歉	
15.	A	问密码	B	要新毛巾	C	想修理冰箱	D	窗户打不开	
16.	A	没车位了	B	按顺序进	C	别随便停车	D	用手机付款	
17.	A	很热闹	B	人很友好	C	空气新鲜	D	容易迷路	
18.	A	能写文章	B	会多国语言	C	普通话标准	D	懂互联网技术	
19.	A	少吃盐	B	注意环保	C	不要浪费	D	安全用火	
20.	A	肚子疼	B	没睡醒	C	一直咳嗽	D	头疼得厉害	
21.	A	游泳	B	网球	C	弹钢琴	D	民族舞	
22.	A	压力很大	B	有些骄傲	C	外语流利	D	刚学中文	
23.	A	懂得浪漫	B	做人诚实	C	家在首都	D	对父母好	
24.	A	很干净	B	刚出生	C	父亲讨厌它	D	不能带回家	
25.	A	去公园	B	学功夫	C	预习课文	D	打乒乓球	

第3部分

21K4Q5-3

第 26-45 题 请选出正确答案。

例如： 男：把这个材料复印五份，一会儿拿到会议室发给大家。

女：好的。会议是下午三点吗？

男：改了。三点半，推迟了半个小时。

女：好，六〇二会议室没变吧？

男：对，没变。

问：会议几点开始？

A 14：00　B 15：00　C 15：30 ✓　D 18：00

	A	B	C	D
26.	A 同学	B 母子	C 护士和病人	D 顾客和售货员
27.	A 袜子	B 牙膏	C 矿泉水	D 垃圾桶
28.	A 打印机坏了	B 明天交表格	C 任务没结束	D 男的在发传真
29.	A 被骗了	B 不爱聊天儿	C 受到了批评	D 生意失败了
30.	A 有香味儿	B 喜欢阳光	C 夏季开花	D 只长在亚洲
31.	A 医院旁边	B 公司附近	C 大使馆东边	D 地铁站周围
32.	A 都是晴天	B 偶尔下雨	C 温度很高	D 越来越凉快
33.	A 去打针	B 拿零钱	C 躺下休息	D 去看医生
34.	A 出国了	B 去旅行了	C 遇到堵车了	D 记错地址了
35.	A 复习重点	B 暑假作业	C 刚才的考试	D 下学期安排
36.	A 校长	B 经理	C 司机	D 警察
37.	A 出售家具	B 鼓励竞争	C 打算招新人	D 收入增加了

38.	A	盒子里	B	沙发下	C	在门上	D	在厨房
39.	A	很粗心	B	爱讲笑话	C	不得不请假	D	赶着去约会
40.	A	导游	B	房东	C	亲戚	D	同事
41.	A	价格高	B	又脏又乱	C	服务态度好	D	需要提前排队
42.	A	大声说话	B	别害怕出错	C	跟人打招呼	D	多参加比赛
43.	A	老师	B	记者	C	大夫	D	律师
44.	A	适合老人	B	会邀请学生	C	正在做调查	D	早上八点播出
45.	A	国际关系	B	航班信息	C	交通知识	D	世界经济史

2 阅 读

第1部分

第46-50题 选词填空。

A 允许	B 羡慕	C 厨房
D 坚持	E 稍微	F 一切

例如： 她每天都（ D ）走路上下班，所以身体一直很不错。

46．所有人都要加班，没有经理的（ ），你不能提前离开。

47．这张国画没挂好，你把它（ ）往右放一点儿。

48．我刚买回来一个西瓜，你帮我去（ ）拿一下刀吧。

49．王叔叔和妻子一直很相爱，他们的感情真让人（ ）。

50．终于考上了，我之前付出的（ ）努力都是值得的。

第 51-55 题 选词填空。

A 确实　　B 左右　　C 温度

D 误会　　E 合适　　F 提供

例如： A：今天真冷啊，好像白天最高（ C ）才2℃。

B：刚才电视里说明天更冷。

51. A：演出马上开始了，超过半小时就不让入场了。

B：来得及，我这里有点儿堵车，还有十分钟（ ）就能到了。

52. A：我儿子可喜欢老虎了，连橡皮上的图画都要老虎的。

B：他那么活泼，性格也（ ）像个小老虎。

53. A：这是我们公司能给你（ ）的最好条件了。

B：好的，谢谢，我再考虑一下吧。

54. A：这条裙子穿着很舒服，大小也挺（ ）的！

B：既然这样，那就买下来吧。

55. A：对不起，你别生气了，我是跟你开玩笑的。

B：好吧，不过你刚才那么说真的很容易引起别人的（ ）。

第2部分

第56-65题 排列顺序。

例如： A 可是今天起晚了

B 平时我骑自行车上下班

C 所以就打车来公司 　　B　A　C

56. A 父母从小就教育他

B 不管将来赚多少钱，是穷是富

C 都要懂得节约，不能浪费 ________

57. A 按照计划，这座正在修的大桥

B 到时，它将成为市内最长的大桥

C 大约今年年底可以完工 ________

58. A 王师傅修理自行车好多年了

B 而且技术很好，任何问题都能轻松解决

C 你就推着自行车到他那里去修吧 ________

59. A 但成绩并不是判断孩子是否优秀仅有的标准

B 许多孩子常因学习成绩差而被批评

C 因此，千万别让成绩成为孩子生活的全部 ________

60. A 他们对地球保护等多方面的问题进行了讨论

B 共有来自全球五十多个国家的环境学家参加

C 这次活动在北京举行 ________

61. A 可是到关键时候总能想出好主意

B 让大家大吃一惊

C 别看小周平时不爱说话，挺安静的 ________

62. A 不仅会让人感觉很不礼貌

B 敲门太用力

C 还可能会打扰到其他人 ________

63. A 如果没有赶上就要等下午的车了

B 一般在早上七点半发车

C 从饭店到长城的旅游班车上午只有一趟 ________

64. A 却因为有着相同的兴趣爱好

B 尽管他们俩一个40岁，一个70岁

C 最后发展出了深厚的友谊 ________

65. A 无论生活中有多少酸甜苦辣

B 来笑对生活

C 我们都要用一种积极的态度 ________

第3部分

第66-85题 请选出正确答案。

例如：她很活泼，说话很有趣，总能给我们带来快乐，我们都很喜欢和她在一起。

★ 她是个什么样的人？

A 幽默 ✓　　B 马虎　　C 骄傲　　D 害羞

66.《新婚第一天》是部老电影。电影讲了一个有趣的故事，演员们的表演也很精彩。在今年的电影节上重新播出后，仍然受到了观众的热情欢迎。

★ 关于《新婚第一天》，下列哪个正确？

A 深受欢迎　　B 故事无聊

C 获得了大奖　　D 一共120分钟

67. 同学们，音乐和其他艺术一样，能带给人感动。一段歌里常常带有作者复杂的情感，我们听歌时要注意理解这其中的感情，这样才能做到真正理解音乐。

★ 说话人建议学生听音乐时要：

A 心情愉快　　B 了解歌词

C 了解作者情感　　D 拒绝流行音乐

68. 要想让孩子养成好习惯，父母不能只是嘴上教育。首先应该严格要求自己有个好习惯，再用正确的做事方式，慢慢地去影响孩子，这样才会起作用。

★ 要让孩子养成好习惯，父母应该：

A 少发脾气　　B 多陪孩子

C 自己先做到　　D 听孩子意见

69. 我的男朋友是一名记者，从我们第一次正式约会起他就经常迟到。本来我对这件事很生气，但知道他几乎每次这样做都是为了得到最新消息，急着去跑新闻后，也就慢慢原谅他了。

★ 说话人后来对男朋友的做法是什么态度？

A 原谅　　B 后悔

C 失望　　D 感动

70. 为保证用水安全，各楼将进行供水检查，明天小区将停水一天，请大家提前准备好生活用水。对于因停水带来的不便，我们深表歉意。

★ 这段话最可能是：

A 一个通知　　B 一个游戏

C 一条新闻　　D 一份证明

71. 大学的责任不仅仅是教给学生们知识，更应该关注他们的发展，让他们成为健康、负责，对社会有用的人。

★ 这段话谈的是：

A 职业选择　　B 社会经验

C 文化发展　　D 大学的责任

72．这里的街道小而安静，更适合骑车游玩儿。只要在网上申请一张租车卡，就可以使用路边的公共自行车，非常方便。

★　在那里游玩儿，最好：

A　骑车出行　　　　B　上网买票

C　尝尝小吃　　　　D　带上现金

73．现在的广告词往往都很吸引人，然而，有些广告的内容并不全是真的，有时甚至会有一些错误的信息。因此，我们要有一定的判断能力，不能完全相信广告。

★　这段话提醒人们要：

A　学会总结　　　　B　多看报纸

C　有判断能力　　　D　关注打折活动

74．丽丽，你打完羽毛球出了这么多汗，先别急着吹空调，容易感冒。你要是实在觉得热，就先去洗个澡，洗完就凉快了。

★　说话人让丽丽：

A　擦空调　　　　B　去洗澡

C　把汤喝完　　　D　一起做晚饭

75．今天是儿童节，参观完海洋馆，14岁以下的小朋友可以回到入口处免费获取一本图画书《海底两万里》。祝大家节日快乐！

★　根据这段话，哪里可以免费得到图画书？

A　一楼大厅　　　　B　儿童餐厅

C　表演馆对面　　　D　海洋馆门口

76. 每次出差学习时，他都会带上自己的日记本，除了会记下学到的新内容，有时还会写下自己的看法。这些经验在他后来的工作中起到了很大的作用。

★ 根据这段话，他：

A 缺少耐心　　B 经历丰富

C 熟悉管理工作　　D 出差会写日记

77. “永远年轻”是一家科技公司，它在招聘方面有一条特别的规定——应聘者的年龄必须要在55岁以上。现在，这家公司一共有四百多人，全部是年龄在55岁到83岁的中老年人。

★ “特别的规定”中提了哪方面的要求？

A 国籍　　B 年龄

C 性别　　D 专业

78. 越来越多的人更愿意发短信而不是打电话，是因为觉得打电话会让他们在交流时感到不自然。相比之下，短信更容易使人放松，有助于交流。

★ 越来越多的人愿意发短信交流，是因为：

A 更简单　　B 更便宜

C 觉得放松　　D 看起来正式

79. 这位作家是历史专业的博士，他笔下的故事大多是根据历史改写的。由于他尊重历史，所以他的小说受到了很多人，尤其是很多著名作家的肯定。

★ 根据这段话，那位作家：

A 尊重历史　　B 值得同情

C 放弃了理想　　D 硕士没毕业

80-81.

研究发现，适量的运动可使身体放松，提高晚上的睡觉质量。然而，如果是睡前才开始运动却容易使人兴奋，错过正常的入睡时间，降低睡觉质量。因此，大夫建议人们在午后或者至少睡前六小时运动，这样不仅运动效果往往很好，睡觉的质量也会得到提高。

★　根据这段话，睡觉前运动容易：

A　打扰邻居　　B　让人兴奋　　C　帮助减肥　　D　效果最好

★　这段话主要谈了什么？

A　生活习惯　　B　运动时间

C　散步的好处　　D　医生的建议

82-83.

有个读书人，他看书总是看得特别快，虽然他读过很多书，可是全都没留下什么印象。这使他怀疑自己很笨。有一次，他向老师说了这个烦恼，老师了解他平时读书的过程后，告诉他说："读书的目的不是为了快和多，而是真正理解书的内容。有时即使是一句话，也要多读几遍。读书一定要用心记。"

★　读书人的烦恼是：

A　成绩不合格　B　不适应环境　C　语法太难学　D　记不住内容

★　老师的话是什么意思？

A　多问问题　　B　重视积累　　C　要用心读书　D　提高阅读速度

84-85.

最近几年，我丈夫开始抽电子烟。他认为抽电子烟对身体完全没有坏处，而且，他还说通过抽电子烟可以帮助自己减少抽烟次数，到最后不再抽烟。但我对此表示怀疑，因为现在还没有研究能够证明这一方法有效。

★ 说话人的丈夫以为抽电子烟：

A 十分麻烦 B 会使人长胖 C 能减少污染 D 不影响健康

★ 说话人对丈夫的做法是什么态度？

A 支持 B 怀疑 C 伤心 D 不关心

3 书写

第1部分

第86-95题 完成句子。

例如：那座桥　800年的　历史　有　了

那座桥有800年的历史了。

86. 解释　详细的　说明书　缺少　里
87. 最　母亲　是饺子　爱吃的
88. 手机号码　中国的　11位数字　有
89. 生命科学的　关于　知识　这个网站　介绍了
90. 顺利毕业　让我们为　干杯　而
91. 气候变暖的　问题　严重　越来越　了
92. 信　邮局　寄　我　中午去
93. 增加了很多　数量　鱼的　最近河里
94. 妹妹　抬起了头　得意　地
95. 镜子　区别　这两个　有什么

第 2 部分

第 96-100 题 看图，用词造句。

例如：

乒乓球　　她很喜欢打乒乓球。

96.

紧张

97.

果汁

98.

打扮

99.

密码

100.

占线

4級 第1回 解答・解説

例題の解答は P.15 ～ P.21 で紹介しています。

正解一覧

1. 听力

第1部分
1. ✓　2. ✓　3. ×　4. ✓　5. ×
6. ✓　7. ×　8. ✓　9. ×　10. ×

第2部分
11. B　12. D　13. B　14. C　15. C
16. B　17. A　18. D　19. A　20. D
21. C　22. C　23. B　24. A　25. A

第3部分
26. B　27. D　28. C　29. D　30. B
31. A　32. A　33. B　34. B　35. C
36. A　37. B　38. C　39. D　40. A
41. D　42. A　43. C　44. C　45. D

2. 阅读

第1部分
46. E　47. C　48. A　49. B　50. F
51. B　52. A　53. F　54. D　55. E

第2部分
56. BCA　57. CBA　58. ABC　59. BAC　60. ACB
61. BAC　62. ACB　63. BCA　64. ABC　65. CBA

第3部分
66. A　67. B　68. B　69. A　70. A
71. B　72. B　73. C　74. D　75. A
76. C　77. D　78. C　79. B　80. D
81. D　82. A　83. C　84. C　85. D

3. 书写

第1部分
86. 她对当时的情况完全不了解。
87. 我们接受客人的一切意见。
88. 这个汤喝起来又酸又辣。
89. 包里的零钱被我花光了。
90. 妹妹今天打扮得很正式。
91. 森林里的空气多么新鲜啊！
92. 让我们为了共同的理想而努力。
93. 请大家按照从高到矮的顺序站好。
94. 班里大约有一半儿的人考试合格了。
95. 你最好先把袜子脱掉。

第2部分（参考答案）
96. 别害怕，打针一点儿也不疼。
97. 爸爸把洗完的衣服整理好了。
98. 这个镜子被打破了。
99. 请问您对此有什么看法？
100. 这部电影让人感动。

1 听 力

第1部分 問題 p.26

〈問題文〉判断对错。
〈和　訳〉文が正しいかどうか判断しなさい。

1 正解 ✓

スクリプト

这本书实在太精彩了，我昨天在书店只看了几页，就决定把它买下来，一晚上就把它看完了。

スクリプト和訳

この本は本当に大変すばらしいです。私は昨日本屋で数ページ読んだだけですぐそれを買うことに決め、一晩でそれを読み終えました。

問題文和訳 ★ その本は面白い。

2 正解 ✓

スクリプト

有一个中学同学跟我说他的女儿马上就满月了，下周要为孩子举办一个聚会，邀请我参加。我祝贺了他，并表示一定会去。

スクリプト和訳

中学の同級生の一人は娘がもうすぐ生まれて1か月になり、来週には子供のためにパーティーをすると私に言い、私に参加するよう招待してくれました。私は彼にお祝いの言葉を述べ、必ず行くと伝えました。

問題文和訳 ★ 話し手は招待を受け入れた。

3 正解 ×

スクリプト

对不起，先生，为了病人的健康，医院有规定，禁止在任何地方抽烟，希望您能理解。

スクリプト和訳

すみません、男性の方。患者さんの健康のために、病院ではいかなる場所でも喫煙を禁止するという規定がございます。どうかご理解ください。

問題文和訳 ★ 病院のトイレは喫煙してもよい。

4 正解 ✓

スクリプト

由于使用了最新的技术，公司的收入比去年增长了百分之六十，我相信公司将来会发展得越来越好。

スクリプト和訳

最新の技術を用い、会社の収入は去年より60%増加したので、会社は将来きっとますますすばらしい発展を遂げるだろうと私は信じています。

問題文和訳 ★ 会社の収入は増加した。

5 正解 ×

スクリプト

奇怪，按照地图，这个公园的西南门就在这附近，可我把周围找遍了也没看到，到底在哪儿呢？

スクリプト和訳

おかしいですね。地図によると、この公園の南西口はこのあたりなのですが、周辺を一通り探したけれども見当たりません。いったいどこにあるのでしょう？

問題文和訳 ★ 話し手は今公園の入り口のところにいる。

6 正解 ✓

スクリプト

这周六，学校安排大家参加了“让城市更美丽”的活动。同学们一大早就赶到了活动地点，并且干得非常认真。

スクリプト和訳

今週の土曜日、学校がみんなを「町の美化」運動に参加するよう手配しました。生徒たちは朝早くから指定場所に集まって、非常にまじめに取り組みました。

問題文和訳 ★ 生徒たちは積極的にイベントに参加した。

7 正解 ✕

スクリプト

喂，小王，你去哪儿了？导游在到处找你呢，大家马上就要出发了，今天要去三个地方，时间很紧张。

スクリプト和訳

もしもし、王さん。あなたはどこに行っていますか？　ガイドさんがあちこちあなたを探しています。みんなもうすぐ出発しますよ。今日は3つの場所に行くことになっているので、時間に余裕がないのです。

問題文和訳 ★ ガイドさんはすでに王さんを見つけた。

8 正解 ✓

スクリプト

各位听众晚上好，现在是周日晚上十九点三十分，欢迎您继续收听《音乐之声》广播节目，我是小静。

スクリプト和訳

リスナーの皆さんこんばんは。日曜日の夜19時30分です。ラジオ番組『サウンド・オブ・ミュージック』を引き続きお聞きくださいましてありがとうございます。私は小静です。

問題文和訳 ★ 『サウンド・オブ・ミュージック』はラジオ番組だ。

9 正解 ✕

スクリプト

这次购物节，很多商家都推出了打折活动。因为价格低，我往购物车里加了很多东西，付款时才发现竟然花了七千多块钱。

スクリプト和訳

今回のショッピングフェスティバルでは、多くのお店が割引祭を行っています。価格が安いので、私はカートにたくさんのものを入れてしまい、精算の時になって7,000元以上もかかっていることにやっと気づきました。

問題文和訳 ★ 話し手はほとんどお金を使っていない。

10 正解 ✕

スクリプト

这张山水画挂在客厅效果应该不错，正好爷爷下周过生日，我们买来给他当礼物吧，他肯定会喜欢的。

スクリプト和訳

この山水画は居間に飾るときっと雰囲気がよくなります。ちょうど（父方の）祖父が来週誕生日を迎えるので、彼へのプレゼントにこれを買いましょうか。彼はきっと気に入ってくれるでしょう。

問題文和訳 ★ （父方の）祖父の部屋には山水画がある。

第2部分　問題 p.27

〈問題文〉请选出正确答案。
〈和　訳〉正しい答えを選びなさい。

11　正解 B

スクリプト

男：西红柿我已经洗好了，你可以教我怎么做了。
女：好，其实我也是按照网上教的方法做的，挺简单的。
问：女的要教男的什么？

スクリプト和訳

男　：トマトはもうきれいに洗ったので、私に作り方を教えてくれてもいいですよ。
女　：分かりました。実は私もインターネットで教えている方法で作りました。なかなか簡単です。
問題：女性は男性に何を教えようとしていますか？

選択肢和訳

A　インターネットをすること　　**B　料理をすること**
C　ダンスをすること　　D　総括を書くこと

12　正解 D

スクリプト

女：这水都凉了，我给你重新倒一杯，你快把药吃了。
男：我咳嗽已经完全好了，不用吃药了。
问：关于男的，可以知道什么？

スクリプト和訳

女　：このお湯はすっかり冷めてしまいました。もう1杯入れてあげますから、早く薬を飲んでしまいなさい。
男　：私の咳はもうすっかり良くなったから、薬は飲まなくてもいいです。
問題：男性について、何が分かりますか？

選択肢和訳

A　力が出なくなった　　B　まだ熱がある
C　是非手伝いたい　　**D　薬を飲まないつもりだ**

13 正解 B

スクリプト

男：服务员，这菜单是不是换了？
女：对，我们推出了几个新菜，您可以试试。这两天打八折。
问：他们最可能在哪儿？

スクリプト和訳

男　：店員さん、このメニューは変わりましたか？
女　：そうなんです。いくつか新しい料理を出しておりますので、よかったらお試しください。ここ数日は2割引です。
問題：彼らはどこにいる可能性が最も高いですか？

選択肢和訳

A　スーパー　　B　レストラン
C　大使館　　D　（列車の）駅

14 正解 C

スクリプト

女：天气越来越暖和了，感觉都可以穿裙子了。
男：你还是再等等吧，现在早晚温度很低，别感冒了。
问：男的是什么意思？

スクリプト和訳

女　：気候がだんだん暖かくなってきて、もうスカートをはける感じになってきました。
男　：やっぱりもう少し待ったらどうですか。今は朝晩は温度が低いです。風邪をひかないでください。
問題：男性が言っているのはどういう意味ですか？

選択肢和訳

A　女性の意見に賛成する　　B　見た目が美しい
C　とりあえずスカートをはかないように　　D　シャツがトレンディーだ

15 正解 C

スクリプト

男：你今天怎么没邀请王律师来家里做客？
女：我们只是打了个招呼，他还赶时间去北京参加会议呢。
问：王律师要去干什么？

スクリプト和訳

男　：あなたは今日はどうして弁護士の王さんを家に招待しなかったのですか？
女　：私たちはちょっと挨拶しただけで、彼は会議に参加するため急いで北京に行ってしまったのです。
問題：弁護士の王さんは何をしに行かねばならなかったのですか？

選択肢和訳

A　山登りをしに　　B　デートをしに
C　会議へ参加しに　　D　搭乗券を取得しに

16 正解 B

スクリプト

女：祝贺你获得这学期网球比赛的第一名。干杯！
男：我得谢谢你，这段时间一直陪我练习，还不停地鼓励我。
问：男的怎么了？

スクリプト和訳

女　：今学期のテニスの試合での優勝、おめでとう。乾杯！
男　：あなたに感謝しなければなりません。このところずっと私の練習に付き合ってくれて、さらに絶えず私を励ましてくれていましたから。
問題：男性はどうしましたか？

選択肢和訳

A　誤解された　　B　試合に勝った
C　失望した　　D　自信を取り戻した

17 正解 A

スクリプト

男：这个笔记本看起来很旧了，怎么还留着？
女：这是我小时候的日记本，里面记着很多我儿时的趣事。
问：关于笔记本，可以知道什么？

スクリプト和訳

男　：このノートは見たところ古いですが、どうしてまだ取っておいてあるのですか？
女　：これは私の小さい頃の日記帳です。中には、私の子供の頃の面白い出来事が書いてあります。
問題：ノートについて、何が分かりますか？

選択肢和訳

A　非常に古い　　B　品質がいい　　C　箱の中にある　　D　父がくれたものだ

18 正解 D

スクリプト

女：师傅，我手机掉水里了，现在开不了机，您看还能修好吗？
男：我先检查一下，估计要半小时左右。
问：对话最可能发生在哪儿？

スクリプト和訳

女　：（修理スタッフに）すみません。私の携帯電話は水の中に落ちてしまって、今起動できません。まだ修理できるか見てもらえますか？
男　：まずちょっと確かめてみます。おそらく30分前後かかるでしょう。
問題：この対話はどこで行われた可能性が最も高いですか？

選択肢和訳

A　屋内プール　　B　北京ダック専門店
C　タクシー車内　　**D　携帯電話修理店**

19 正解 A

スクリプト

男：我记得你小时候就说过长大了要当护士。
女：是，因为我妈妈是一名护士，受她影响，我从小就喜欢这份职业。
问：女的想当护士是受谁的影响?

スクリプト和訳

男　：私はあなたが小さい頃大きくなったら看護師になりたいと言っていたのを覚えています。
女　：そうです。私の母は看護師なので、彼女の影響を受けて、私は小さい頃からこの職業が好きだったのです。
問題：女性が看護師になりたいのは誰の影響を受けたからですか？

選択肢和訳

A　母親　　B　姉　　C　友人　　D　夫

20 正解 D

スクリプト

女：小周，其他同事都在楼下吃蛋糕呢，你怎么不去?
男：刚接到通知说有人要来应聘，我得准备一下材料。
问：小周为什么不去吃蛋糕?

スクリプト和訳

女　：周さん、他の同僚はみんな階下でケーキを食べているのに、あなたはどうして行かないのですか？
男　：人材募集に応募してきた人がいるとの通知をたった今受け取ったので、資料をちょっと準備しなければならないのです。
問題：周さんはどうしてケーキを食べに行かないのですか？

選択肢和訳

A　痩せたいから　　B　お腹が苦しいから
C　甘いものが嫌いだから　　D　資料を準備しなければならないから

21 正解 C

スクリプト

男：今天发工资了，你收到了吗？
女：刚才看到了银行的短信提醒，好激动，这可是我的第一笔工资呢！
问：女的现在心情怎么样？

スクリプト和訳

男　：今日は給料が出ましたが、あなたは受け取りましたか？
女　：さっき銀行のリマインドメールを見たところです。なんて感激なんでしょう。これは私が初めて受け取る給料なのです！
問題：女性の今の気持ちはどうですか？

選択肢和訳

A　悲しんでいる　　B　驚いている
C　感激している　　D　複雑である

22 正解 C

スクリプト

女：上次聚会我看到老李的孙子了，博士刚毕业。
男：小伙子确实很优秀，很多人都想给他介绍女朋友。
问：男的觉得老李的孙子怎么样？

スクリプト和訳

女　：この間の集まりで李さんの孫を見かけました。博士課程を修了したばかりです。
男　：あの若者は確かに優秀です。多くの人が彼にガールフレンドを紹介したがっています。
問題：男性は李さんの孫をどう思っていますか？

選択肢和訳

A　見た目が恰好いい　　B　怒りっぽい
C　ことのほか優秀だ　　D　いささかいい加減だ

23 正解 B

スクリプト

男：我今天要加班，来不及去接孩子了。
女：没关系，我先跟咱爸商量一下，问他有没有空儿。
问：他们最可能是什么关系？

スクリプト和訳

男　：私は今日残業をしなければならないので、子供を迎えにいくのは間に合わなくなりました。
女　：大丈夫です。私がまず父さんに、時間がないか相談してみます。
問題：彼らはどういう関係である可能性が最も高いですか？

選択肢和訳

A　近所の人　　B　夫婦
C　姉と弟　　D　父と娘

24 正解 A

スクリプト

女：垃圾桶满了。这味道可真让人受不了！
男：我这就去倒，你再去拿个新的塑料袋吧。
问：男的接下来会去做什么？

スクリプト和訳

女　：ゴミ箱がいっぱいになりました。このにおいは本当に耐えられません！
男　：私が今すぐ捨てに行きます。あなたはその後に新しいビニール袋を取りに行ってください。
問題：男性はこの後に何をしに行くでしょうか？

選択肢和訳

A　ゴミを捨てに行く　　B　封筒を探しに行く
C　スプーンを取りに行く　　D　鏡を見に行く

25 正解 A

スクリプト

男：咱们平时一起学弹钢琴，可你弹得比我好多了。
女：谢谢，我小时候学过，所以有些基础。
问：女的为什么钢琴弹得更好?

スクリプト和訳

男　：私たちは普段一緒にピアノを習っているのに、あなたの方が私よりずっとうまいですね。
女　：ありがとう。私は小さい頃習ったことがあるので、ある程度基礎ができているのです。
問題：女性はなぜピアノがよりうまいのですか？

選択肢和訳

A　基礎がより良いから　　B　先生が専門家だから
C　一生懸命練習するから　　D　より興味を持っているから

第3部分 | 問題 p.28 ～ p.29

〈問題文〉请选出正确答案。
〈和　訳〉正しい答えを選びなさい。

26 正解 B

スクリプト

女：听说你最近办了一个汽车杂志，是真的吗？
男：是，和几个朋友一起办的。
女：你主要做什么呢？
男：我负责联系作者，给他们发电子邮件或者打电话。
问：男的主要负责什么工作？

スクリプト和訳

女　：あなたは最近自動車雑誌を作ったというけれど、本当ですか？
男　：そうです。何人かの友達と一緒に作りました。
女　：あなたは主に何をやっているのですか？
男　：私は作家との連絡役です。彼らにＥメールを送ったり電話をしたりします。
問題：男性は主にどんな仕事を担当していますか？

選択肢和訳

A　ファックスを受け取る
B　作家と連絡を取る
C　雑誌を郵送する
D　意見を整理する

27 正解 D

スクリプト

男：我今天上午请假了，开会都讨论什么了?
女：公司这个月要举行运动会，经理鼓励大家积极参加。
男：时间和地点都定好了吗?
女：还没有，只说大概是月底举行。
问：运动会大概什么时候举行?

スクリプト和訳

男　：私は今日の午前休みを取りましたが、会議ではどんなことを話し合ったのですか？
女　：会社が、今月運動会を開くのですが、マネージャーがみんなに積極的に参加するよう励ましていました。
男　：日時と場所は決まったのですか？
女　：まだです。たぶん月末に開くと言っていただけです。
問題：運動会はだいたいいつ頃開かれますか？

選択肢和訳

A　明日の午前　　B　来週の日曜日　　C　2週間後　　D　今月の月末

28 正解 C

スクリプト

女：儿子，外面下雨了，你还去海洋馆吗?
男：去，雨下得不大，而且我带着伞呢。
女：好，那你注意安全，别忘了带零钱和钥匙。
男：放心吧，妈，那我出发了。
问：男的接下来要去哪儿?

スクリプト和訳

女　：（息子に）ねえ。外は雨が降っているけれど、やっぱり水族館に行くの？
男　：行くよ。雨はそんなにひどくないし、それに僕は傘を持っていくから。
女　：いいわ。それなら安全に気をつけて、お小遣いと鍵を持っていくのを忘れないでね。
男　：大丈夫だよ、お母さん。じゃあ行ってきます。
問題：男性はこの後どこに行くことになっていますか？

選択肢和訳

A　ホテル　　B　空港　　C　水族館　　D　親戚の家

29 正解 D

スクリプト

男：打扰一下，我们在做汉语学习情况的调查，您愿意参加吗？
女：没问题，我需要做什么呢？
男：请您填写一下表格，填完后我们会送您一个小礼物表示感谢。
女：好的。
问：女的接下来会做什么？

スクリプト和訳

男　：すみませんが、私たちは中国語の学習状況に関するアンケート調査をしております。参加していただけませんか？
女　：いいですよ。私は何をすればいいですか？
男　：表にちょっと記入してください。書き終わったら感謝の気持ちとしてちょっとしたプレゼントをお渡しいたします。
女　：分かりました。
問題：女性はこの後に何をすることになりますか？

選択肢和訳

A　パスワードを変更する
B　ある言葉を推測する
C　教科書の本文の予習をする
D　アンケート用紙に記入する

30 正解 B

スクリプト

女：大夫，我的脚这两天很疼，走路时都不敢用力。
男：从你的检查结果来看没什么大问题。
女：太好了，我还以为会很严重。
男：尽管不严重，你最近也要减少活动，多休息。
问：男的建议女的怎么做？

スクリプト和訳

女　：先生、私の足がここ数日痛むのです。歩く時に力を入れられません。
男　：あなたの検査の結果から見ると、なんら大きな問題はありませんね。
女　：それはよかったです。私は深刻なのではないかと思っていました。
男　：深刻ではありませんが、しばらくの間あまり動かないようにして、ゆっくり休んでください。
問題：男性は女性にどうするようにアドバイスしましたか？

選択肢和訳

A　決まった時間に寝るように　　**B　しばらくはゆっくり休むように**
C　さしあたり水泳をしないように　　D　改めて検査するように

31 正解 A

スクリプト

男：我明天就要面试了，现在心里特别紧张。
女：放松点儿，面试的时候自信些，这样别人才能更相信你。
男：可是我一点儿经验都没有。
女：经验都是从无到有慢慢积累的，别担心。
问：关于男的，下列哪个正确？

スクリプト和訳

男　：私は明日面接があるので、今とりわけ緊張しています。
女　：リラックスしてください。面接の時は自信をもってください。そうすればみんなあなたのことをもっと信用してくれます。
男　：でも私は少しも経験がありません。
女　：経験はゼロからだんだんと積み上げていくものです。心配しないでください。
問題：男性について、以下のどれが正しいですか？

選択肢和訳

A　経験が足りない　　B　批判を受け入れない
C　長所がたくさんある　　D　大変リラックスしている

32 正解 A

スクリプト

女：好久不见，你的外语说得更流利了。
男：可能是因为我读硕士的最后一年去了国外交流学习。
女：留学生活还顺利吗?
男：挺顺利的，那里的人们都很友好，对我来说是段难忘的经历。
问：他们在谈什么?

スクリプト和訳

女　：お久しぶりです。あなたの外国語はさらに流暢に話せるようになりましたね。
男　：多分修士課程の最後の1年の時に国外交流学習に行ったからかもしれません。
女　：留学生活は順調でしたか？
男　：なかなか順調でした。あちらの人々はみんな友好的で、私にとっては忘れがたい経験になりました。
問題：彼らは何を話していますか？

選択肢和訳

A　留学の経験　　B　冬休みの宿題
C　ウェブサイトのアドレス　　D　生活面の悩み

33 正解 B

スクリプト

男：住新房子的感觉怎么样?
女：楼层高、很凉快，而且景色也很好。
男：家具都买好了吗?
女：差不多了，打算下午再去对面的家具城逛逛。
问：关于女的，可以知道什么?

スクリプト和訳

男　：新居の住み心地はどうですか？
女　：フロアが高くて（上層階で）、涼しいし、それに景色もきれいです。
男　：家具はもう買い揃えましたか？
女　：だいたい買いました。午後に向かいの家具モールに行って見てくるつもりです。
問題：女性について、何が分かりますか？

選択肢和訳

A　街歩きが大好き　　B　新居に引っ越した
C　荷物を片付けていない　　D　冷蔵庫を運べない

34 正解 B

スクリプト

女：这张今晚的演出票送你了。
男：太感谢了，咱俩一起吗？
女：不了，经理突然给我个任务，看来今晚要加班了。
男：真可惜，那下次我再请你去看吧。
问：女的为什么不去看演出？

スクリプト和訳

女　：この今晩の上演チケットをあなたにあげます。
男　：本当にありがとう。私たち一緒に行きますか？
女　：ダメなのです。マネージャーが急に私に仕事を振ったので、今晩はたぶん残業しなければならなくなりました。
男　：残念です。では次回は私があなたを招待します。
問題：女性はなぜ上演を観に行かないのですか？

選択肢和訳

A　つまらないと感じているから
B　残業しなければならないから
C　出張に行かなければならないから
D　会合に出席しなければならないから

35 正解 C

スクリプト

男：我在图书馆借的这两本书可能超过规定时间了，请问怎么收费？
女：每超过一天，每本交三毛钱。你什么时候借的？
男：快放暑假的时候。
女：放假前？那没关系，假期的图书可以借阅九十天。
问：女的是什么意思？

スクリプト和訳

男　：私が図書館で借りたこの2冊の本は貸出期間を過ぎてしまったと思うのですが、どう料金を払えばいいですか？
女　：1日過ぎるごとに、1冊0.3元払うことになります。いつ借りたのですか？
男　：まもなく夏休みになるという頃です。
女　：休みの前ですか？　だったら大丈夫です。休みの間は90日間図書を借りられます。
問題：女性が言っているのはどういう意味ですか？

選択肢和訳

A　申込書を提出する
B　インターネットで申し込む
C　費用を払わなくてもよい
D　時間通りに閉館する

36 - 37

スクリプト

牙膏在我们的生活中很常见，除了刷牙以外，它还有许多其他的用处。比如，用牙膏刷白色的鞋子，鞋子就不会发黄；用牙膏洗茶杯，茶杯会变得更干净；洗完鱼后，用牙膏洗手，手上就不会留下味道。

スクリプト和訳

練り歯磨きは私たちの生活の中で普通に見られるものですが、歯磨きだけでなく他の使い道がたくさんあります。例えば、練り歯磨きを白い靴に塗り付けておくと、靴は黄ばみません。練り歯磨きでコップを洗うと、コップはもっときれいになります。魚を洗った後、練り歯磨きで手を洗うと、手についた（魚の）においが残りません。

36 正解 A

設問スクリプト

说话人举了什么例子?

設問スクリプト和訳

話し手はどんな例を挙げていますか？

選択肢和訳

A　コップを洗う
B　タオルを取り換える
C　黒板を拭く
D　窓を閉める

37 正解 B

設問スクリプト

这段话主要谈了什么?

設問スクリプト和訳

この話は主に何について話していますか？

選択肢和訳

A　歯磨きの方法
B　練り歯磨きの効能
C　お茶を飲むことのメリット
D　革靴の価格

38 - 39

スクリプト

生活就像一杯咖啡，你难过的时候喝，可能觉得它很苦；你高兴的时候喝，却会觉得它很香。人的心情不同，对生活的感觉自然也会不同。也许，我们无法保证生活永远是幸福的，但至少应该用积极向上的态度去过好生命中的每一天。

スクリプト和訳

生活は1杯のコーヒーのようです。つらい時に飲めば、苦く感じるでしょう。うれしい時に飲めば、香り高く感じるでしょう。人の気持ちが変われば、生活に対する感じ方もまた当然変わってくるでしょう。おそらく、私たちは生活が永遠に幸福であるよう保証することはできませんが、少なくとも前向きで向上心のある態度で一生の中の1日1日をしっかり生きるべきです。

正解 **C**

設問スクリプト

说话人觉得生活像什么?

設問スクリプト和訳

話し手は生活とは何のようだと感じていますか？

選択肢和訳

A　1本のお酒　　B　1冊の本

C　1杯のコーヒー　　D　1本の映画

正解 **D**

設問スクリプト

说话人认为人们应该怎样生活?

設問スクリプト和訳

話し手は人はどのように生きるべきだと考えていますか？

選択肢和訳

A　真面目に　　B　冷静に

C　勇敢に　　D　前向きに

40-41

スクリプト

我家的小猫漂亮又可爱。它全身像雪一样白，有一双黄色的眼睛，看上去就像是八月十五的月亮。午饭后，我最喜欢抱着它，一起躺在沙发上睡一会儿，阳光照在我们身上，真是舒服极了。

スクリプト和訳

我が家の子猫はきれいでかわいいです。全身雪のように真っ白で、黄色い目をしていて、まるで8月15日（十五夜）のお月様のように見えます。昼ごはんの後、私はその子猫を抱いて、一緒にソファーでしばらく寝るのが最も好きです。日の光が私たち（私と子猫）の体を照らし、本当にこの上なく気持ちがいいです。

40 正解 A

設問スクリプト

那只小猫的眼睛是什么颜色的?

設問スクリプト和訳

その子猫の目は何色ですか？

選択肢和訳

A 黄色　B 白色　C 青色　D 黒色

41 正解 D

設問スクリプト

说话人喜欢做什么?

設問スクリプト和訳

話し手は何をするのが好きですか？

選択肢和訳

A 食後に散歩すること　B 猫を洗うこと
C 寝転んで新聞を読むこと　D 猫を抱いて昼寝をすること

42 - 43

スクリプト

我的叔叔是一名作家。他从小就十分喜欢阅读，尤其是各种小说。上学时他写的文章总是班里的最高分。大学时，他选择了读中文专业，开始试着自己写短篇小说，现在在很多杂志上都能看到。

スクリプト和訳

私の叔父は作家です。彼は小さい頃からとても読書が好きで、特に様々な小説が好きでした。学校に上がると彼の書いた文章はいつもクラスで最高の得点を取っていました。大学では、彼は中国文学専攻を選び、試しに自分で短編小説を書き始め、今では多くの雑誌で読むことができます。

42 正解 A

設問スクリプト

说话人的叔叔是什么职业?

設問スクリプト和訳

話し手の叔父はどんな職業ですか？

選択肢和訳

A　作家　　B　医師　　C　運転手　　D　弁護士

43 正解 C

設問スクリプト

关于叔叔，下列哪个正确?

設問スクリプト和訳

叔父について、以下のどれが正しいですか？

選択肢和訳

A　数学の成績が良い
B　日記を書き続けている
C　小説を読むのが好き
D　書いた文章が賞を取ったことがある

44-45

スクリプト

祝贺各位同学顺利毕业！大家就要离开校园、步入社会了，我想在这里说一下“过来人”的经验，那就是：请相信成功和失败都是暂时的，不要因为一点儿成功就得意，也不要因为一点儿失败就放弃。希望大家以后无论遇到什么困难，都能自信地走下去。

スクリプト和訳

学生の皆さんが順調にご卒業されたことをお祝い申し上げます！　皆さんはまもなくキャンパスを離れ、社会に入りますが、私はここで「人生の先輩」としての経験を少しお話ししたいと思います。それは「成功と失敗は一時的なものであり、少しの成功で満足してはいけないし、また少し失敗したからといってあきらめてもいけない」ということを信じてほしいのです。どうか皆さん、今後はどんな困難に遭遇しても、自信をもって歩んでいってください。

44 正解 C

設問スクリプト

这段话最可能是谁说的?

設問スクリプト和訳

この話は誰が話している可能性が最も高いですか？

選択肢和訳

A　警察官　　B　大家

C　校長先生　　D　販売員

45 正解 D

設問スクリプト

说话人希望大家怎么做?

設問スクリプト和訳

話し手はみんなにどうしてほしいと思っていますか？

選択肢和訳

A　他人を尊重すること　　B　きちんと計画を立てること

C　改善することを学ぶこと　　D　困難を恐れないこと

2 阅 读

第1部分 問題 p.30 ～ p.31

〈問題文〉选词填空。
〈和　訳〉語句を選んで空所を埋めなさい。

46 - 50

選択肢和訳

A　～によって　　B　考える　　C　万里の長城
D　頑張って続ける　　E　しかし　　F　くれぐれも

46 正解 E

問題文和訳

学校の良し悪しを判断する基準はたくさんあります。[しかし] 先生のレベルが最も主要であると私は考えます。

解説 空欄の前は「基準がたくさんある」と言っているが、空欄の後はたくさんある基準の中から1つ「先生のレベル」だけを語っているので、空欄には逆接の接続詞を入れたい。そこでE“不过”を選択。

47 正解 C

問題文和訳

[万里の長城] はあんなにも有名なのだから、北京に来てまだ見に行っていないというのは、大変もったいないです。

解説 空欄の直後が形容詞“有名”で終わっているところから、空欄には何が有名なのかが分かる主語が入らなければならない。選択肢の中で有名と言えるものはC“长城”だけなのでCを選択。

48 正解 A

問題文和訳

もしすべてのことを保護者 [によって] 決めるならば、子供は自分を成長させる多くのチャンスを失ってしまうかもしれません。

解説 空欄の後の“家长拿主意”「保護者が決める」は主語と述語動詞の構造であり、副詞“都”の後に直接入ることができないので、前置詞であるA“由”を選択。“由”は誰がそれをするのかをはっきりさせる時に使われる。

49 正解 B

問題文和訳

みんなあなたが商売をすることに反対している以上、あなたはもう少し［考え］てみてください。

解説 空欄の直後に動作量を表す"一下"があるので、空欄には動詞が入ることが予想される。選択肢の中に動詞はB"考虑"とD"坚持"があるが、意味を考えてBを選択。

50 正解 F

問題文和訳

あなたは一人でよその土地で生活するのだから、［くれぐれも］自分のことを大事にしてください。

解説 空欄の直後は能願動詞で始まる動詞句なので空欄には主語か副詞が入ると予想される。主語になれるC"长城"では意味がおかしいので、ここは文法的にも意味的にもあてはまるFの副詞"千万"を選択。

51-55

選択肢和訳

A　苦い	B　肌	C　温度
D　証明する	E　間に合う	F　回（量詞）

51 正解 B

問題文和訳

A：あなたの［肌］がこんなにきれいなのが本当にうらやましいです。

B：普段から飲み物を控え、果物をたくさん食べ、運動を続けていればあなたにもできることです。

解説 空欄の前に"你"、後に"这么好"と言っているので、「あなた」の何が「よい」のかと考えてBの"皮肤"を選択。

52 正解 A

問題文和訳

A：先生、前回あなたが処方してくださった薬は大変［苦い］ので、子供は飲み下せませんでした。

B：では別の薬に変えて試してみますが、いずれにせよ、彼に時間通りに薬を飲ませなければなりませんよ。

解説 "太～了"の「～」には形容詞が入るので、「薬がどうなのか」と考えA "苦"を選択。"苦"は「苦しい」という意味だけではなく「苦い」という味を表す時にも使われる形容詞なので覚えておきたい。

53 正解 F

問題文和訳

A：パソコンの起動パスワードはいくつですか？　私は何［回］も試してみたけどどれもパスワードが間違っていると注意してくるのですが。

B：あなたに言い忘れていたけれど、私はパスワードをあなたの携帯電話の番号の下4桁に変更したのです。

解説 空欄の直前にある"好几"は、直後に量詞を伴うことを覚えておきたい。選択肢の中ではF "遍"が回数を表す動量詞なので、Fを選択。

54 正解 D

問題文和訳

A：今回のバドミントンの試合では私たちはやっぱり負けましたね。

B：1回の失敗では何も分かりません。自分（の実力）を［証明する］チャンスはこれからいくらでもあります。

解説 空欄の直前の"有的是机会"「いくらでもチャンスはある」を見て、何をするチャンスがあるのかと考えると、「自分（の実力）を証明するチャンス」だと分かるので、D "证明"を選択。

55 正解 E

問題文和訳

A：家には塩が少ししか残っていないし、料理はやっと半分を作りました（まだ半分しかできていません）。

B：焦らないで、あなたはまず火を消してください。私が今から買いに行ったら［間に合い］ます。

解説 空欄直前に"也"があるので空欄には述語になれるものがくると予想すると、A "苦"、D "证明"、E "来得及"が残る。あとは意味として「私が今から買いに行ったら」に続くことを考えEを選択。

第2部分　問題 p.32 ～ p.33

〈問題文〉排列顺序。
〈和　訳〉順序を並べ替えなさい。

56　正解 BCA

問題文和訳

環境汚染はすでに地球上の多くの地域の気候に影響を及ぼしていて、当初の生活環境を離れざるを得なくされた動物もいます。そこで、今後私たちは環境問題をより重視していかなければなりません。

解説　Aの"因此"は"此"が指すものが前に必要であり、結論的な内容である。Bの「環境汚染による影響」が、Cの「当初の環境から離れざるを得ない動物」を生み出しているという関係が成立するのでBCとし、これにAをつなげると、文が完成する。

57　正解 CBA

問題文和訳

彼女は若い時に広東省で数年生活したことがあるだけです。しかしそこに対して深い感情を抱いています。何十年も過ぎましたが、彼女は相変わらずそこの人々が最も親切だったと感じています。

解説　Bには前の部分を受けて逆接で次の文とつなぐ働きをもつ"却"があるので、Bから始まることはない。Bの前にくるのがACどちらなのか考えた時、たとえばABの順番だと「親切だったと感じている」と「深い感情を抱いている」が逆接の意味にならないので、CBの順番になるはず。最後にACBなのかCBAなのか考えた時、Aには"那里"という代名詞が使われていることに注目したい。代名詞が何を指しているかAの中には出てこないので、Aから始まるのはおかしい。したがってCBAが正解。

58　正解 ABC

問題文和訳

私はすでに一生懸命やったので、最終的な結果がどうであれ、私は後悔は決してしません。

解説　Aの冒頭"既然"とBの冒頭"无论"はいずれも後半部分と呼応する組み合わせの前半部分なので、AやBが最後になることはない。またBの"无论"は後半の"都"と呼応するのでBCとつながると考える。最初に述べたようにAが最後になることはないのでABCとつながる。

59 正解 BAC

問題文和訳

母はたびたび私に無駄遣いをするなとしつけていました。さらに私にたくさんの節約の良い方法を教えてくれました。例えば、破れた古いタオルを使ってテーブルを拭くことです。

解説 Aは“还”「さらに、まだ」から始まっている。“还”はその前に前提が必要で、その前提から「さらに」と付け加えるような場面で使う副詞なので、Aから始まることはない。さらに意味を考えるとB（無駄遣いするなとのしつけ）→A（それだけでなくさらに節約方法も教えてくれた）と流れるのが自然なのでBAとつながる。Cは節約方法の例を挙げているので、Aの次に並べたい。そこでBACが正解となる。

60 正解 ACB

問題文和訳

この花の特徴は寒い冬だけに咲くということです。また日光も嫌います。そのため屋外に長い時間置いておくことはふさわしくありません。

解説 Bの冒頭“所以”はその前に原因や理由が必要なのでBから始まることはない。またCは主語もなく「～も」という意味を表す“也”から始まることを考えると、Cから始まることもあり得ないので、Aから始まるのは明らか。BとCのどちらが締めくくりとしてふさわしいか考えた時、もしBCとつながるとしたら、Cの後にさらに結論部分「だから～」のような言葉がほしくなる。そこでCBと並べると、B「屋外に置くのはよくない」ということの理由がAだけでなくCもあるということになってBで締めくくることができるので、ACBが正解。

61 正解 BAC

問題文和訳

まず表をきちんと埋めてください。それからパスポートを1部コピーしてください。その後でここに並んであなたの名前が呼ばれるのを待ってください。

解説 “再～”、“先～”、“然后～”の3つの語句から、動作の順番が分かる。意味的に考えても「表の空欄を埋める」→「パスポートをコピーする」→「名前が呼ばれるのを待つ」で問題ないのでBACが正解となる。

62 正解 ACB

問題文和訳

天気のせいで、フライトの離陸が遅れたのはよかったです。そうでなければ道の渋滞がこんなにもひどく、私たちはきっと飛行機に間に合わなかったでしょう。

解説 Cの冒頭“否则”は「もしそうでなかったら」という意味なので、その前に実際の状況を示す言葉が必要。そこでCから始まることはない。ではCの直前に置かれるべき内容は何なのかを考え、BCという続きを想定すると、「私たちは飛行機に間に合わなかった」「そうでなければ（間に合っていたら）渋滞がひどく」となり、論理的に意味がつながらない。そこでACの順番が正しいと分かるので、「フライトが遅れてよかった」「そうでなければ（フライトが遅れていなかったら）渋滞がひどく」とつなげ、さらにB「飛行機に間に合わなかった」と続けるACBが正解。

63 正解 BCA

問題文和訳

間違えることは普通のことなので、批判されるのを怖がってはいけません。ましてや自分を疑ってはなりません。大事なのはどこが間違っているかを明らかにすることです。

解説 Cの冒頭には“更”「さらに、まして」があるのでCから始まることはない。Aの冒頭“关键是”「大事なのは～だ」は通常、前の文章を受けて「そうではなく大事なのは～だ」と続くのが普通なので、これを最後に置く。そうするとBCAとなる。

64 正解 ABC

問題文和訳

（男性の）お客様、申し訳ありませんが、こちらに停車することができません。通りの向こうに地下駐車場がございます。お買い物のレシートがあれば、そこで無料で2時間停めることができます。

解説 Cの“那儿”はBの“地下停车场”を指すことが分かるのでBCと並べる。BCの内容は地下駐車場の案内なので、今いる場所に駐車ができない旨を伝えているAをその前に置いてABCとすると自然な流れとなる。

65 正解 CBA

問題文和訳

小さな孫がもうすぐ帰宅すると思うと、張おばあちゃんは興奮して眠りにつけません。早々に起床してお昼のご飯の準備を始めました。

解説 まずCの冒頭“一”に注目したい。“一～就…”「～するとすぐに…」の構文となるのではないかと考えつつABを見るとBに“就”があるので、CBと続くことが分かる。Aを最初に置くか最後に置くかは意味を考える。眠れないので早々に起きたと考えるのが自然なので、CBAが正解。

第3部分　問題 p.34 ～ p.39

第1回

〈問題文〉请选出正确答案。
〈和　訳〉正しい答えを選びなさい。

66　正解 A

問題文和訳

1列目に座っているあの背が高くて痩せている若者は新入りの同僚ですが、彼が若いと見くびってはなりません。むしろ社会的責任感があり、いつも正確なニュースのために、詳細な調査を行っているので、今回の仕事は彼に託してやらせてみたいと思っています。

★　あの若者は：

選択肢和訳

A　とても責任感がある　　B　背が高くない

C　スポーツジャーナリストだ　　D　中国の標準語がうまくない

解説　“很有社会责任感”と言っているのでAを選択。Bについては“高高瘦瘦的小伙子”と言っているので間違い。Cについては、文章全体からおそらくジャーナリストであることは確かだが、スポーツ系かどうかについては言及がないので間違い。Dについてはまったく触れられていないので間違い。

67　正解 B

問題文和訳

こんにちは。検査の結果、私たちは次のように考えております：このエレベーターは安全基準に完全に適合しており、なんら問題はありませんので、安心してご使用ください。

★　話し手が考えるにエレベーターは：

選択肢和訳

A　音が響く　　B　問題ない

C　清掃が必要　　D　最大10人乗れる

解説　“此电梯完全符合安全标准，没有任何问题”と言っているので、AやCのように何か問題があるような選択肢は除外できる。またエレベーターの定員等についてはまったく言及がないのでこれも不適。そこでBを選択。

68 正解 B

問題文和訳

スカイダイビングというスポーツはずっと「勇者の遊び」と見られていて、非常に危険に見えます。しかし実は、何度も練習を経て、規定の動作を基準とし、さらに専門の先生がそばで助けてくれるなら、スカイダイビングの安全性について心配する必要はないのです。

★ スカイダイビングをする時必要なのは：

選択肢和訳

A 正確な方向を探すこと　　B **基準の動作**

C リラックスした心理状態　　D 事前に環境を熟知すること

解説 スカイダイビングをする上で重要なことは“但其实”以降に「何度も練習をすること」「規定の動作を基準とすること」「専門の先生がそばについていること」と書かれている。これに合う選択肢Bを選択。

69 正解 A

問題文和訳

上海トラベルフェスタは毎年9月に行われます。トラベルフェスタの行われる20日余りの期間中、様々なイベントが大勢の世界各地からの旅行客を魅了して見物に来るようにさせるので、大変にぎやかです。

★ 上海トラベルフェスタは：

選択肢和訳

A **イベントが豊富だ**　　B 期間が2か月だ

C 冬に行われる　　D 国内の旅行客が多い

解説 “丰富多样的活动”と言っているのでAを選択。Bについては“在旅游节进行的20多天里”と言っているので間違い。Cについては“在每年9月举办”と言っているので間違い。Dについては“来自世界各地的游客前来参观游玩儿”と言っているので間違い。

70 正解 A

問題文和訳

子供時代の美しい思い出があることは人間にメリットをもたらします。調査によると、それは、人々に良い性格と健康的な生活習慣をもたらし、プレッシャーを効果的に軽減するのに役立ちます。

★　子供時代の美しい思い出が人々にもたらすものは：

選択肢和訳

A　**良い性格**　　B　大きな夢

C　マネジメント能力　　D　厚い友情

解説 子供時代の美しい思い出が人々にもたらすものは、2文目に書かれている。"它可以让人们养成好的性格与健康的生活习惯，以帮助人们更有效地减轻压力" つまり「良い性格」「健康的な生活習慣」「プレッシャーの軽減」の3つ。それを踏まえAを選択。

71 正解 B

問題文和訳

いくつかの職業に対する一般の印象は往々にして十分に正確であるとは言えません。例えば、大学の先生はたいてい白髪交じりで、メガネをかけていて、話し方も行動も厳格な年配の教授だと思われがちです。しかし実際は、最近の多くの大学の先生はみな卒業したての若者で、目新しいものを受け入れることに長けています。

★　大学の先生とは一般にどう思われているかというと：

選択肢和訳

A　ロマンチックである　　B　**行動が厳格である**

C　忍耐力がない　　D　面白い話をするのが好きだ

解説 大学の先生に対する一般の印象について書かれているのは "头发花白，戴着眼镜，说话做事很严格的老教授" の部分。つまり「白髪交じり」「メガネ」「話し方も行動も厳格」「年配の教授」。それを踏まえてBを選択。

72　正解 B

問題文和訳

北京には多くの（中国式）喫茶店があり、これらの（中国式）喫茶店はたいてい2、3階建てになっています。ここに来ると、客は各種の銘茶を飲んだり、様々な北京の軽食を味わうことができるだけでなく、京劇などのすばらしい芸術の上演を観ることができます。

★　この話によると、北京の（中国式）喫茶店は：

選択肢和訳

A　チケットがわりと高い　　B　京劇の演目がある

C　古い写真がよく掛かっている　　D　普通は4階建てになっている

解説 チケットの話についてはまったく触れられていないのでAは間違い。最後の方に“还能观看京剧等精彩的艺术演出”と京劇などを観られると書かれているのでBを選択。写真が壁などに掛けてあるような話も出ていないのでCは間違い。茶館は“这些茶馆大多有两三层”と「たいてい2、3階建て」だと書かれているのでDは間違い。

73　正解 C

問題文和訳

「字は体を表す」とは字からその人の性格を見出すことができるという意味です。仕事の中で、字をきれいに書く人は往々にして人に良い印象を与えやすく、さらにはより良い仕事上のチャンスを得ることもあります。

★　仕事の中で、字を美しく書く人は往々にして：

選択肢和訳

A　人に対して礼儀正しい　　B　同情心がある

C　人に良い印象を与える　　D　称賛される

解説 仕事で字をきれいに書く人がどうなのか書かれているのは“容易给人留下好印象，甚至获得更好的工作机会”の部分。つまり「人に良い印象を与えやすい」「仕事上のチャンスを得る」の2つ。それを踏まえてCを選択。

74 正解 D

問題文和訳

去年、青緑色で「小さなパン」のような形のバスが三亜市にお目見えしました。それは普通のバスより小さく、普通のバスが入っていきにくい小さな通りでも運転できます。ちょっとした距離のお出かけにも便利で、渋滞も減らせるので、人々から深く愛されています。

★　そのバスは：

選択肢和訳

A　運賃が安い　　B　現金しか使えない
C　自由に停車できる　　**D　お出かけに便利**

解説 このバスの運賃についてはまったく触れられていないのでAは間違い。また現金しか使えないということも書かれていないのでBも間違い。どこでも自由に停車できるという話も出ていないのでCも間違い。文章の後半部分で"它既方便了人们的短距离出行"と言っているのでDを選択。

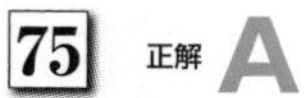

75 正解 A

問題文和訳

今回の校内でのお話発表大会について、私はもともとしっかりと準備していたのですが、舞台の下にあんなにもたくさんのお客さんがいるのを見て、すぐに緊張して何もかも忘れてしまい、私はその時顔がきっととりわけ赤くなっていたでしょう。

★　話し手が大会の時に緊張したのは、なぜかというと：

選択肢和訳

A　お客さんが多すぎたから　　B　しっかり準備できていなかったから
C　体の調子が良くなかったから　　D　競争が激しかったから

解説 緊張した理由は"一看到下面有那么多观众"の部分に書かれている。つまりお客さんがたくさんいるのを見たから。それを踏まえてAを選択。

76 正解 C

問題文和訳

王さんはずっとカンフーに関する夢があるので、ここ数年中国に留学に来たチャンスを生かして、彼はわざわざある先生にカンフーを教えてもらっています。彼はその学びの中で努力をし、自分の夢にまた一歩近づきました。

★ この話によると、王さんは：

選択肢和訳

A 怠け者だ　　B たびたび夢を見る

C ちょうどカンフーを習っているところだ　　D 俳優になった

解説 "在学习过程中付出的努力" とあり怠け者とは考えにくいので、Aは間違い。カンフーの夢があるとは言っているが、たびたび夢を見るようなことは書かれていないのでBも間違い。"他还专门请了位老师来教他功夫" と言っており、すでにカンフーを習っているのでCを選択。俳優になった話は書かれていないのでDは間違い。

77 正解 D

問題文和訳

生まれたばかりの子供の前では多くの人が様々な動作を行って彼らの気を引きたいと思うものです。ところが実際は、彼らの目は光を感じることはできるものの、本当にはっきり物が見えるようになるのは数か月先の話ということになります。

★ この話によると、生まれたばかりの子供は：

選択肢和訳

A 汗が出やすい　　B 眠くなりやすい

C 注意力が足りない　　D 物がはっきり見えない

解説 文章の最後のところで "真正看清楚东西却是几个月以后的事情了" と言っており、目が見えるまで数か月かかるということは、生まれたばかりだとはっきり見えていないことになるのでDを選択。汗、眠気、注意力に関する話にはまったく触れられていないのでA、B、Cは間違い。

78 正解 C

問題文和訳

広告で人をより引きつけるにはどうすればいいのでしょうか？　まず内容に重点を置かなければなりません。見ている人にその物を使った効果を説明するのです。その次に見ている人の年齢に注意を払わなければなりません。見せる人の年齢層によって広告に特徴を持たせなければなりません。こうすればよりよい効果が得られます。

★　広告で人を引きつけたければどうすればいいかというと：

選択肢和訳

A　ユーモアのある内容にする　　B　音楽を活発なものにする
C　内容に重点を置く　　D　有名人を招く

解説　広告で人を引きつける方法は2つ書かれている。"内容要有重点"と"注意观众的年龄"である。つまり内容を重視することと、見る人の年齢に注意することである。それを踏まえてCを選択。

79 正解 B

問題文和訳

「花には葉っぱの付き添いが必要、人には人の助けが必要」とよく言われます。花には葉っぱが左右についていることが欠かせないのと同様に、人も他人の助けから離れることはできません。私たちは生活の中で困難に遭遇したら、互いに助け合ってこそ問題の解決の助けになります。

★　この話は人々に何をするように伝えているかというと：

選択肢和訳

A　花や草を保護する　　B　互いに助け合う
C　許すことを理解する　　D　その場で謝る

解説　花の話を例えとして出して人がどうすべきかを語る文章になっているので、人がどうすべきかというところをしっかり読み取る。この文章が一番言いたいのは"互相帮助才有助于问题的解决"であることをつかんだ上で、Bを選択。

80 - 81

問題文和訳

外来語は、借用語とも言われるように、ある言語が別の言語から借りてきた言葉のことを指します。中国語の中の「沙发（ソファー）」や「巧克力（チョコレート）」などは発音に応じて直接英語から翻訳されたものです。外来語の出現は各国間の経済や文化の交流と大きく関係していて、しかも社会の発展や変化の影響を受けています。

80 正解 D

★ 外来語について、何が分かりますか？

選択肢和訳

A 数量が極めて少ない　　B 辞書には収録されていない

C 文法に合わない　　D 他の言語からきている

解説 外来語の数や辞書や文法の話はまったく触れられていないのでA、B、Cは間違い。最初の方に"一种语言从别的语言借来的词"と書かれているのでDを選択。

81 正解 D

★ 外来語の出現は何と関係がありますか？

選択肢和訳

A 国際法　　B 言語学の発達

C 国家の教育レベル　　D 経済や文化の交流

解説 外来語の出現が何と関係あるかは、最後の方で触れられている。つまり"外来词的出现与各国间的经济文化交流有很大关系"と書かれているので、Dを選択。国際法や言語学、教育レベルの話はまったく触れられていないのでA、B、Cは間違い。

82 - 83

問題文和訳

私たちの新しい映画の名前は『長江図』で、長江で起こった恋愛物語を描いています。この映画の大部分は水の上で完結していますが、私は小さい頃から水が怖く、また船に乗り慣れていないので、全く適応できないと感じていました。皆さんの親切と励ましのおかげで、最後まで続けることができました。本当に皆さんには非常に感謝しています！

82 正解 A

★ その映画の内容は何についてですか？

選択肢和訳

A 恋愛　　B 祝祭日
C 自然科学　　D 民族芸術

解説 この文章の冒頭で“爱情故事”だとはっきり言っているのでAを選択。祝祭日や自然科学や民族芸術についてはまったく触れられていないのでB、C、Dは間違い。

83 正解 C

★ 話し手はなぜ慣れないと感じたのですか？

選択肢和訳

A 気候が暑かったから　　B ホテルが不潔だったから
C 小さい頃から水が怖かったから　　D 少し恥ずかしかったから

解説 “感到很不适应”の理由はその前の“因为～”のところに書かれている。理由は“我从小就怕水”と“也不习惯坐船”の2つである。それを踏まえてCを選択。

84 - 85

問題文和訳

インターネットの普及に伴って、人々の仕事の方法はますます多様になってきています。パソコンが1台ありさえすれば、以前はオフィスでなければできなかった仕事の多くが、今では家ですることができます。このようにすると会社がオフィスを借りる費用を減らせるだけでなく、人々が通勤に費やす時間も節約できるので、人々からますます歓迎されるようになってきています。

84 正解 C

★ この話によると、家で仕事をすることがなぜますます歓迎されるようになってきているのですか？

選択肢和訳

A ストレスが少ないから
B 高収入になるから
C 時間の節約になるから
D 老人の世話ができるから

解説 なぜ歓迎されるのかは、"这样不但为公司减少了租办公室的费用，而且能帮人们节约花在上下班路上的时间"に書かれている。理由は2つで、オフィスを借りる費用が減らせることと、通勤時間を節約できること。それを踏まえてCを選択。

85 正解 D

★ この話は主に何について説明していますか？

選択肢和訳

A 応募条件
B パソコンの選び方
C 都市の交通問題
D 新しい仕事方法

解説 応募条件についてはまったく言及がないのでAは間違い。パソコンが1台あれば家で仕事ができるというような話はあったが、どうやってパソコンを選ぶかということは書かれていないのでBも間違い。通勤時間が節約できるという話はあったが交通問題を語っているわけではないのでCも間違い。この話はインターネットの普及により仕事の方法が変わってきたという話なので、新しい仕事方法について話していると言ってもよい。そこでDを選択。

3 书 写

第1部分　問題 p.40

〈問題文〉完成句子。
〈和　訳〉文を完成させなさい。

86　正解 她对当时的情况完全不了解。

和　訳

彼女は当時の状況についてまったく理解していません。

解説　"她对"を見ると「彼女は～に対して」と使うことが見て取れるので、これを最初に据える。"对"は介詞なので次に目的語となる名詞句がくると考えると、次に据えるべきは"当时的情况"。次に結論部分となる動詞や形容詞を探すと"不了解"があるが、残った"完全"は"不了解"を修飾する副詞と考えて"不了解"の前に置く。

87　正解 我们接受客人的一切意见。

和　訳

私どもはお客様のあらゆるご意見を承ります。

解説　単語を見渡したところ、述語となる動詞や形容詞は"接受客人的"の"接受"しかない。この「受け入れる」という意味の動詞の主語として立てられそうな名詞（代名詞）は"我们"しかないので"我们接受客人的"とする。次に"客人的"の後に続くものを考えるが、"的"の後は名詞を置きたいので、残っている"意见"を置くが、最後に残った"一切"は名詞の前に置いて名詞を修飾することができるので"意见"の前に置く。

88　正解 这个汤喝起来又酸又辣。

和　訳

このスープは飲んでみたところ酸っぱくて辛いです。

解説　単語を見渡すと「スープが酸っぱくて辛い」という文の骨組みが見えてくるので"这个汤"と"又酸又辣"を並べると、とりあえず文の骨組みは出来上がる。残った"喝"と"起来"のうち、"起来"は複合方向補語として動詞"喝"の後に置く。「動詞＋"起来"」は方向補語の派生用法として「～してみたところ」という挿入句的な使い方があるので、主語"这个汤"と述語"又酸又辣"の間に置く。

89 正解 包里的零钱被我花光了。

和　訳

財布の中のお小遣いは私によって使い切られました。

解説 “被我”があるので受身の文を作る。「何」が「私によって」「どう」されたのか考えると“零钱”「お小遣い」が「私によって」“花光”「使い切（る）」られた、と考えるのが自然。“花”は動詞「(お金や時間を）費やす」という意味。また“光”は結果補語としてよく使われ「～しつくす」という意味。最後に残った“包里的”は“的”がついているので、名詞である“零钱”の前に置けばよい。

90 正解 妹妹今天打扮得很正式。

和　訳

妹は今日フォーマルな装いをしています。

解説 単語の中に“得”があることに注目。“得”は程度補語、可能補語で使われ、助動詞でも使われるので、あらゆる可能性を考えつつ他の単語を見ると、“今天打扮”の“打扮”は動詞だが直前に“今天”がくっついており、助動詞“得”を置くことができないので、程度補語もしくは可能補語の“得”として“今天打扮”の後に置く。程度補語にせよ可能補語にせよ“得”の後に補語となるためにその前の動詞や形容詞の程度や状態を説明するための語句が必要なので“很正式”を置く。残った“妹妹”は主語として文頭に据える。

91 正解 森林里的空气多么新鲜啊！

和　訳

森の中の空気はなんと新鮮なのでしょう！

解説 “森林里的”は“的”がついているので後ろに名詞“空气”を置く。“多么”は形容詞の前に置いて「なんと～なのだろう！」という感嘆文を作る成分なので、後ろに形容詞“新鲜”を置く。この“多么新鲜”は述語として使うので、先ほど作った“森林里的空气”を主語として文頭に置き、後に“多么新鲜”を置けば文としての体裁は整う。最後に語気助詞“啊”を置いて締めくくる。

92 正解 让我们为了共同的理想而努力。

和　訳

共通の夢のために一緒に努力いたしましょう。

解説 “让我们”の“让”は使役の文もしくは受身の文を作る成分。いずれの場合も形式的には「“让”＋人＋動詞フレーズ」となるので、そう考えて単語を見渡すと、“让我们”の次にくる動詞としては“而努力”しかないが、“而”があるので“让我们”の直後に置くことはできない。“为了～而…”「～のために…する」という言い方があることを思い出せれば“为了共同的理想而努力”と並べ、それを“让我们”の後に置けばよい。

第1回

93 正解 请大家按照从高到矮的顺序站好。

和 訳

皆さん背の高い人から低い人へという順番で並んで立ってください。

解説 "请大家"は文頭に置いて「皆さん～してください」という時に使うので、まずこれを文頭に据える。"按照"は介詞として「～に従って、～に基づいて」という意味で使われるので、とりあえず"请大家"の後に据えて"请大家按照"としておく。さて何に基づくのか考えた時、何かの"顺序"に基づくと考えるのが自然だが、何の順序なのかというと"从高到矮的"があるので「背の高い人から低い人へという順番」と考えて"从高到矮的顺序"とし、これを"请大家按照"の後に据える。最後に締めくくりとしての動詞句"站好"を置く。

94 正解 班里大约有一半儿的人考试合格了。

和 訳

クラスのおよそ半分の人が試験に合格しました。

解説 "班里大约"の"大约"は「およそ」という意味なので数字系のものの前に置かれる。そこで"有一半儿的人"を後ろに置く。"考试"と"合格了"をその後に置けばいいのだが、"考试"と"合格了"の語順に注意。日本語では「試験に合格した」と言うので「動詞＋目的語」のように"合格了考试"とやりたくなってしまうかもしれないが、中国語では「主語＋動詞」と考えて"考试合格了"とする。そしてその前に大きな主語として"班里大约有一半儿的人"を置いて主述述語文を作る。

95 正解 你最好先把袜子脱掉。

和 訳

あなたはまず靴下を脱いだ方がいいでしょう。

解説 "你最好"の"最好"は述語の前に置いて「～するのが一番いい」「～した方がいい」という意味で使われるので、"你最好"の後に述語部分を作っていく。残りの単語を見ると"先把"の"把"があるので"把"フレーズを作る。"把"フレーズは「"把"＋目的語＋動詞句～」のように単語を並べるので、"先把"の後に目的語となりそうな名詞として"袜子"を置く。その後の動詞句は"脱掉"を使えばよい。

第2部分 問題 p.41

〈問題文〉看图，用词造句。

〈和　訳〉写真を見て、単語を用いて文を作りなさい。

96 解答例 别害怕，打针一点儿也不疼。

和 訳

怖がらないでください。注射は少しも痛くないですよ。

解説 写真は注射器を手に持つ看護師で、与えられた単語は“打针”「注射をする」なので、“打针”や“护士”「看護師」という単語を使って文を作るとよい。解答例のように看護師のセリフを作文してもいいし、“这位护士打针打得很好”「この看護師は注射がうまい」というような内容でもいいだろう。

97 解答例 爸爸把洗完的衣服整理好了。

和訳

お父さんは洗い終わった服をきちんと整理しました。

解説 写真の男性は畳まれた衣類のようなものを持って微笑んでいる様子なので、おそらくは洗濯物を取り入れて畳んだところと考えられる。与えられた単語は“整理”なので、「彼は服を整理した、片づけた」という内容で文を作るとよい。解答例は男性を父親としているが、兄でも弟でも男性であれば誰でも構わない。また“妈妈让爸爸把洗完的衣服整理好”「お母さんはお父さんに洗濯物を整理させた」という内容の作文も考えられる。

98 解答例 这个镜子被打破了。

和訳

この鏡は割られました。

解説 写真だけでは分かりにくいが、与えられた単語が“镜子”なので、手鏡の写真だと分かる。ただし鏡の面が割れている様子なので、解答例のように「この鏡は割られている」のようにしてもいいし、“我孩子把这个镜子弄破了”「私の子供がこの鏡を割ってしまった」といった内容でもいいだろう。

99 解答例 请问您对此有什么看法?

和訳

お尋ねしますがあなたはこのことに対してどのような考え方をしていらっしゃいますか？

解説 女性はマイクを相手の男性に向けていることから、インタビューをしている場面と考えられる。与えられた単語は“看法”なので相手に何かについての考え方を尋ねているようなことを書けばいい。解答例の「このことに対して」のような漠然とした書き方でもいいし、何か具体的な話題を出してもいいだろう。例えば“请问您对气候变化问题有什么看法?”「お尋ねしますがあなたは気候変動問題についてどのような考え方をしていらっしゃいますか？」などとしてもよい。

100 解答例 这部电影让人感动。

和訳

この映画は人を感動させます（感動的です）。

解説 写真は男女が同じ方向を見て悲しそうな顔をしているだけで状況が見えにくい。与えられた単語は“感动”なので、悲しいというより感動している場面なのだろうと考えて、後は自由に作文してよい。例えば解答例のように「この映画は感動的だ」としてもよいし、“电视节目”「テレビ番組」にしてもいいだろう。また、誰かの感動秘話を聞いている場面だとしたら“他讲的故事真让人感动”「彼の話は感動的だ」のような内容でもよい。

4級 第2回 解答・解説

例題の解答はP.15～P.21で紹介しています。

正解一覧

1. 听力

第1部分

1. ×	2. ✓	3. ✓	4. ✓	5. ×
6. ×	7. ×	8. ✓	9. ×	10. ✓

第2部分

11. D	12. D	13. C	14. B	15. A
16. B	17. C	18. D	19. A	20. A
21. B	22. C	23. B	24. C	25. A

第3部分

26. C	27. A	28. D	29. D	30. A
31. B	32. B	33. A	34. C	35. D
36. B	37. D	38. C	39. A	40. B
41. B	42. C	43. C	44. A	45. D

2. 阅读

第1部分

46. F	47. B	48. E	49. A	50. C
51. B	52. D	53. F	54. E	55. A

第2部分

56. CBA	57. BCA	58. BAC	59. CAB	60. ABC
61. ACB	62. CAB	63. BAC	64. ABC	65. CBA

第3部分

66. D	67. A	68. A	69. C	70. D
71. B	72. A	73. B	74. B	75. C
76. D	77. B	78. C	79. A	80. D
81. D	82. A	83. B	84. C	85. C

3. 书写

第1部分

86. 大夫向大家解释了很久。
87. 我把盒子里的牛奶饼干吃了。
88. 门后面挂着你的帽子。
89. 他邀请我一起去爬长城。
90. 这件事证明了弟弟很诚实。
91. 难道你不知道这个规定吗？
92. 那个沙发至少得三千块钱。
93. 孩子的出生让一家人很开心。
94. 你恐怕赶不上那趟航班了。
95. 我从来没有怀疑过他。

第2部分（参考答案）

96. 注意看老师的动作。
97. 爸爸正在收拾房间。
98. 她很热情地和我打招呼。
99. 这个孩子会用勺子吃饭了。
100. 这场球赛太精彩了。

1 听力

第1部分 問題 p.44

〈問題文〉判断对错。
〈和　訳〉文が正しいかどうか判断しなさい。

1 正解 ×

スクリプト

电视上说，今天晚上有大雪，明天气温会降低。后天天气转晴，但是气温会更低。

スクリプト和訳

テレビでは、今晩は大雪で、明日は気温が下がると言っていました。明後日の天気は晴れですが、気温はさらに低くなるそうです。

問題文和訳 ★ 明後日の気温は比較的暖かくなる。

2 正解 ✓

スクリプト

朋友之间偶尔开个小玩笑没什么，但对于不熟悉的人，我们最好不要随便开玩笑，因为可能会引起误会，发生不愉快的事。

スクリプト和訳

友達同士の間柄ならちょっとした冗談を言うのは何ということもありませんが、あまりよく知らない人に対しては、私たちは好きなように冗談を言うのはやめておいた方がいいでしょう。というのは誤解を招き、つまらないことが起こってしまう可能性があるからです。

問題文和訳 ★ あまりよく知らない人と好きなように冗談を言ってはいけない。

3 正解 ✓

スクリプト

小美，勇敢一点儿，这儿的护士阿姨打针一点儿也不疼。打完你就不发烧了，病就好了。

スクリプト和訳

小美、ちょっと勇気を出してみて。ここの（母親と同年輩の女性の）看護師さんの注射は少しも痛くないよ。注射を打ち終わったら熱が下がって、病気がよくなるんだよ。

問題文和訳 ★ 小美は注射を打たなければならない。

4 正解 ✓

スクリプト

当老师可不是一件容易的事。自己会，跟把别人教会，是两件不同的事。

スクリプト和訳

先生になるのは決して簡単なことではありません。自分ができるのと、他人を教えてできるようにさせるのは、まったく違うことなのです。

問題文和訳 ★ 先生になるのは簡単ではない。

5 正解 ✕

スクリプト

今年特别流行短头发，我也去理了个短发。理完照了照镜子，又感觉太短了。

スクリプト和訳

今年はとりわけショートヘアが流行していて、私もショートヘアにしてきました。切り終わってから鏡を見てみると、短すぎるように感じました。

問題文和訳 ★ 話し手の以前の髪は短すぎた。

第2回

6 正解 ×

スクリプト

我们上次的活动不太成功，这次要办得有趣点儿。我看爬山就不错，大家都比较感兴趣。

スクリプト和訳

私たちの前回のイベントはあまり成功しなかったので、今回は少し面白くしたいです。私が登山がいいと思うのは、皆さんが比較的興味があるからです。

問題文和訳 ★ 前回のイベントは大成功だった。

7 正解 ×

スクリプト

我本来对儿子没抱什么希望，真没想到这次考试他考得这么好！看来，我得改变对他的看法了。

スクリプト和訳

私はもともと息子に対してなんの期待もしていませんでしたが、今回の試験で彼がこんなによくできるとは思いませんでした！　どうやら、私は彼に対する見方を変えなければならないようです。

問題文和訳 ★ 話し手の息子は今回試験の出来が良くなかった。

8 正解 ✓

スクリプト

虽然吃水果对健康有好处，但也不能过量。比如吃苹果，一般一天吃一到两个就够了。

スクリプト和訳

果物を食べることは健康によいですが、食べすぎてはいけません。例えばリンゴを食べる場合、普通1日に1つか2つで十分です。

問題文和訳 ★ 一度にたくさんの果物を食べてはいけない。

9 正解 ×

スクリプト

旅客朋友们，前方到站是长春站。火车将停留两分钟，由于上下车时间很短，没到站的乘客最好不要下车。感谢您的支持，祝您出行愉快。

スクリプト和訳

乗客の皆さん、次の駅は長春駅です。列車は2分間停車します。乗車下車の時間が短いので、目的地にご到着でないお客様はどうか下車しないようお願い申し上げます。ご協力に感謝いたします。どうぞ楽しいご旅行を。

問題文和訳 ★ 列車はすでに駅に着いた。

10 正解 ✓

スクリプト

为了比赛，这两个月以来，我每天坚持跑十公里。现在辛苦一点儿，参加比赛时就会轻松一点儿。

スクリプト和訳

試合のために、ここ数か月というもの、私は毎日10キロメートル走ることを続けてきました。今は多少苦しくとも、試合に出た時には多少楽になるに違いありません。

問題文和訳 ★ 話し手は試合に出る予定である。

第2部分　問題 p.45　21K4Q2-2

〈問題文〉请选出正确答案。
〈和　訳〉正しい答えを選びなさい。

11　正解 D

スクリプト

男：小王，我不是让你复印十份材料吗？怎么少了一份？
女：经理提前把她的那份拿走了。
问：女的复印了几份材料？

スクリプト和訳

男　：王さん、私はあなたに資料を10部コピーするように言いませんでしたか？　どうして1部少ないのですか？
女　：マネージャーが先に彼女の分を持って行きました。
問題：女性は資料を何部コピーしましたか？

選択肢和訳

A　4　　B　6　　C　8　　D　10

12　正解 D

スクリプト

女：听说你又搬家了，原来租的那个房子不是挺好的吗？
男：好是好，就是距离公司太远了，有时候上班会迟到。
问：男的为什么搬家？

スクリプト和訳

女　：あなたはまた引っ越したらしいですね。もともと借りていたあの家はなかなか良かったではありませんか？
男　：良かったのは良かったのですが、会社までの距離が大変遠かったので、出勤時間に遅刻することがあったのです。
問題：男性はなぜ引っ越したのですか？

選択肢和訳

A　家賃が高いから　　B　エレベーターがないから
C　大家が親切でないから　　D　会社まで遠すぎるから

13 正解 C

スクリプト

男：这学期的京剧课，你肯定会第一个报名吧？
女：这还用说吗？我一直都对京剧很感兴趣！
问：女的是什么意思？

スクリプト和訳

男　：今学期の京劇の授業、あなたはきっと一番に申し込むのでしょうね？
女　：それは言うまでもないことでしょう？　私はずっと京劇にとても興味があるのですから！
問題：女性が言っているのはどういう意味ですか？

選択肢和訳

A　自信がある
B　通知を送るのを忘れていた
C　当然申し込む
D　もう少し考える

14 正解 B

スクリプト

女：下周有留学生来学校交流学习，我来做翻译，你能负责接送他们吗？
男：没问题，保证完成任务。
问：男的主要负责什么工作？

スクリプト和訳

女　：来週留学生が交流学習のために学校に来ますが、私は通訳をやりますので、あなたは彼らの送り迎えを担当してくれませんか？
男　：問題ありません。役割をきっとやり遂げます。
問題：男性は主にどんな仕事を担当しますか？

選択肢和訳

A　校長を紹介する
B　学生の送り迎えをする
C　会議を手配する
D　ホテルに連絡する

15 正解 A

スクリプト

男：李阿姨给你介绍的那个小伙子怎么样啊?
女：长得挺帅的，工作也不错，就是年龄有点儿大。
问：女的对小伙子的哪方面不太满意?

スクリプト和訳

男　：李おばさんがあなたに紹介してくれたあの若者はどうですか？
女　：なかなかかっこいいし、仕事も悪くありませんが、ただちょっと年齢が高いですね。
問題：女性は若者のどの面にあまり満足していないのですか？

選択肢和訳

A　年齢　　B　背の高さ　　C　気性　　D　収入

16 正解 B

スクリプト

女：咱们平时洗完衣服，可以把用过的水倒在塑料桶里，用来擦地。
男：这个主意不错，能节约不少水。
问：男的觉得那个主意怎么样?

スクリプト和訳

女　：私たちは普段服を洗い終わったら、使った水をプラスチックバケツに入れて、それで床を拭くといいですね。
男　：そのアイディアはなかなかいいですね。たくさんの水を節約できますから。
問題：男性はそのアイディアをどう思いましたか？

選択肢和訳

A　非常に面倒だ　　**B　水を節約できる**
C　現実性に欠ける　　D　きれいに拭けない

17 正解 C

スクリプト

男：网球赛马上要开始了，再不入场就来不及了。
女：我有点儿口渴，想去买瓶矿泉水，你先进去吧。
问：对话最可能发生在哪儿？

スクリプト和訳

男　：テニスの試合がまもなく始まるので、もう入場しないと間に合わなくなります。
女　：私は少し喉が渇いたから、ミネラルウォーターを買いに行きたいのです。あなたは先に入っていてください。
問題：この対話はどこで行われた可能性が最も高いですか？

選択肢和訳

A　郵便局　　B　駅　　C　テニスコート　　D　植物園

18 正解 D

スクリプト

女：哥，你刚换的新工作怎么样？
男：工资跟原来差不多，但是年底奖金比以前高多了。
问：关于男的，可以知道什么？

スクリプト和訳

女　：お兄さん、転職したばかりの新しい仕事はどうですか？
男　：給料はもとの仕事とあまり変わらないけれど、年末のボーナスは前よりずっと多くなったよ。
問題：男性について、何が分かりますか？

選択肢和訳

A　ボーナスが少ない　　B　たびたび休みを取る
C　合わないと感じている　　D　新しい仕事に変わった

第2回

第2回

19 正解 A

スクリプト

男：这些照片是在哪儿照的？景色好美！
女：我和母亲去年夏天在海边旅行时照的，那真是一段美好的回忆。
问：女的去年和谁去的海边？

スクリプト和訳

男　：これらの写真はどこで撮ったのですか？　景色がきれいですね！
女　：私と母が昨年の夏に海へ旅行に行った時撮ったのだけれど、それは本当にすばらしい思い出です。
問題：女性は昨年誰と海に行ったのですか？

選択肢和訳

A　母親　　B　同僚　　C　近所の人　　D　親戚

20 正解 A

スクリプト

女：你好！我想申请一个北京的手机号。
男：好的。请先填一下这张表格，然后把它和您的护照一起给我。
问：女的接下来会做什么？

スクリプト和訳

女　：こんにちは！　私は北京の携帯電話番号を申し込みたいのですが。
男　：かしこまりました。まずこちらの表に記入していただき、その後それをあなたのパスポートと一緒に私に渡してください。
問題：女性はこのあと何をしますか？

選択肢和訳

A　表に記入する　　B　ファックスを受け取る
C　パスワードを変更する　　D　携帯メールに返信する

21 正解 B

スクリプト

男：你今天带女儿去动物园了?
女：是啊，她第一次看到熊猫，别提有多兴奋了。
问：女儿今天心情怎么样?

スクリプト和訳

男　：あなたは今日娘さんを連れて動物園に行ったのですか？
女　：そうです。彼女は初めてパンダを見て、興奮したのなんのって。
問題：娘さんの今日の気持ちはどうでしたか？

選択肢和訳

A　がっかりした
B　興奮した
C　驚いた
D　感動した

22 正解 C

スクリプト

女：抱歉，我还有一些工作没完成，要加会儿班。
男：不着急，我先到对面的茶馆喝杯茶，坐着等你。
问：女的为什么道歉?

スクリプト和訳

女　：すみません。私はまだいくつかの仕事が終わっていませんので、しばらく残業しなければなりません。
男　：慌てないでいいですよ。私はとりあえず向かいの（中国式）喫茶店でお茶を飲んで、座ってあなたを待っていますね。
問題：女性はなぜ謝っているのですか？

選択肢和訳

A　列に並んでいなかったから
B　出発が遅れたから
C　残業せざるを得ないから
D　順番を間違えたから

23 正解 **B**

スクリプト

男：年底聚会的地方想好了吗?
女：我家附近的小吃街年底有灯光节，晚上肯定特别美，就去那儿吧?
问：他们年底聚会最可能去哪儿?

スクリプト和訳

男　：年末の集まりの場所は考えつきましたか？
女　：私の家の近くの軽食街は年末に光の祭典をやるので、夜はきっとことのほか美しいと思いますから、そこに行きましょうか？
問題：彼らの年末の集まりはどこに行く可能性が最も高いですか？

選択肢和訳

A　餃子館　　**B　軽食街**
C　北京ダック専門店　　D　喫茶店

24 正解 **C**

スクリプト

女：这辆车还能再打折吗?
男：已经给您最低价了。这样吧，我们再送您一年的免费洗车卡。
问：男的还能送给女的什么?

スクリプト和訳

女　：この車はまださらに割引になりそうですか？
男　：すでにあなたに最も安い価格をお出ししています。ではこうしましょうか、私どもはあなたに1年間有効の無料洗車カードも差し上げます。
問題：男性はさらに女性に何をあげましたか？

選択肢和訳

A　ジュース　　B　スーツケース
C　洗車カード　　D　給油カード

25 正解 **A**

スクリプト

男：你看我穿这双白袜子怎么样?
女：换双黑袜子吧。你的皮鞋是黑的，穿一样颜色的袜子会更好看。
问：女的建议男的穿什么颜色的袜子?

スクリプト和訳

男　：私がこの白い靴下を履いたらあなたはどう思いますか？
女　：黒い靴下に替えたらいいでしょう。あなたの革靴は黒いから、同じ色の靴下を履いた方がよりきれいに見えます。
問題：女性は男性に何色の靴下を履くようにアドバイスしましたか？

選択肢和訳

A　黒色　　B　白色　　C　青色　　D　赤色

第3部分　問題 p.46 ～ p.47　21K4Q2-3

〈問題文〉请选出正确答案。
〈和　訳〉正しい答えを選びなさい。

26　正解 **C**

スクリプト

女：冰箱的门怎么关不紧了？里面也不凉了。
男：估计是坏了，我打电话让人来修理一下。
女：这台冰箱是去年刚买的。
男：我知道，正好还没过保修期。
问：他们家的冰箱怎么了？

スクリプト和訳

女　：冷蔵庫のドアはどうしてきちんと閉められないのでしょう？　中も冷たくならなくなりました。
男　：多分壊れたのでしょう。電話してちょっと修理に来てもらいます。
女　：この冷蔵庫は昨年買ったばかりなのに。
男　：知っています。ちょうどいいことにまだ保証期間が過ぎていませんね。
問題：彼らの家の冷蔵庫はどうしましたか？

選択肢和訳

A　ずっと音が鳴っている
B　大変古くなった
C　ドアが壊れた
D　まともに電源が切れなくなった

27 正解 A

スクリプト

男：经理，下个礼拜天我结婚，想邀请您参加。
女：可惜我下周日要出差，不能去了。
男：没关系，等您有空儿了，我和妻子再邀请您来家里做客。
女：好的，谢谢，祝你们新婚快乐！
问：关于男的，可以知道什么？

スクリプト和訳

男　：マネージャー、来週の日曜日に私は結婚するので、あなたに参加していただけるよう招待したいのですが。
女　：残念ながら来週の日曜日は出張に出なければならず、行けないのです。
男　：それは仕方ありませんね、お時間ができてから、私と妻はあなたを我が家にご招待します。
女　：分かりました、ありがとう。お二人の新婚生活が幸福なものになるようお祈りします！
問題：男性について、何が分かりますか？

選択肢和訳

A　**来週結婚する**　B　デート中だ　C　にぎやかなのが好きだ　D　妻が弁護士である

28 正解 D

スクリプト

女：最近的几部电影都不错，你看了吗？
男：前几天挺忙的，没来得及看呢。
女：既然这样，我请你看吧，顺便感谢你帮我照顾我家的小猫。
男：一场电影哪里够？我还要吃好吃的。
问：女的为什么要请男的看电影？

スクリプト和訳

女　：最近のいくつかの映画はどれもなかなか良かったけど、あなたは観ましたか？
男　：ここ数日はとても忙しかったので、観るのが追いついていません。
女　：そういうことなら、私が映画をおごります。あなたが我が家の子猫の世話をしてくれた感謝でもあります。
男　：映画1本でどうして足りますか？　私はおいしいものも食べたいですね。
問題：女性はなぜ男性に映画をおごろうとしているのですか？

選択肢和訳

A　彼のお祝いのため　B　彼に手伝ってもらったから
C　彼をリラックスさせるため　D　**感謝の気持ちを表すため**

29 正解 D

スクリプト

男：你们店的鱼新鲜吗?
女：都是活的，非常新鲜。给您来个烤鱼怎么样?
男：我不太喜欢吃烤的东西。
女：那给您做个鱼汤吧，就是时间稍微长一点儿。
问：男的在做什么?

スクリプト和訳

男　：あなたたちのお店の魚は新鮮ですか？
女　：どれも生きていて、非常に新鮮ですよ。焼き魚をお出しするのはどうですか？
男　：私は焼いたものを食べるのはあまり好きではないのです。
女　：では魚スープをお作りしましょう。ただちょっとお時間が長くかかってしまいますが。
問題：男性は何をしているところですか？

選択肢和訳

A　お金を払っている　　B　お皿を洗っている
C　ご飯を作っている　　**D　料理を注文している**

30 正解 A

スクリプト

女：这条河的水真清！
男：记得十几年前，这条河污染得很厉害。
女：是啊，那时候经常有人往河里乱扔垃圾。
男：还好现在人们越来越注意保护环境了。
问：那条河现在怎么样?

スクリプト和訳

女　：この川の水は本当に清らかですね！
男　：十数年前は、この川は汚染されてひどかったのを覚えています。
女　：そうですね。あの時は川にゴミをむやみに捨てる人がしょっちゅういました。
男　：今は人々がだんだん環境保護に注意を払うようになってきたからよかったです。
問題：その川は今ではどうですか？

選択肢和訳

A　水が清らかだ　　B　魚が減っている
C　遊泳禁止である　　D　だいたい10メートルの深さだ

31 正解 B

スクリプト

男：喂，我在南门的入口处等你呢，你在哪儿？
女：这公园太大，我有点儿迷路，弄不清方向了。
男：你周围有什么？
女：我旁边有一个国际餐厅。
问：女的怎么了？

スクリプト和訳

男　：もしもし、私は南門の入り口の所であなたを待っていますが、あなたはどこにいますか？
女　：この公園は大きすぎて、私はちょっと道に迷っていて、方向が分からなくなってしまいました。
男　：あなたの周りには何がありますか？
女　：私のそばにはインターナショナルレストランがあります。
問題：女性はどうしましたか？

選択肢和訳

A　騙された　　B　道に迷った　　C　カギをなくした　　D　諦めたくなった

32 正解 B

スクリプト

女：咱们已经游了五百米了，休息会儿吧。
男：你先休息，我想一口气游完一千米。
女：你感冒刚好，运动量太大会受不了的。
男：放心，难受的话我就停下来。
问：关于男的，下列哪个正确？

スクリプト和訳

女　：私たちはすでに500メートル泳いだので、しばらく休憩しましょうか。
男　：あなたは先に休憩してください。私は一気に1,000メートル泳ぎ切りたいのです。
女　：あなたは風邪が治ったばかりだから、運動量が多すぎるとダウンしてしまいますよ。
男　：安心してください。苦しくなったらやめますので。
問題：男性について、以下のどれが正しいですか？

選択肢和訳

A　ダイエットしたがっている　　B　病気が治ったばかりだ
C　力が強い　　D　バドミントンをするのが好きだ

33 正解 A

スクリプト

男：你刚才和谁打电话呢？我给你打了三遍一直占线。
女：我刚才在和王教授讨论研讨会的事情。
男：商量出结果了吗？
女：已经决定举办的时间和地点了。
问：女的刚才在和谁打电话？

スクリプト和訳

男　：あなたはさっき誰と電話していましたか？　私はあなたに3回も電話をかけたのにずっと話し中でした。
女　：私はさっき王教授とセミナーのことについて話し合っていました。
男　：結論は出ましたか？
女　：開催の日時と場所はすでに決まりました。
問題：女性は先ほど誰と電話をしていましたか？

選択肢和訳

A　王教授　　B　王記者　　C　李博士　　D　販売員

34 正解 C

スクリプト

女：打印机好像坏了，暂时不能用了。
男：应该没坏，只是纸盒太满了，拿走一部分纸就行了。
女：没想到你对打印机还挺了解的！
男：哪里，经常用就知道是怎么回事了。
问：打印机怎么了？

スクリプト和訳

女　：コピー機がどうやら壊れたみたいで、しばらく使えなくなりました。
男　：壊れていないはずです。単に紙のトレイがいっぱいすぎるだけなので、いくらか紙を取り出したらいいのですよ。
女　：あなたがコピー機にとても詳しいだなんて思いもよりませんでした！
男　：とんでもない。しょっちゅう使っていると何が起こったのか分かるのです。
問題：コピー機はどうしましたか？

選択肢和訳

A　汚すぎた　　B　音が大きい　　C　紙を多くセットしすぎた　　D　ことのほか電気を食う

35 正解 **D**

スクリプト

男：我暑假在家很无聊，你过得怎么样?
女：我在一家互联网公司工作了两个月。
男：真棒！不过，暑假没有休息，肯定很累吧?
女：累一点儿没关系，主要是为了锻炼自己。
问：女的为什么暑假去工作?

スクリプト和訳

男　：私は夏休みは家にいてつまらなかったけれど、あなたはどうでしたか？
女　：私はインターネット会社で2か月働いていました。
男　：すばらしい！　でも、夏休みに休まなかったなんて、きっと疲れているでしょう？
女　：少しくらい疲れても大丈夫です。主に自分を鍛えるためですから。
問題：女性はなぜ夏休みに働きに行ったのですか？

選択肢和訳

A　お金を稼ぎたいから
B　パソコンを習いたいから
C　家で退屈していたから
D　自分を鍛えたいから

36 - 37

スクリプト

听众朋友们，下面广播一条交通信息：上午十点十分，中山路上一位司机因为身体突然不舒服，把车停在了路上。现在，这名司机已被送往医院，但车还留在原地。提醒大家，中山路从北向南的道路堵车比较严重，建议开往火车站方向的车辆，选择从六一路通过。

スクリプト和訳

リスナーの皆さん、これから交通情報をお伝えします。午前10時10分、あるドライバーが中山路で突然体の調子を崩し、車を路上に停車しました。現在、このドライバーはすでに病院に搬送されましたが、車はまだその場に停まっています。どうか皆さんご注意ください。中山路の北から南へ向かう車線は渋滞が比較的ひどくなっておりますので、（列車の）駅に向かって走っている車両は六一路を通ってください。

36 正解 B

設問スクリプト

这段话最可能出现在哪儿?

設問スクリプト和訳

この話はどこに出てきた可能性が最も高いですか？

選択肢和訳

A　雑誌　　B　**ラジオ放送**

C　新聞　　D　テレビ

37 正解 D

設問スクリプト

关于那位司机，可以知道什么?

設問スクリプト和訳

そのドライバーについて、何が分かりますか？

選択肢和訳

A　冷静である　　B　技術が低い

C　（列車の）駅に行かなければならない　　D　**すでに病院に搬送された**

38 - 39

スクリプト

今天，我们的《环境科学基础》这门课就全部学完了。在这门课上，我们学习了有关环境科学的基础知识，还了解了几种常见的调查方法。同学们上课很认真，交上来的作业，我也很满意。

スクリプト和訳

本日、私たちの『環境科学の基礎』という授業はすべて学び終わりました。この授業では、私たちは環境科学に関する基礎知識を学び、いくつかのよく見られる調査方法を知りました。学生の皆さんはまじめに授業を受け、提出した宿題にも、私は満足しています。

38 正解 C

設問スクリプト

那门课是关于什么的?

設問スクリプト和訳

その授業は何についてでしたか？

選択肢和訳

A　経済　　B　動物
C　環境　　D　海洋

39 正解 A

設問スクリプト

根据这段话，可以知道什么?

設問スクリプト和訳

この話によって、何が分かりますか？

選択肢和訳

A　授業を学び終わった　　B　宿題が多すぎる
C　成績がまだ出ていない　　D　次回の授業で試験をする

40 - 41

スクリプト

欢迎各位来参加我们公司的招聘会！我们是一家儿童艺术教育公司，这次计划招收十名艺术专业的毕业生，有儿童教育经验者将被首先考虑。感兴趣的同学可以到我这边填写报名材料。

スクリプト和訳

私どもの会社の就職説明会にようこそご参加くださいました！　私どもは児童芸術教育の会社で、今回は10名の芸術専攻ご卒業の皆さんを採用する予定です。児童教育のご経験をお持ちの方から先に選考していく予定になっております。ご興味がおありの学生の皆さんは私の方にいらして申込書類にご記入されるといいと思います。

40　正解 B

設問スクリプト

哪个专业的毕业生符合报名条件?

設問スクリプト和訳

どの専攻を卒業の学生が申込条件に合致しますか？

選択肢和訳

A　中国語・中国文学　　B　芸術

C　法律　　D　歴史

41　正解 B

設問スクリプト

那家公司首先考虑什么样的毕业生?

設問スクリプト和訳

その会社はまずどのような卒業生を選考しますか？

選択肢和訳

A　真面目な（卒業生）　　B　経験のある（卒業生）

C　礼儀正しい（卒業生）　　D　外国語が流暢な（卒業生）

42 - 43

スクリプト

我们家上个月住进了在郊区买的新房子。房子很大，两个孩子可以一人一个房间，这可把他们高兴坏了。楼下就有超市，购物非常方便。另外，小区附近还有个森林公园，孩子们每周末都要去那儿踢足球。

スクリプト和訳

私たち一家は郊外で購入した新居に先月入りました。家は大きく、二人の子供は一人1部屋を与えられ、彼らは大喜びでした。階下にはスーパーがあり、買い物も非常に便利です。そのほか、集合住宅の近くには森林公園もあり、子供たちは毎週末そこに行ってはサッカーをしています。

 正解 **C**

設問スクリプト

说话人觉得新房子怎么样?

設問スクリプト和訳

話し手は新居をどう思っていますか？

選択肢和訳

A　トイレが狭い

B　家具が揃っている

C　買い物に便利

D　周囲が静か

 正解 **C**

設問スクリプト

孩子们周末经常做什么?

設問スクリプト和訳

子供たちは週末よく何をしますか？

選択肢和訳

A　ピアノを弾く

B　衣類を整理する

C　公園にサッカーをしに行く

D　友達と町をぶらぶらする

44 - 45

スクリプト

虎爸虎妈式教育指的是父母在教育孩子时方法严格，为孩子安排好一切，让他们在压力较大的环境下长大。这种方法可能会让孩子变得更加优秀，但不一定适合所有的孩子，所以家长应根据孩子的性格特点选择合适的教育方式。

スクリプト和訳

タイガーペアレンティング（教育）とは、両親が子供をしつける時の方法が厳しいことを言います。子供のためにすべてを手配し、彼らにプレッシャーが比較的大きくかかる環境のもとで成長させるのです。このような方法は子供をより優秀にするかもしれませんが、すべての子供に合っているとは限らないので、保護者は子供の性格の特徴に応じて適切な教育方式を選ぶべきです。

44 正解 A

設問スクリプト

虎爸虎妈式教育有什么特点?

設問スクリプト和訳

タイガーペアレンティング（教育）はどんな特徴がありますか？

選択肢和訳

A　要求が厳しい　　B　方法は簡単だ
C　効果が大きくない　　D　たびたび子供を褒める

45 正解 D

設問スクリプト

父母应根据什么选择教育方式?

設問スクリプト和訳

両親は何に応じて教育方式を選ぶべきですか？

選択肢和訳

A　お年寄りの指摘　　B　学校の管理
C　子供時代の経験　　D　子供の性格

2 阅 读

第1部分　問題 p.48 ～ p.49

〈問題文〉选词填空。
〈和　訳〉語句を選んで空所を埋めなさい。

46 - 50

選択肢和訳

A　複雑だ　　B　引き続き　　C　（メガネ・サングラスを）かける
D　頑張って続ける　　E　ウェブサイト　　F　うらやましい

46　正解 F

問題文和訳

銭叔父さんの家の二人の子供は同時に大学に合格したので、本当に［うらやましい］です。

解説 「"真让人" ＋感情を表す動詞や形容詞」で「本当に～な気持ちにさせる」→「本当に～な気持ちだ」という意味でよく使われる。感情を表す言葉はF "羡慕" しかないので、Fを選択。

47　正解 B

問題文和訳

そのかばんは破れていなくて、ただ少し汚れているだけなので、ちょっと洗えばまだ［引き続き］使えます。

解説 空欄の前に能願動詞があり、空欄の後にはそれを受ける動詞があるので、空欄には動詞を修飾する副詞表現や連動文の１つ目の動詞などが入ることが考えられる。B "接着" は動詞の前に置いて副詞として使うことができ、意味的にも問題ないのでBを選択。

48　正解 E

問題文和訳

申込手続きの中でたくさんの資料を使うことになるので、あなたはまず［ウェブサイト］ではっきり調べておいた方がいいですよ。

解説 空欄の前後を見ると "在（　）上" となっているので、空欄には場所になりうる名詞を入れたい。選択肢に名詞はE "网站" しかないのでEを選択。

第2回

49 正解 A

問題文和訳

本来はとても単純なことなのに、皆が話せば話すほど［複雑に］なってきます。

解説 空欄の前を見ると"越说越（　）"となっているので"越A越B"「AすればするほどB」を思い出したい。そうするとBには形容詞や動詞が入るが、選択肢には形容詞や動詞が多いので、さらに意味を考える。前半で"简单"という形容詞が使われており、これと対照的な意味かもしくは同じような意味の形容詞が使われる可能性が高いと考えてA"复杂"を選択。

50 正解 C

問題文和訳

自動車の運転をしやすくするため、私は今日特別にサングラスを［かけて］います。

解説 空欄の後に"了"がある。これは動作の完了を表す"了"である可能性が高いので、空欄には動詞が入ることが予想される。目的語は"太阳镜"なので、メガネをかける時に使う動詞C"戴"を選択。

51-55

選択肢和訳

A　～になる	B　意外にも	C　温度
D　ついでに	E　タオル	F　中華まんじゅう

51 正解 B

問題文和訳

A：私たち二人は［意外にも］こんなにたくさんの共通の経歴があったなんて思いもよりませんでした！

B：そうですね。もう少し早くあなたと知り合っていればよかったのに。

解説 主語"咱俩"と述語動詞"有"の間に空欄があるので、介詞か副詞が入る可能性を考えて選択肢を見ると、BとDが残る。次に意味を考えると、Dでは「ついでにこんなにたくさんの共通の経歴がある」となり意味が通じないので、B"竟然"を選択。

52 正解 D

問題文和訳

A：あなたは学校に行こうとしているのですか？　［ついでに］私の代わりにこの本を返しておいてくれませんか？

B：問題ありません。私もちょうど図書館に本を借りに行きたいと思っていたのです。

解説 空欄の前が能願動詞で、後には普通の動詞がきているので、空欄には介詞句や副詞表現などが入ると考えて選択肢を見ると、B、Dが残る。意味を考えるとここでB「意外にも」が入るとは考えにくいので、D“顺便”を選択。

53 正解 F

問題文和訳

A：キッチンの中の［中華まんじゅう］は昨日買ったのですか？　私は一口味見をしたけれど、味が少しおかしかったですよ。

B：うわ！　あれは傷んでしまっているので、もう食べられません。早く捨ててしまってください。

解説 空欄の前に“的”があるので、名詞が入ると考えられる。選択肢の中で名詞はC、E、Fだが、キッチンにあり食べることができるものと考えて、F“包子”を選択。

54 正解 E

問題文和訳

A：あなたは私に［タオル］を取って来てください。私はちょっと汗を拭きます。

B：こんなにたくさんの汗をかいているのだから、あなたはやはり直接入浴しに行きなさい。

解説 介詞“把”の後に空欄があるので、空欄には名詞句が入ると考えられる。選択肢の中で名詞はC、E、Fだが、汗を拭くと書かれていることを考えE“毛巾”を選択。

55 正解 A

問題文和訳

A：両親の性格は往々にして子供の将来に大きな影響を及ぼします。

B：そうですね。だから私たちは合格点を取れる父母［になる］よう努力しなければなりません。

解説 空欄の前の“努力”は、動詞の前に置いて「頑張って～する」という意味になる。また空欄の後には名詞的成分があるので、空欄にはそれを目的語とする動詞が入ると予想して選択肢を見ると、動詞はAしかないので、Aを選択。

第2部分 問題 p.50 ～ p.51

〈問題文〉排列顺序。
〈和　訳〉順序を並べ替えなさい。

56 正解 CBA

問題文和訳

人それぞれに様々なリラックス方法があります。例えば、ものを食べることでプレッシャーを軽減するのが好きな人もいます。一方ことのほか緊張した時にただ寝たいと思う人もいます。

解説 Aの冒頭の“而”は対比を表す接続詞なので、Aから始まることはない。Bもいきなり“比如”「例えば」で文章が始まるのはおかしいのでBから始まることもない。まずCから始まり、その例としてBがきて、Bの例と対比する別の例としてAが続くと考えるのが自然なので、CBAとなる。

57 正解 BCA

問題文和訳

友人との間では互いに尊重しあうべきです。考え方が違う時は大いに意見を交わさねばなりません。このようにして初めて友情は長く続けることができます。

解説 Aの冒頭“这样”は「このように」という意味で、何を指して「このように」と言っているかが分からないといけないので、Aから始まることはない。BとCどちらが最初に置かれるべきか考える場合、意味をよく見てみよう。Bではざっくりと友人のことを「尊重すべきだ」と言っている。Cは友人との関係の中で「考え方が違う時」を想定してどうしなければならないかを述べている。まず全体的なことを述べ、次に例として挙げたケースのことを述べるように、BCと並べれば自然である。そして、BCのようにすればAのようになる、と話が流れるので、BCAが正解。

58 正解 BAC

問題文和訳

競争が激しいことは必ずしも悪いことではありません。なぜならこのことであなたは一層の努力をして、よりよい成果を得ることになるかもしれないからです。

解説 Aの冒頭“因为”の次の“这”は指示代名詞なので、もしAから文章が始まるとしたらこの“这”が何を指すかが分からない。そこでAから始まることはないと分かる。Cは動詞“取得”から始まっており、この“取得”の主体が誰なのか分からないのでCから始まると考えるのも不自然。そこでBから始めてみる。Bでまず話し手が一番言いたいことを言い、次にその理由としてAを続ける。そして実はAは文が終わっておらず、連動文の後半部分としてCが続く、と考えるとうまくいく。

59 正解 CAB

問題文和訳

私は先ほど特別に写真館に行きました。撮影を担当していたスタッフさんは私に丁寧にスタイリングしてくれました。最終的に出来上がった写真は確かにきれいで自然でした。

解説 まず状況設定として、誰がどうしたかを言いたいのでCから始まると考え、具体的にそこで何があったのかを言っているAが次にくると考えるのが自然。そして“最后”「最後に、最終的に」という言葉から始まっているBが最後と考えるとCABとなる。

60 正解 ABC

問題文和訳

彼の妻はロマンチックな人です。しかし彼はまったく正反対です。そのため多くの場合、彼は妻の考え方がまったく理解できません。

解説 Bの冒頭には接続詞の“可”「しかし」、Cの冒頭にも接続詞の“因此”「なので」があるので、いずれも最初には据えられない。そこでAから始まることがまず分かる。Aの次にBCのどちらがくるかは意味を考える。Aの次にもしCがきたら、妻がロマンチックであるから彼は妻が理解できない、となるが、彼がどういう人か述べられていないのでどうして理解できないのか分かりにくい。そこで間にBを挟むと、彼が妻とは正反対の人であることが分かり、Cへとつながりやすくなる。ABCが正解。

61 正解 ACB

問題文和訳

私が思うにあなたという人の最大の欠点は、自分の判断が欠けているということです。いつも他人の言葉に従って行動します。

解説 BもCも主語がないので、文章の冒頭としてはふさわしくない。そこでAから始めてみる。逆にAは文が終わっていない。“你这个人最大的缺点”「あなたという人の最大の欠点」とは一体何なのかを考えながらBCを見てみると、Cが“就是”で始まっており「～ということだ」となっているので、Aの続きとして形式的にも意味的にもふさわしい。そしてCの内容をもっと具体的に言っているBがその後に続くと考えるのが自然。

第2回

62 正解 CAB

問題文和訳

私の孫は以前歯磨きが嫌いでした。その後私は彼にブドウ味の子供用練り歯磨きを買ってあげました。それからというもの、彼は毎日歯磨きをするのに積極的です。

解説 Aの冒頭に“后来”「その後」が、Bの冒頭には“从那以后”「それからというもの」があり、いずれも前の言葉を受けて現れる言葉なので、A、Bが文章の冒頭にくることはない。そこでCから始める。次にどちらがくるか考えるには意味を考える。Cの次にBがきたら、歯磨きが嫌いだった子が「それからというもの」歯磨きを積極的にするようになった、となってしまい「それから」は何があったからなのか分からない。そこで間にAを入れると、ブドウ味の練り歯磨きを与えてから積極的になったと分かるので、CABが正解。

63 正解 BAC

問題文和訳

我が家の犬は何年も私に付き添ってくれました。私たちの気持ちのつながりは深いです。そのため私は今でもそれ（犬）が永遠に私から離れて行ってしまったことを受け入れることが難しいのです。

解説 Cの冒頭“所以”は何か原因や理由を受けてその結果を導く言葉なので、Cから始まると原因や理由が分からない。そこでCから始まることはない。次に、Cにある“它”は人間以外のものを指す人称代名詞だが、具体的にはBに出てくる“我家的狗”を指している。またAに出てくる“我们”は「私と犬」となり、AよりもBが先に置かれていないとAの“我们”が「私と誰」なのか分からないので、BACとなる。

64 正解 ABC

問題文和訳

あなたは折を見て彼女にちょっと説明してくださいね。あなただってわざとではなかったのだと話せば、彼女はそれを聞いたらきっとあなたを許すでしょう。

解説 Cに“听后”「聞いた後」があり、これがもし最初に置かれると何を聞いた後なのか分からないのでCから始まることはない。Bの冒頭には“就”「つまり」があるので、やはりBから始まると不自然。そこでAから始める。そして彼女に何を説明するのかを言っているのがB。さらにその説明を聞いたらどうなるかを言っているのがCなので、ABCと並べるのが最も自然。

65 正解 CBA

問題文和訳

最近オフィスでは多くの人が咳をしています。皆さん必ずよく窓を開けて、換気をしなければなりません。そうしなければもっと多くの人が風邪をひくかもしれません。

解説 Aの冒頭の“否则”は「もしそうでなければ」という意味なので、Aから始まることはない。どうしなければ多くの人が風邪をひくのか考えると、BがAの前に入ることが分かる。窓を開けて換気をしなければ風邪がはやるのである。そして現状の説明（オフィスで咳する人が多い）をしているCを最初に据えて、CBAとするのが最も自然。

第3部分　問題 p.52 ～ p.57

〈問題文〉请选出正确答案。
〈和　訳〉正しい答えを選びなさい。

66　正解 D

問題文和訳

民族共通語とは、1つの民族内の大多数の人がよく知っていてかつ共に使用している言語のことを言い、現在漢民族が使用している共通語は中国の標準語です。これは北方の方言を基礎として発展してきたものです。

★　この話が主に言っているのは：

選択肢和訳

A　北京語　　B　少数民族
C　中国語の文法　　D　**民族共通語**

解説　この話はまず“民族共同语”の説明から始まり、それを漢民族で言うとどういうことになるかを、その後に話している。つまり最初から最後まで“民族共同语”について話しているのでDを選択。北方の方言という話は出てくるが、北京語のことは触れられていないし、少数民族や中国語の文法についてはまったく触れられていないのでA、B、Cは間違い。

67　正解 A

問題文和訳

努力によって、私はとうとう中国に留学するための奨学金を獲得しました。この知らせを受け取った時、私は感激して泣いてしまいました。過去のあらゆる苦しさもすべてそれだけの価値があったのだと思いました。

★　話し手が泣いたのはなぜかというと：

選択肢和訳

A　**感激したから**　　B　同情したから
C　悲しかったから　　D　怖かったから

解説　真ん中あたりに“我激动得哭了”と書かれているのでAを選択。この話は一貫してうれしい話しか書かれていない。努力が大変だったことは読み取れるが、同情したり悲しかったり怖かったような話は出てこないのでB、C、Dは間違い。

第2回

68 正解 A

問題文和訳

「寝て勝つ」とはここ数年流行してきた言葉で、その意味は簡単です。つまりほとんど何もせずに、寝ながら勝つということです。これは最初はグループでゲームをする場合に、もしグループの中に技術が大変優れた人が一人いれば、その他の人は大して力を発揮しなくてもゲームに勝てるという意味でした。

★ 「寝て勝つ」の意味は：

選択肢和訳

A 楽に勝てる　　B 失敗を拒絶する

C 危険に遭遇する　　D 寝転んで快適である

解説 "躺赢"の意味は"几乎什么都不做，躺着就赢了"のところに書かれている。ただ、選択肢はそのままの表現を使っていないので要注意。本文の書き方は「何もしなくても寝ながら勝つ」というような書き方だが、要するに「簡単に勝てる、楽に勝てる」という意味だと分かるのでAを選択。

69 正解 C

問題文和訳

（父方の）祖母は70歳ちょっとですが、ますます子供っぽくなっています。彼女は普段いつも私たちを引っ張っておしゃべりをすることが好きで、何をするにも誰かについてもらわなければならないし、さらにしょっちゅうちょっとしたことで癇癪（かんしゃく）を起こして私たちの気を引こうとする、本当にかわいらしい「子供おばあちゃん」なのです。

★ この話によると、（父方の）祖母は：

選択肢和訳

A 日記を書くのが好きだ　　B 他人に親切だ

C 誰かについていてほしい　　D たびたび昔のことを思い出す

解説 日記の話はまったく触れられていないのでAは間違い。他人に親切かどうかも言及がないのでBも間違い。文章の真ん中あたりで"做什么都需要有人陪着"とあるので、Cを選択。昔のことを思い出すかどうかという話も特に触れられていないのでDは間違い。

70 正解 D

問題文和訳

ある研究では、夫婦間でどのようにお金を使うかしょっちゅう相談すると二人の愛情が深まると指摘されています。調査によると、毎月1回支出計画を立てている夫婦のうち、70%を超える夫婦は幸せな生活だと感じていますが、半年に1回しか計画を立てない夫婦では、たったの半分しか幸福感がないとのことです。

★　愛情を深めるために、夫婦二人がより心がけるべきは：

選択肢和訳

A　あちこち旅行に行くこと　　B　互いに励ますこと

C　自己批判すること　　**D　支出計画を立てること**

解説　お金を使う計画を夫婦間でよく話し合うと愛情が深まるという文章なので、旅行の話や励まし合うことや自己批判のことは触れられていない。そこでDを選択。

71 正解 B

問題文和訳

問題を解く時にうまい方法を使えば少ない労力で効果は倍増します。例えば長文読解の問題を解く時、私たちはまず問いを見て、その後で問いを念頭に文章を読み答えを探す方が良いです。このようにすれば読解の速度も上がり、答えをより正確にすることもできます。

★　読解問題を解く時に長い文章にあったら、まずすることは：

選択肢和訳

A　文章を読む　　**B　問いを見る**

C　内容を想像する　　D　答えを探す

解説　問題文の中で“我们最好先看问题”と言っているのでBを選択。文章を読むのは問いを見た後だと言っているのでAは間違い。内容を想像するということはどこにも書かれていないのでCも間違い。答えを探すのは、問いを見て文章を読んで、その後にすることなので、Dも間違い。

72 正解 A

問題文和訳

このチョコレートのコマーシャルはとても人を引きつけます（魅力的です）。ストーリーは軽快でユーモラスだし、音楽は単純で元気、見ている人に深い印象を残します。

★　そのチョコレートのコマーシャルは：

選択肢和訳

A　人を引きつける（魅力的だ）　　B　嘘つきだ

C　大事なところが抜けている　　D　俳優がアジア出身だ

解説 冒頭で"这个巧克力的广告很吸引人"と言っているのでAを選択。内容が嘘になっているとか、大事なところが抜けているとか、俳優の出身地のようなことはまったく触れられていないのでB、C、Dは間違い。

第2回

73 正解 B

問題文和訳

私どもの会社は最も専門的な訪問清掃サービスをご提供しております。居間、キッチンだけでなく、トイレも、私どもが清掃したすべての場所は新品同様になることを保証いたします！

★　この会社はどんなサービスを提供していますか？

選択肢和訳

A　エアコンの修理　　B　部屋の清掃

C　資料のコピー　　D　中古家具の販売

解説 冒頭で"我们公司提供最专业的上门打扫服务"と言っており、清掃をしている会社だと分かる。またその後のところで"客厅、厨房，还是卫生间"とも言っているので、屋外やビルの廊下の清掃ではなく一般家庭の部屋の清掃ということも分かるので、Bを選択。エアコンや資料のコピーや中古家具の話は一切触れられていないのでA、C、Dは間違い。

74 正解 B

問題文和訳

車を買うことに比べると、現在の若者はレンタカーを借りて出かけることを考える人が増えてきています。ネットレンタカーの出現やレンタカー会社の数の増加に伴い、レンタカーもより便利で安くなってきました。

★ 話し手が思うにレンタカーの長所は：

選択肢和訳

A 安全性　　B 出費の少なさ
C 無料のガイドがつく　　D 交通渋滞の軽減

解説 最後に"租车也变得更加方便、便宜"と書かれているのでBを選択。安全性や無料のガイドや交通渋滞の話はまったく触れられていないのでA、C、Dは間違い。

75 正解 C

問題文和訳

もし郵送をご希望でしたら、こちらに詳しい住所をご記入ください。ビザが下りましたら、私どもは7営業日以内にパスポートを送付いたします。

★ 話し手はどこで働いている可能性が最も高いですか？

選択肢和訳

A 銀行　　B 商店
C 大使館　　D （北京）首都空港

解説 まず"签证"が「ビザ」の意味であることを押さえておこう。そしてこの発言がビザを出す方なのか申請している方なのかを考えると、最後に"我们会在七个工作日内把护照寄出"とあるので、ビザを出す方（つまり大使館や領事館）の発言だと分かる。そこでCを選択。

問題文和訳

映画館で映画を観る際に多くの観客がたいてい前方の列に座りたがらないのは、1つには距離が近すぎると鑑賞の効果に影響を及ぼしかねないからで、またもう1つにはずっと首を上げて観なければならず、長時間となるととてもつらいからです。

★ 人々が普通前方の列に座らない理由は：

選択肢和訳

A チケットをなかなか買えないから　　B 常に邪魔されるから

C 出入りしにくいから　　D 鑑賞効果が良くないから

解説 文章によると前方の列に座らない理由は2つある。1つは"会影响观看效果"で、もう1つは"需要一直抬着头看"である。チケットの話や邪魔される話、出入りしやすいかどうかなどについてはまったく触れられていないのでA、B、Cは間違い。Dは2つある理由の内の1つとして言及されているのでDを選択。

77 正解 B

問題文和訳

二人で初めてデートする時、男の子は多少フォーマルな服装をし、あまり適当な格好にしない方がいいでしょう。そのようにすれば女の子に好印象を持ってもらえるだけでなく、あなたの女の子に対する敬意を示すこともできます。

★ 初めて会う時、男の子はどのようにする方がいいかというと：

選択肢和訳

A タバコを吸ってはならない　　B 多少フォーマルな服装をする

C プレゼントをきちんと用意する　　D 面白い話をたくさん話す

解説 最初の方で"男生最好穿得正式一些"と書かれているのでBを選択。タバコもプレゼントも面白い話もまったく言及されていないのでA、C、Dは間違い。

78 正解 C

問題文和訳

問題がすでに現れている以上、私たちはともに解決の道を探るべきで、結局誰の間違いなのかを話し合うべきではなく、ましてやみだりに責任を他人に押し付けるべきではありません。

★　話し手が思うに今すべきことは：

選択肢和訳

A　総括をする　　B　他の人に謝罪する

C　ともに問題を解決する　　D　その都度誤りを洗い出す

解説　最初の方で“我们就应该想办法共同解决”と書かれているのでCを選択。総括する話も謝罪の話も誤りを洗い出す話も出てきていないのでA、B、Dは間違い。

79 正解 A

問題文和訳

ロードバイクとは、道路で使用される種類の自転車を指します。マウンテンバイクと比べ、ロードバイクは車体が比較的軽いけれど、道に対する要求が多いので、運転する際は条件に合う場所を選ぶことが必要です。

★　マウンテンバイクと比べて、ロードバイクは：

選択肢和訳

A　比較的軽い　　B　品質が良い

C　デザインが美しい　　D　都市には合わない

解説　文章後半部分でマウンテンバイクとの比較が2つ書かれている。1つは“车身较轻”、もう1つは“对道路的要求很高”。それを踏まえてAを選択。品質やデザインについてはまったく触れられていないのでB、Cは間違い。また話の前半から、ロードバイクは道路（公道）を走るための自転車であることが分かり、都市部に合わないはずがないのでDも間違いと言える。

80 - 81

問題文和訳

大学入試を受ける時、専攻は重要ではなく、良い大学に行って、適当に1つ専攻を選べばそれでよいと考える人もいます。しかし本当に学習が始まってから後悔することになるでしょう。私から見ると、良い専攻は良い大学よりもさらに重要です。理想の専攻はまず自分が興味を持てなくてはならず、次に社会の要求にも合致していなければなりません。

第2回

80 正解 D

★ 話し手が思うに：

選択肢和訳

A 自信を持たなければならない　　B 積み重ねを重視すべきだ

C 能力がカギである　　D 良い専攻の方が重要である

解説 この文章の要点は、真ん中あたりに“好专业比好大学更重要”とあるように、大学のブランドに左右されるより、良い専攻を選ぶ方が重要だということである。そこでDを選択。自信や積み重ねや能力の話は特に触れられていないのでA、B、Cは間違い。

81 正解 D

★ この話によると、理想の専攻とすべきは：

選択肢和訳

A 卒業しやすい　　B 家族が賛成してくれる

C 職業の選択肢が多い　　D 社会の要求に合致している

解説 答えは文章の中の最後の文に出ている“一个理想的专业首先要自己感兴趣，其次还要符合社会的需要”にある。つまり理想の専攻の条件は「自分が興味を持てること」と「社会の要求に合致すること」の2つである。それを踏まえてDを選択。卒業のこと、家族の賛成、職業のことなどはまったく触れられていないのでA、B、Cは間違い。

問題文和訳

ある女の子は小さい頃から卓球が好きでしたが、彼女は背が低く、腕も短く、条件は理想的とは言えませんでした。そこで、彼女が体育学校に進もうという時、多くの人が反対しましたが、父親だけがずっと彼女を励まし助けてくれ、彼女はそのおかげでより頑張りました。とうとう、ある全国大会で、彼女は優勝というすばらしい成績を残しました。

82 正解 A

★ その女の子が体育学校に進むことに多くの人が反対したのは彼女が：

選択肢和訳

A 背が低かったから　　B 賢くなかったから
C 頑張らなかったから　　D 勇敢とは言えなかったから

解説 答えは最初の方の"她个子矮小，胳膊又短，条件并不理想"に書かれているのでAを選択。彼女が賢いかどうかはまったく言及がないのでBは間違い。彼女は頑張ったとは書かれているが、頑張らない人だとは書いていないのでCも間違い。話の流れから彼女が勇敢だったであろうことは想像できるが、勇敢でないとは読み取れないのでDも間違い。

83 正解 B

★ この女の子の物語が私たちに伝えるのは：

選択肢和訳

A 口ばかりでなく行動を起こすべき　　B 頑張ってこそ成功できる
C スポーツ選手は大変である　　D 他人を信用すべきである

解説 この文章は体格的に恵まれていない女の子が頑張って練習して卓球の全国大会で優勝した話なので、Bを選択。Aを完全に否定できる証拠は文章中にはないが、口ばかりでなく、という点は文章には出てきていない。Cの内容は文章中から読み取れるが、これが一番言いたいこととは思えないので間違い。Dについては彼女が父親の励ましを信用して頑張ったということだと思えば正解と言えなくもないが、この文章の要点とは言いにくいので間違い。

84 - 85

問題文和訳

李さんは最近レストランの商売がうまくいかず悩んでいます。店の入り口のところを毎日明らかにたくさんの人が通り過ぎるのですが誰も注意を払いません。そこで李さんは良いアイディアを考えつきました。彼は窓の所に「見るな」という3文字を書いたのです。面白いことに、見るなと言われれば言われるほど、皆さん見たくなるものです。その後、多くの人がこの3文字に引きつけられ店に入って来るようになり、さらに店に入ると料理の香りに気づくので、こうして、李さんの商売は良くなってきたのです。

第2回

84 正解 C

★ 李さんのレストランの商売はどうして良くなかったのですか？

選択肢和訳

A 値段が高かったから　　B 態度が良くなかったから
C 目を向ける人がいなかったから　　D 室内が汚すぎたから

解説 文章最初の方に“店门口每天明明有很多人路过却没什么人注意”とあるのでCを選択。値段の話、態度の話、室内の汚さなどについてはまったく触れられていないのでA、B、Dは間違い。

85 正解 C

★ 李さんはどんな方法を使って客をレストランに入らせたのですか？

選択肢和訳

A 値引をした　　B 店員を替えた
C 窓に字を書いた　　D テーブルとイスの数を増やした

解説 文章の2文目で良いアイディアを考えついたと言い、“他在窗户上写了三个字——不许看”と書かれている。つまり窓に字を書いたのでCを選択。値引の話や店員の入れ替えやテーブルとイスの増量については言及がないのでA、B、Dは間違い。

3 书 写

第1部分　問題 p.58

〈問題文〉完成句子。
〈和　訳〉文を完成させなさい。

86　正解 大夫向大家解释了很久。

和 訳

お医者さんは皆さんに向かって長いこと説明しました。

解説　主語になれそうなものが“大夫”しかないのでこれを文頭に据え、介詞フレーズは通常主語の次にくるので“向大家”を次に置く。次に動詞“解释了”があるのでこれを置けば一応文として成立する。残った“很久”は動作の持続時間を表す時量補語として動詞の後に置く。

87　正解 我把盒子里的牛奶饼干吃了。

和 訳

私は箱の中のミルクビスケットを食べてしまいました。

“我把”というのがあるので、“把”フレーズを作ることをまず想定する。“把”の後には「～を」という目的語がくるので目的語になりそうなものを探すと“牛奶饼干”があるが、“盒子里的”という連体修飾語になりそうなものがあり、これが付きそうな名詞は“牛奶饼干”しかないのでこれを前につけて“盒子里的牛奶饼干”を“我把”の後に置く。“把”フレーズは「“把”＋目的語」の後に動詞がくるので、最後に“吃了”を置いて文を締めくくる。

88　正解 门后面挂着你的帽子。

和 訳

ドアの後ろ側にはあなたの帽子が掛かっています。

解説　単語から見て「あなたの帽子はドアの後ろ側に掛かっている」のような文ができそうだが、その場合“你的帽子挂在门后面。”のように“在”が必要になってしまうので、ここは「ドアの向こう側にはあなたの帽子が掛かっている」という存現文を作ることに気づきたい。存現文は「場所＋動詞＋物・人」という語順になるので、“门”と“后面”を並べて場所を表す“门后面”「ドアの向こう側」という言い方を作り、文頭に据える。その後に動詞句“挂着”を置き、最後に目的語となる物である“你的帽子”を置く。

89 正解 他邀请我一起去爬长城。

和 訳

彼は一緒に万里の長城を登ろうと私を誘ってくれました。

解説 "邀请我"の"邀请"は兼語文を作るので"邀请我"の後には動詞句がくるはず。そこで"一起去爬"を後に続ける。"一起去爬"の"爬"は「(山などに)登る」という意味があり、万里の長城に行くことも"爬"を使うことが多いので"一起去爬"の後に目的語として"长城"を置く。残った"他"は文全体の主語として文頭に置く。

90 正解 这件事证明了弟弟很诚实。

和 訳

このことは弟が誠実であることの証明となりました。

解説 "证明"には"了"がくっついているので動詞として使われていることが分かる。与えられた単語から「このことは弟が誠実であることを証明した」のようにすると想定して、"这件事"を主語として文頭に据え、次に動詞"证明了"を置く。動詞"证明"は目的語がフレーズになっていても構わないので"弟弟很诚实"「弟は誠実だ」という主述フレーズを作って最後に置く。

91 正解 难道你不知道这个规定吗?

和 訳

まさかあなたはこの決まりを知らないのですか?

解説 "难道你"と"吗"があるので"难道~吗?"「まさか~のですか?」という言い方を使う。そこで"难道你"から始め、この"你"が主語になるのでそれに続く述語部分を作るため"不知道这个"を置く。"这个"はこれだけでも独立した成分として成立するが、後に名詞がくるのが普通なので、名詞"规定"を置き、最後に語気助詞"吗"を置いて文を締めくくる。なお、疑問文の場合は最後に必ず"?"を書くのを忘れないように。

92 正解 那个沙发至少得三千块钱。

和 訳

そのソファーは少なくとも3,000元はします。

解説 "得"は発音も意味も複数あり難しい字だが、前に"至少"「少なくとも」という副詞がくっついているので、この"得"は動詞か能願動詞として使われていることが分かる。他の単語から見て「(お金や時間が)かかる、要する」という意味の動詞"得děi"だと分かるので、次に値段を表す"三千块钱"を目的語として置く。残りの"那个"と"沙发"は、このまま並べて主語として文頭に置く。

93 正解 孩子的出生让一家人很开心。

和 訳

子供の誕生は家族を喜ばせました（子供の誕生で家族は大喜びしました）。

解説 “让”があるので使役の文を作ると想定しておく。使役の文（兼語文）は「A＋“让”＋人＋動詞～」で「Aは人に～させる」という構造になるが、与えられた単語に動詞がないので、形容詞“很开心”を動詞のところに据える。このような感情を表す形容詞が使役の文で使われる場合、主語は人ではなく出来事のようなことが多いので“孩子的出生”「子供の誕生」という出来事を主語として文頭に据える。その後に使役動詞“让”を置き、人にあたる“一家人”を次に置き、“很开心”で締めくくる。

94 正解 你恐怕赶不上那趟航班了。

和 訳

あなたはおそらくその（飛行機の）便に間に合わないでしょう。

解説 “你恐怕”の“恐怕”は副詞なので、この“你”が主語で“恐怕”の後に述語がくると考える。述語になりうるものは“赶不上那趟”の“赶不上”しかないので“赶不上那趟”を次に置く。“赶不上那趟”の“趟”は発着する列車や飛行機などを数える量詞なので、次に「フライト、便」を意味する“航班”を置く。最後に“了”だが、述語部分が“赶不上”という可能補語の形をしており、いわゆる「動作の完了を表す“了”」をこの後に置くことはできないので、文末に置く「変化を表す“了”」として最後に置いて締めくくる。

95 正解 我从来没有怀疑过他。

和 訳

私はこれまで彼を疑ったことがありません。

解説 単語の中に“从来”と“没有”があるので「“从来没有”＋動詞＋“过”」で「これまでに～したことがない」という言い方を思い出したい。ちょうど“怀疑过他”の中に“过”があるので、これを使って“从来没有怀疑过他”とする。最後に残った“我”は主語として文頭に据える。

第2部分 問題 p.59

〈問題文〉看图，用词造句。

〈和　訳〉写真を見て、単語を用いて文を作りなさい。

96 解答例 注意看老师的动作。

和 訳

先生の動きに注目してください。

解説 写真は、バレリーナの踊りをバレエの生徒と思われる子供たちが座って見ている様子のように見える。与えられた単語は“动作”なので、バレリーナの動きについて何か書けばよい。解答例のように生徒たちに指示する発言にしてもよいし“老师的动作太美了”「先生の動きは大変美しい」という内容でもいいだろう。

97 解答例 爸爸正在收拾房间。

和 訳

お父さんは部屋を片付けているところです。

解説 写真は男性がモップを持って立っている様子で、与えられた単語は“收拾”なので、解答例のように「お父さんが部屋を片付けている」という内容でもよいし、“爸爸把房间收拾得干干净净”「お父さんは部屋をきれいに片付ける」のようにしてもいいだろう。解答例では男性をお父さんとして書いているが、兄や弟、夫でもいいだろう。

98 解答例 她很热情地和我打招呼。

和 訳

彼女は心を込めて私と挨拶をします。

解説 写真は女性が手を挙げている画像で、ダンス中なのか単に手を挙げているのかよく分からないが、与えられた単語が“打招呼”なので、遠くにいる知り合いに大きく手を振って挨拶している写真らしいと分かる。そこで、解答例のように彼女が私に挨拶しているような書き方でもよいし、彼女目線で“我和中国朋友打招呼了”「私は中国人の友達に挨拶した」という内容でもいいだろう。

99 解答例 这个孩子会用勺子吃饭了。

和 訳

この子供はスプーンで食事ができるようになりました。

解説 写真は小さな子供が何かを食べている様子で、与えられた単語が“勺子”なので、子供が手に持っているのはスプーンであることが分かる。そこで、解答例のように「スプーンでご飯を食べられるようになった」という内容でもいいし、“这个孩子勺子用得很好”「この子はスプーンを使うのが上手い」とか“这个孩子很喜欢用勺子吃饭”「この子はスプーンを使ってご飯を食べるのが好き」のような内容でもいいだろう。

100 解答例 这场球赛太精彩了。

和 訳

今回の球技の試合は大変すばらしいです。

解説 写真では男性がサッカーボールを持ちながら何かを見て喜んでいる様子が見て取れる。与えられた単語は“精彩”なので、球技の試合を見ていることを考えて“精彩”「すばらしい」と書くようにすればよい。解答例のように「球技の試合がすばらしい」という内容でもいいし、左の方に少し写っているシルバーの四角いものがテレビのようなので、“我在电视上看了一场非常精彩的足球赛”「テレビですばらしいサッカーの試合を見た」というような内容でもいいだろう。

4級 第3回 解答・解説

聴力試験・・・P.204 ~ P.226
読解試験・・・P.227 ~ P.242
書写試験・・・P.243 ~ P.246
例題の解答は P.15 ~ P.21 で紹介しています。

正解一覧

1. 听力

第1部分

1. × 2. × 3. × 4. ✓ 5. ✓
6. ✓ 7. × 8. × 9. ✓ 10. ✓

第2部分

11. C 12. A 13. B 14. D 15. B
16. A 17. B 18. A 19. D 20. A
21. C 22. D 23. C 24. B 25. C

第3部分

26. B 27. D 28. A 29. C 30. D
31. A 32. C 33. D 34. B 35. A
36. C 37. B 38. A 39. B 40. A
41. C 42. D 43. B 44. C 45. D

2. 阅读

第1部分

46. A 47. F 48. E 49. B 50. C
51. F 52. B 53. E 54. A 55. D

第2部分

56. ABC 57. ACB 58. CBA 59. BCA 60. BAC
61. BCA 62. ABC 63. CBA 64. CAB 65. ACB

第3部分

66. C 67. B 68. B 69. A 70. D
71. B 72. B 73. C 74. D 75. A
76. D 77. A 78. C 79. D 80. A
81. A 82. C 83. C 84. B 85. D

3. 书写

第1部分

86. 这只老虎来自亚洲。
87. 发奖金的目的是鼓励竞争。
88. 你把那些旧杂志扔了吧。
89. 信封里有一张表格。
90. 葡萄是被小孙子吃光了吗?
91. 黑板上的句子翻译得很准确。
92. 我下午去打印那份证明。
93. 座位的顺序需要重新排列。
94. 年轻人普遍爱睡懒觉。
95. 这碗西红柿汤没放盐。

第2部分（参考答案）

96. 祝贺你毕业了。
97. 这个盒子其实挺轻的。
98. 你讲的笑话真有意思。
99. 他们的孩子出生了。
100. 盘子里的饼干看起来很好吃。

1 听力

第1部分 問題 p.62

21K4Q3-1

〈問題文〉判断对错。
〈和　訳〉文が正しいかどうか判断しなさい。

1 正解 ×

スクリプト

这件蓝色的衬衫你穿着大小正合适，质量也很好，而且价格挺便宜。就买这件怎么样?

スクリプト和訳

この青いシャツはあなたが着るとサイズがちょうどピッタリですし、品質も良く、しかも値段がとても安いです。これを買ったらどうですか？

問題文和訳 ★ そのシャツは値段が高い。

2 正解 ×

スクリプト

我最近开了一家餐厅，但不知道怎么管理好它，吸引更多的顾客，这方面你比我有经验，等你有空儿了教教我吧?

スクリプト和訳

私は最近レストランを1軒オープンしましたが、それをどうマネジメントし、より多くのお客さんを引きつければいいか分かりません。こういうことについてはあなたの方が私より経験があるので、あなたが時間のある時に私にちょっと教えてくれませんか？

問題文和訳 ★ 話し手はマネジメントの経験がとてもある（多い）。

3 正解 ×

スクリプト

下午我要去一趟邮局，我妈给我寄的东西到了。你昨天不是说有东西要寄吗？我可以顺便帮你寄了。

スクリプト和訳

午後私は郵便局に行かなければなりません。私の母が私に送ってくれたものが届いたのです。あなたは昨日何か郵送しないといけないものがあると言っていませんでしたか？　私はついでにあなたの代わりに送ってきてもいいですよ。

問題文和訳 ★ 話し手は住所を記入し間違えた。

4 正解 ✓

スクリプト

虽然郊区空气新鲜，生活也很方便，但是为了能让女儿上学离家近一点儿，我还是打算今年年底搬到市区去住。

スクリプト和訳

郊外は空気が新鮮で、生活面も便利ですが、娘を家から多少近い学校に上がらせるために、私はやはり今年の年末に市街地に引っ越して住むつもりです。

問題文和訳 ★ 話し手は年末に引っ越すことを決めた。

5 正解 ✓

スクリプト

老同学聚会总是有说不完的话。大家聚在一起回忆过去，聊聊现在的生活，好像在教室上课还是昨天发生的事一样。

スクリプト和訳

昔の同級生の集まりだといつも話の尽きることがありません。みんなが集まって過去を振り返ったり、現在の生活についておしゃべりしたりして、まるで教室で授業を受けていたのが昨日のことのようです。

問題文和訳 ★ 昔の同級生の間にはたくさんの共通の話題がある。

6 正解 ✓

スクリプト

楼下这家药店，和其他普通药店不同的是它全天二十四小时都开着，顾客无论什么时候去都可以。

スクリプト和訳

階下のこの薬局が、他の普通の薬局と違うのは終日24時間開いていて、お客さんはいつ行ってもいいということです。

問題文和訳 ★ その薬局は1日中開いている。

7 正解 ✕

スクリプト

帮我办签证的人很有耐心，我申请签证的时候缺了几样材料，他都一一为我做了详细的说明。

スクリプト和訳

私のビザの手続きをしてくれた人はとても我慢強く、私がビザを申し込んだ時いくつかの資料が足りなかったのですが、彼は1つ1つ私のために詳しく説明をしてくれました。

問題文和訳 ★ ビザはすでに手続きし終わった。

8 正解 ✕

スクリプト

这是我第一次在这么多人面前进行正式的钢琴表演，你不知道我有多紧张，我手心里都是汗。

スクリプト和訳

私がこんなにたくさんの人の前で本格的なピアノ演奏をするのはこれが初めてなので、私がどんなに緊張しているかあなたは分からないでしょうが、私の手のひらは汗びっしょりです。

問題文和訳 ★ 話し手は演奏する時リラックスしている。

9 正解 ✓

スクリプト

父母很喜欢旅行，小时候我跟着他们去过不少地方，看过许多美景。现在他们年龄大了，应该由我带着他们去看世界了。

スクリプト和訳

両親は旅行がとても好きで、私は小さい頃彼らについてたくさんの所に行って多くの美しい景色を見たことがあります。今彼らは歳をとってしまったので、私が彼らを連れて世界中を見せに行く番です。

問題文和訳 ★ 話し手の父母はあちこち旅行に行くのが好きだ。

正解 ✓

スクリプト

长时间看电脑或者看书后，应该抬起头向远处看看，让眼睛得到及时的休息，这样可以保护眼睛。

スクリプト和訳

長時間パソコンを見たり本を読んだりした後は、顔を上げて遠くの方を見るべきです。目に適宜休息を取らせてあげなければなりません。こうすれば目を保護することができます。

問題文和訳 ★ 目を保護するよう注意しなければならない。

第2部分　問題 p.63　21K4Q3-2

〈問題文〉请选出正确答案。
〈和　訳〉正しい答えを選びなさい。

11　正解 C

スクリプト

男：太热了，您帮我把头发理得稍微短一点儿吧。
女：好的，请您到这边来，先帮您洗一下头。
问：对话最可能发生在哪儿?

スクリプト和訳

男　：大変暑いので、髪の毛をちょっと短めに切ってください。
女　：かしこまりました。こちらへいらしてください。先にちょっと頭を洗わせていただきます。
問題：この対話はどこで行われている可能性が最も高いですか？

選択肢和訳

A　スーパー　　B　商店　　**C　理髪店**　　D　コピー屋

12　正解 A

スクリプト

女：你不是昨天刚洗过车吗，怎么又在擦车?
男：上午又刮风又下雨的，把车弄得很脏，只好再擦一下了。
问：男的正在干什么?

スクリプト和訳

女　：あなたは昨日洗車したばかりではありませんか？　どうしてまた車を拭いているのですか？
男　：午前は風が吹いて雨も降って、車を汚されてしまったから、仕方なくまた拭いているのです。
問題：男性は何をしているところですか？

選択肢和訳

A　車を拭いている　　B　タバコを吸っている
C　デートをしている　　D　散歩している

13 正解 B

スクリプト

男：我明天早上不想去跑步了，想睡个懒觉。
女：做事情最重要的是坚持，你还是去跑跑吧！
问：女的建议男的怎么做？

スクリプト和訳

男　：私は明日の朝はジョギングに行きたくありません。朝寝坊したいのです。
女　：何かをする時最も大事なのは続けることです。あなたはやっぱりジョギングに行きなさい！
問題：女性は男性にどうするようにアドバイスしましたか？

選択肢和訳

A　少し休憩する
B　継続していく
C　時間通りに寝る
D　入浴しに行く

14 正解 D

スクリプト

女：昨天的演出非常成功，观众们太热情了！
男：是啊，说明我们的辛苦是值得的，以后要继续努力。
问：他们最可能是做什么的？

スクリプト和訳

女　：昨日の上演は非常にうまくいきました。お客さんは大変温かかったです！
男　：そうですね。私たちの苦労には意味があったということだから、今後も引き続き頑張っていかなければなりませんね。
問題：彼らは何をしている人である可能性が最も高いですか？

選択肢和訳

A　警察官
B　弁護士
C　医者
D　俳優

15 正解 B

スクリプト

男：听说很多名人都住在这条街上。
女：真的吗？这里景色好，周围也很安静，确实很适合生活。
问：那条街怎么样？

スクリプト和訳

男　：多くの有名人がこの通り沿いに住んでいるそうです。
女　：本当ですか？　ここは景色もいいし、周囲も静かだし、確かに住むのにふさわしいですね。
問題：その通りはどのようですか？

選択肢和訳

A　にぎやかだ　　B　**住むのにふさわしい**
C　掃除する人がいない　　D　ホテルがたくさんある

16 正解 A

スクリプト

女：其实咱俩说的是同一种植物，没有区别，只是南北方的叫法不同。
男：原来是这样啊，还是您懂得多。
问：他们在讨论什么？

スクリプト和訳

女　：実際私たち二人が言っているのは同じ植物で、区別はありません。ただ南方と北方で呼び方が違うだけです。
男　：なんとそういうことなのですね。やはりあなたの方がよく分かっていますね。
問題：彼らは何を話し合っていますか？

選択肢和訳

A　**ある植物**　　B　北京の軽食
C　海洋動物　　D　2つの答案

17 正解 B

スクリプト

男：肚子饿不饿？饿了就先吃块巧克力吧。
女：我最近正在减肥，得少吃甜的，尤其是巧克力和糖。
问：女的为什么不吃巧克力？

スクリプト和訳

男　：お腹が空きましたか？　空いたならとりあえずチョコレートを食べてください。
女　：私は最近ダイエットしていて、甘いものは控えないといけません。特にチョコレートとキャンディー（はだめ）です。
問題：女性はなぜチョコレートを食べないのですか？

選択肢和訳

A　歯が痛いから　　B　ダイエットしているから
C　お腹が苦しいから　　D　肌を保護したいから

18 正解 A

スクリプト

女：呀！我的电脑突然死机了，刚写完的作业肯定全没了！
男：别着急，这份作业下周交，你再重新写一份吧。
问：根据对话，可以知道什么？

スクリプト和訳

女　：あら！　私のパソコンが突然フリーズして、やり終わったばかりの宿題がきっと全部消えてしまいました！
男　：慌てないで。その宿題は来週提出だから、あなたはまた新たに1部書いたらいいでしょう。
問題：対話によると、何が分かりますか？

選択肢和訳

A　宿題が来週提出であること　　B　文章が合格レベルに達していないこと
C　パスワードが複雑すぎること　　D　数字を書き間違えたこと

第3回

19　正解 D

スクリプト

男：马上十二点了，明天早上要准时到，快睡吧！
女：真没想到我会被邀请参加这次活动，我激动得睡不着。
问：女的现在心情怎么样？

スクリプト和訳

男　：すぐに12時になります。明日の朝は時間通りに到着しないといけないから、早く寝なさい！
女　：私が今回のイベントの参加に招待されるなんて思いもよらなかったから、私は感激で眠れないのです。
問題：女性の今の心境はどうですか？

選択肢和訳

A　焦っている　　B　驚いている
C　得意気になっている　　D　感激している

20　正解 A

スクリプト

女：你网上买的这双皮鞋大小不合适吗？
男：有些小，一穿厚袜子就更不舒服了。
问：男的是什么意思？

スクリプト和訳

女　：あなたがインターネットで買ったこの革靴はサイズが合わないのですか？
男　：少し小さいので、厚めの靴下を履くともっと（履き）心地悪くなります。
問題：男性が言っているのはどういう意味ですか？

選択肢和訳

A　買った革靴が小さかった　　B　色を選び間違えた
C　現金で支払いをする　　D　服が割引中である

21 正解 C

スクリプト

男：小姐，您需要办信用卡吗？开通后第一年是免年费的。
女：是吗？我正想办一张，先给我看看你们的申请条件吧。
问：女的想做什么？

スクリプト和訳

男　：（女性の）お客様、あなたはクレジットカードをお作りになる必要はありませんか？　発行後1年目は年会費が無料となっております。
女　：そうなのですか？　私はちょうど1枚作りたいと思っていたところなのですが、まずあなたたちの申込条件を私に見せてください。
問題：女性は何をしたいのですか？

選択肢和訳

A　お金を下ろしたい　　B　通知を出したい
C　クレジットカードを作りたい　　D　調査を受けたい

22 正解 D

スクリプト

女：邻居王阿姨住院了，好像病得挺厉害的。
男：她一直很照顾咱们，下午我们买点儿水果去医院看看她吧。
问：他们打算下午去看谁？

スクリプト和訳

女　：お隣の王おばさんが入院したのですが、どうやら病気はとても重いらしいのです。
男　：彼女はずっと私たちの面倒を見てくれていたから、午後私たちは少し果物を買って病院へ彼女のお見舞いに行きましょう。
問題：彼らは午後誰に会いに行くつもりですか？

選択肢和訳

A　大家　　B　新しい同僚
C　王博士　　D　王おばさん

23 正解 C

スクリプト

男：张教授办公室的电话一直占线，你能联系上他吗?
女：估计是电话没放好，你着急的话，直接去找他吧。
问：关于张教授，可以知道什么?

スクリプト和訳

男　：張教授のオフィスの電話はずっと話し中ですが、あなたは彼と連絡を取ることができますか？
女　：どうやら受話器がきちんと掛けられていないようですね。お急ぎでしたら、直接訪ねて行ってください。
問題：張教授について、何が分かりますか？

選択肢和訳

A　休みを取った
B　収入が多い
C　電話が話し中だ
D　ファックスを送っている

24 正解 B

スクリプト

女：高老师对我们礼拜天举行爬山活动有什么意见?
男：他说最近天气不好，不适合爬山，建议我们换一个。
问：高老师为什么建议他们换个活动?

スクリプト和訳

女　：高先生は私たちが日曜日に登山イベントを行うことに対してどのような意見を持っていますか？
男　：彼は最近天気が良くないから、登山には適さないので、私たちに別のイベントに変えるようアドバイスしてくださいました。
問題：高先生はなぜ彼らにイベントを変えるようアドバイスしたのですか？

選択肢和訳

A　人数が多すぎるから
B　天気が良くないから
C　その日は試験があるから
D　校長が許可しないから

25 正解 C

スクリプト

男：时间不早了，我们得去取票了。
女：好，一想到马上就可以去上海了，我就很兴奋。
问：他们最可能在哪儿?

スクリプト和訳

男　：もう時間になったので、私たちはチケットを発券しに行かなければなりません。
女　：そうですね。もうすぐ上海に行けると思うと、私は興奮します。
問題：彼らはどこにいる可能性が最も高いですか？

選択肢和訳

A　ホテル　　B　図書館
C　（列車の）駅　　D　公園の入り口

第3部分 問題 p.64 ～ p.65

21K4Q3-3

〈問題文〉请选出正确答案。
〈和　訳〉正しい答えを選びなさい。

26 正解 B

スクリプト

女：师傅，这个沙发放客厅，这些盒子先放到厨房。
男：好的，楼下还有些家具，一会儿您告诉我们放哪儿。
女：您辛苦了，先喝点儿矿泉水，休息一下再干吧。
男：好的，谢谢。
问：那些盒子要放到哪儿？

スクリプト和訳

女　：（引っ越し業者のスタッフに）すみません、このソファーは居間に、これらの箱はとりあえずキッチンに置いてください。
男　：分かりました。階下にはまだ家具がいくつかありますので、後でどこに置くか私たちに教えてください。
女　：お疲れさまです。とりあえずミネラルウォーターでも飲んで、少し休んでからまたやってください。
男　：分かりました。ありがとうございます。
問題：それらの箱はどこに置くことになっていますか？

選択肢和訳

A　トイレ　　B　キッチン
C　ゴミ箱の中　　D　窓のそば

第3回

27 正解 D

スクリプト

男：咱们俩把这些菜吃完吧，别浪费了。
女：我吃不下去了，你自己吃吧。
男：怎么了，这些菜不好吃吗？
女：太辣了，我实在受不了了。
问：女的为什么不吃了？

スクリプト和訳

男　：私たち二人はこれらの料理を食べ終わらせましょう。無駄にしてはいけません。
女　：私はもう食べられません。あなたが自分で食べてください。
男　：どうしたのですか？　これらの料理はおいしくないのですか？
女　：大変辛くて、私は本当にもう耐えられません。
問題：女性はどうして食べるのをやめたのですか？

選択肢和訳

A　満腹だから
B　料理がおいしくないから
C　スープが塩辛いから
D　大変辛いから

28 正解 A

スクリプト

女：师傅，能开快点儿吗？我赶时间。
男：现在还在市内，不能开太快，等上了高速公路就快了。
女：可是我的航班还有一个半小时就要起飞了，来得及吗？
男：别担心，离机场没多远了，半小时左右就能到。
问：女的大约多久能到机场？

スクリプト和訳

女　：（運転手に）すみません。少し速く走れませんか？　私は急いでいるのですが。
男　：今はまだ市街地で、あまり速く走れないのですが、高速道路に乗ったら速くなりますよ。
女　：でも私の乗る便はあと1時間半で離陸してしまいますが、間に合いますか？
男　：心配なさらないでください。空港までいくらもありませんから、30分程度で着きますよ。
問題：女性はだいたいどのくらいで空港に着くことができますか？

選択肢和訳

A　30分間　B　50分間　C　1時間　D　2時間

29 正解 C

スクリプト

男：这是我妹妹家的钥匙，她暑假出国交流了，你可以先住在她家。
女：不会太打扰吧?
男：放心吧，我跟她提前打过招呼了。
女：好的，实在是太感谢了。
问：女的主要担心什么?

スクリプト和訳

男　：これは私の妹の家の鍵です。彼女は夏休みに外国へ交流をしに行っていますので、あなたはとりあえず彼女の家に泊るといいですよ。
女　：お邪魔になるということはありませんよね？
男　：安心してください。私はあらかじめ彼女に一言言っておきましたから。
女　：分かりました。本当に大変感謝しております。
問題：女性は主に何を心配していますか？

選択肢和訳

A　交通が不便
B　家賃を払うお金がない
C　他人の邪魔になる
D　衛生条件がお粗末

30 正解 D

スクリプト

女：你最近怎么经常加班?
男：我们公司九月要开个重要会议。
女：那你千万要注意身体啊，需要帮忙的话告诉我。
男：谢谢，我差不多都安排好了。
问：男的为什么最近常加班?

スクリプト和訳

女　：あなたは最近なぜしょっちゅう残業をするのですか？
男　：私たちの会社は9月に大事な会議を開かなければならないのです。
女　：では、くれぐれも体に注意してくださいね。手伝いが必要なら私に言ってください。
男　：ありがとう。私はほぼ準備を済ませました。
問題：男性はなぜ最近しょっちゅう残業をしているのですか？

選択肢和訳

A　出張に行かないといけないから　　B　会社の規定だから
C　研究を行っているから　　D　会議を開かなければならないから

31 正解 A

スクリプト

男：这条裙子还挺新的呢，怎么就不要了?
女：这还是前年买的，现在已经不流行这种样子的了。
男：你经常喜新厌旧，也太浪费了。
女：好吧，那我就先留着吧。
问：男的觉得女的怎么样?

スクリプト和訳

男　：このスカートはまだとても新しいですよ。どうして要らなくなったのですか？
女　：これは一昨年買ったもので、今はもうこういったデザインは流行らないのです。
男　：あなたはいつも新しいものを好んで古いものを嫌いますが、大変無駄遣いですよ。
女　：そうですね。では私はとりあえず取っておきます。
問題：男性は女性のことをどう思っていますか？

選択肢和訳

A　無駄遣いだ　　B　気立てがいい
C　同情に値する　　D　きれい好きではない

32 正解 C

スクリプト

女：您好，请问有什么能帮您的？
男：这是我上周买的眼镜，眼镜腿有点儿松了，您能修理一下吗？
女：当然，请您稍等一下。
男：好的，谢谢。
问：他们最可能在哪儿？

スクリプト和訳

女　：こんにちは。お尋ねしますが何かあなたをお手伝いできることはありますか？
男　：これは私が先週買ったメガネですが、メガネのつるが少し緩くなったので、ちょっと修理できますか？
女　：もちろんです。少々お待ちください。
男　：分かりました。ありがとうございます。
問題：彼らはどこにいる可能性が最も高いですか？

選択肢和訳

A　レストラン　　B　郵便局　　C　メガネ屋　　D　パン屋

第3回

33 正解 D

スクリプト

男：昨天晚上的电影怎么样？
女：太棒了，我都被感动哭了。
男：是吗？电影主要讲的是什么？
女：一个浪漫但又让人伤心的爱情故事。
问：他们在谈什么？

スクリプト和訳

男　：昨晩の映画はどうでしたか？
女　：大変すばらしくて、私は感動して泣きました。
男　：そうですか？　映画は主にどんな話ですか？
女　：ロマンチックだけれど悲しくなる愛の物語でした。
問題：彼らは何について話していますか？

選択肢和訳

A　同名の小説　　B　気持ちの問題
C　職業の選択　　D　昨日の映画

34 正解 B

スクリプト

女：你又高又帅，还这么优秀，肯定能通过面试。
男：别和我开玩笑了，应聘时我紧张极了。
女：别担心，自信点儿，你一定没问题的。
男：希望吧，如果这次成功找到工作了，我请你吃饭。
问：关于男的，下列哪个正确？

スクリプト和訳

女　：あなたは背が高くてかっこいい上に、こんなに優秀なのだから、きっと面接試験に合格するでしょう。
男　：私に冗談を言わないでください。求人に応募した時私はすごく緊張したのです。
女　：心配しないで、少し自信をもってください。あなたはきっと問題ありません。
男　：そうであってほしいです。もし今回うまく仕事を見つけられたら、私はあなたに食事をおごります。
問題：男性について、以下のどれが正しいですか？

選択肢和訳

A　騙された　　B　仕事を探している
C　女性をうらやんでいる　　D　面接試験に失敗した

35 正解 A

スクリプト

男：你猜我这次出差遇到谁了？
女：以前的同学？
男：对，是王林，我读硕士时的同班同学。
女：我对他有印象，上一次见他好像还是咱俩结婚的时候。
问：他们最可能是什么关系？

スクリプト和訳

男　：今回の出張で誰に出会ったと思いますか？
女　：昔の同級生ですか？
男　：その通りです。王林さんです。私の修士課程の時の同じクラスの同級生です。
女　：私は彼のこと少し覚えています。前回彼に会ったのは確か私たち二人が結婚した時だったように思います。
問題：彼らはどんな関係である可能性が最も高いですか？

選択肢和訳

A　夫婦　　B　姉と弟　　C　患者と看護師　　D　販売員と客

36 - 37

スクリプト

小张工作很粗心，经理为此说了他很多遍，他总是说“下次注意”，可是下次仍然没有改变。有次，当小张又说“下次注意”时，经理很生气地说：“你的下次已经用完了！”我很理解经理的做法，因为这种工作态度是极不负责的。

スクリプト和訳

張さんは仕事に不注意で、マネージャーはこのために彼に何度も注意しています。彼はいつも「次から気をつけます」と言いますが、次の時も相変わらず変化がありません。ある時、その張さんがまた「次から気をつけます」と言った時、マネージャーが怒って「あなたには次はもう残っていない！」と言いました。私はマネージャーのやり方がとてもよく分かります。というのはこういった勤務態度は極めて無責任だからです。

36 正解 C

設問スクリプト

关于小张，可以知道什么？

設問スクリプト和訳

張さんについて、何が分かりますか？

選択肢和訳

A　着飾るのが嫌い　　B　傲慢になりがち

C　とても不注意だ　　D　勇敢とは言えない

37 正解 B

設問スクリプト

说话人对经理的做法是什么态度？

設問スクリプト和訳

話し手はマネージャーのやり方に対してどういう態度ですか？

選択肢和訳

A　疑っている　　B　理解している

C　感謝している　　D　失望している

38 - 39

スクリプト

毕业旅行现在越来越流行，然而由于学生缺少社会和生活经验，所以可能会遇到各种问题。比如，因为时间没安排好，来不及去参观想去的景点；因为没有提前查好地图而迷路等等。因此，为了能给自己留下一个美好的回忆，在毕业旅行前一定要做好准备。

スクリプト和訳

卒業旅行は今だんだん流行してきていますが、学生が社会や生活の経験を積んでいないため、様々な問題に直面しているようです。例えば、スケジュールがうまく組めていないため、行ってみたいと思っていた観光スポットを見学しに行こうにも時間に間に合わなかったり、事前に地図をよく確かめていなかったため道に迷ったりするなどです。そこで、美しい思い出を自分に残すためには、卒業旅行の前に必ずしっかりと準備しなければなりません。

設問スクリプト

学生在旅行中为什么会遇到困难?

設問スクリプト和訳

学生は旅行中どうして困難に直面しがちなのですか？

選択肢和訳

A　経験が多くないから　　B　物をなくしがちだから

C　判断力に欠けているから　　D　環境に慣れていないから

39 正解 B

設問スクリプト

毕业旅行前，学生应该怎么做?

設問スクリプト和訳

卒業旅行の前に、学生はどうすべきなのですか？

選択肢和訳

A　学校に説明すべき　　B　前もって準備をすべき

C　全身の身体検査をすべき　　D　やるべき学習を終えるべき

40 - 41

スクリプト

一位中国学生在国际数学比赛中得了第一名，记者问他有什么想法，他说："每次拿到第一名，我都会考虑一个问题：在以后的比赛中，我能不能继续赢。获得一次第一名并不难，而一直拿第一，才是最困难的事。"

スクリプト和訳

ある中国人学生が国際数学大会で1位を取り、記者が彼にどう思っているか尋ねると、彼は「1位を取るたびに、私はいつもある問題について考えます。今後の大会で、私は引き続き勝利できるだろうかと。1位を1回取るのは難しいことではありませんが、ずっと1位を取り続けることこそ、最も困難なことなのです」と言いました。

40 正解 A

設問スクリプト

那位中国学生在什么比赛中拿了第一名?

設問スクリプト和訳

その中国人学生は何の大会で1位を取ったのですか？

選択肢和訳

A　数学　　B　中国語
C　インターネット　　D　バドミントン

41 正解 C

設問スクリプト

那位中国学生的话是什么意思?

設問スクリプト和訳

その中国人学生の話はどういう意味ですか？

選択肢和訳

A　記者は謝罪すべき　　B　年齢が最大のポイント
C　常に勝つのは難しい　　D　勝つことが目的ではない

42 - 43

スクリプト

在我的印象中，母亲是个很有耐心的人，无论我问她什么问题，她总是认真地给我解释。但同时她对我要求也十分严格，要是我做错事情，她一定会批评我。现在，我成为了一名父亲，在教育儿子的问题上，我会向我的母亲学习，严格要求的同时也要抱有耐心。

スクリプト和訳

私の印象の中では、母親はとても忍耐力のある人でした。私がどんな質問を彼女にしても、彼女はいつも真剣に私に説明してくれました。しかし同時に彼女は私に対する要求も大変厳しかったのです。もし私が何か間違ったことをしたら、彼女は必ず私を叱りました。今、私は一人の父親となりましたが、息子のしつけの問題においては、私は私の母親に学んでいます。厳しく要求すると同時に忍耐力も持つようにしているのです。

設問スクリプト

说话人印象中的母亲是怎样的?

設問スクリプト和訳

話し手の印象の中の母親はどのようでしたか？

選択肢和訳

A　他人を尊重する	B　非常に節約する
C　いざという時に冷静	D　とても忍耐力がある

設問スクリプト

说话人会怎么教育儿子?

設問スクリプト和訳

話し手はどのように息子をしつけますか？

選択肢和訳

A　あまり叱らない	B　厳しく要求する
C　誤りを指摘しない	D　子供に決めさせる

44 - 45

スクリプト

我从小就养成了记日记的习惯。直到现在，不管工作多忙，我也坚持写日记。有人问我："每天的事情已经够多了，为什么还要写日记呢？"在我看来，日记就好像一面镜子，可以让我更好地认识自己，认识生活。

スクリプト和訳

私は小さい頃から日記を付ける習慣を身につけていました。今に至るまで、たとえ仕事がどんなに忙しくても、私は日記を書き続けています。ある人が「毎日の用事はもう十分に多いのに、どうしてそのうえ日記を書かなければならないのですか？」と尋ねてきました。私に言わせると、日記は鏡のようなもので、私によりよく自分を理解させ、生活を理解させることができるのです。

44 正解 C

設問スクリプト

说话人有什么习惯?

設問スクリプト和訳

話し手にはどんな習慣がありますか？

選択肢和訳

A　運動する　　B　ラジオを聴く

C　日記を書く　　D　早寝早起きをする

45 正解 D

設問スクリプト

那个习惯使说话人有了什么改变?

設問スクリプト和訳

その習慣は話し手にどんな変化をもたらしましたか？

選択肢和訳

A　優秀になった　　B　諦めることを悟った

C　総括することを学んだ　　**D　より自分のことを理解した**

2 阅 读

第1部分 問題 p.66 ～ p.67

〈問題文〉选词填空。
〈和　訳〉語句を選んで空所を埋めなさい。

46 - 50

選択肢和訳

A　プロセス　　B　許す　　C　ノックする
D　頑張って続ける　　E　いったい　　F　すべての

46 正解 A

問題文和訳

1つのことをなす時、結果だけを見るのではなく、[プロセス] も重視する必要があります。

解説 「結果だけでなく何を重視する必要があるのか」と考えると、“结果” となんらかの関係のある名詞が入る可能性が高い。選択肢で名詞はA “过程” のみ。意味的にも「結果」と「プロセス」はよく対比されるもの同士なので、Aを選択。

47 正解 F

問題文和訳

あなたは知っていますか？　うなずくという動作は [すべての] 国で同意を表すというわけではないのです。

解説 空欄の前後を見ると “在（　）国家” となっており、空欄には「～な国では」と “国家” という名詞にかかる連体修飾語が入ることが分かる。ただし、“的” がなくても連体修飾語になれるものでなければならないので、F “所有” を選択。

48 正解 E

問題文和訳

あなたたち二人の言っていることはちょうど正反対なので、私も [いったい] 誰を信じるべきなのか分かりません。

解説 空欄に何も入れなくても意味は通じ、文法的にも問題ないので、ここには副詞表現が入ると考える。選択肢の中で副詞であるE “到底” を選択。この単語は疑問詞疑問文に使われて「いったい、そもそも」という意味になるが、空欄の後に疑問詞疑問文があるので意味的にも文法的にも合致する。

49 正解 B

問題文和訳

どうかお［許し］ください。私は当時問題がこんなにも深刻だとは思いもよらなかったのです。

解説 空欄の前に“请您”があるので、空欄には動詞句が入ると考えると、B、C、Dが動詞。次に問題文の後半部分を見ると、「問題がこんなに深刻だとは思いもよらなかった」と何か後悔もしくは弁解するような発言なので、前半は謝罪の言葉だと考えられる。そこでB“原谅”を選択。

50 正解 C

問題文和訳

他人の部屋に入る前にまずドアを［ノックし］なければなりませんが、これはマナーの1つです。

解説 空欄の前に能願動詞“要”があるので、空欄には動詞が入る可能性が高い。選択肢の中に動詞はB、C、Dの3つがあるが、空欄の後の目的語と思われる言葉が“門”「ドア」なので、ドアをノックする時に使われる動詞“敲”がもっともふさわしい。そこでCを選択。

51-55

選択肢和訳

A 消しゴム	B 台（量詞）	C 温度
D 将来	E 嘘だ	F 超過する

51 正解 F

問題文和訳

A：おじいちゃん、私もあのアトラクションに乗りたいな。見たらすごく面白そう！

B：体重が50キログラムを［超えない］と乗れないんだよ。乗りたかったら、今後はたくさん食べないとね。

解説 Bの発言の冒頭部分は「体重が50キログラム（　　）しないと（アトラクションに）乗れない」ということになっているので、空欄には動詞句が入る可能性が高い。選択肢の動詞はF“超过”のみで意味的にも問題ないので、Fを選択。

52 正解 **B**

問題文和訳

A：我が家の洗濯機は服を洗う時ことのほか音が出るんです。

B：もう少なくとも6～7年は使っているので、そろそろ1［台］新しいのに取り換える時期ですね。

解説 空欄の前に数字があるので空欄には量詞が入る可能性が高い。選択肢ではB“台”が量詞。この量詞は洗濯機のような家電製品を数える時に使えるので、文法的にも意味的にもBを選択。

53 正解 **E**

問題文和訳

A：私は昨晩夢を見ました。自分が数世紀前の中国に戻る夢でした。

B：本当ですか［嘘］ですか？　あなたは冗談を言っているのでしょう？

解説 空欄の前に“真的”とあり、後にも“的”があることを考えると、“真”の同義語や対義語のような言葉が入ることが予想される。選択肢には“真”の対義語の“假”があるのでEを選択。「本当ですか？」という時、単に“真的？”ということもあるが“真的假的？”「直訳：本当ですか嘘ですか」という言い方もあるので、覚えておくとよい。

54 正解 **A**

問題文和訳

A：あなたは何を探していますか？

B：私の［消しゴム］が机の下に落ちてしまいました。あなたは携帯電話を取り出してちょっと照らしてくれませんか？　ここは大変暗いのです。

解説 空欄の前に“我的”があるので、空欄には名詞が入ることが予想される。また、空欄の後で「机の下に落ちた」と言っているので、机の下に落ちる可能性のある名詞となる。以上からA“橡皮”を選択。

55 正解 **D**

問題文和訳

A：子供に芸術を専攻させるのはやめなさいよ。私は［将来］仕事を探しにくいだろうと心配しているのです。

B：何を学ぶかは本人が興味を持つかどうかを見なければなりません。私たちは彼のためにいろいろ決めるのはやめておきましょう。

解説 空欄以下の部分は「私」が心配している内容で、この部分だけ取り出しても文として成立しなければならないことをまず押さえておこう。そう考えると空欄に入る可能性があるのは、主語、時を表す言葉、副詞等となる。選択肢には、主語になりそうなものはなく、副詞もないが、D“将来”が時を表す言葉なので、Dを選択。

第2部分　問題 p.68 ～ p.69

〈問題文〉排列顺序。
〈和　訳〉順序を並べ替えなさい。

56　正解 ABC

問題文和訳

私たちが冬休みに万里の長城に遊びに行った時、一人の非常に専門的なガイドさんに出会いました。彼は私たちに北京や万里の長城に関するたくさんの歴史的知識を紹介してくれました。

解説　Bは主語がないのでいきなり文章の頭に据えるのは不自然。またCには“他”という代名詞があり、もしCから文章が始まると“他”が誰を指すのか分からないので、Cから始まることもない。そこでAから始める。また、Cの“他”はBに出てくるガイドさんを指しているので、CはBより後に置くべき。となると、おのずとABCという順番が決まる。

57　正解 ACB

問題文和訳

今日のこの授業は、私はだいたい80パーセントの内容しか理解できませんでした。残りは家に帰ってちょっと頑張れば分かるようになります。

解説　Bの冒頭“剩下的”「残った部分」は、その前に全体の何割かの部分の話が必ず出ていないと成立しない言葉なので、Bから始まることはない。全体の何割かの部分はCに“80%”という言葉が出ているので、これだと考えてCBと並べる。ただしこれだけだと全体のテーマ（何の話か）が分からないので、全体のテーマを言っているAを最初に据えてCBと続けるとよい。AからCにかけては主述述語文になっていることに注意しておこう。

58　正解 CBA

問題文和訳

方方、お父さんはここ数日ずっと残業で、非常に疲れているの。彼（お父さん）は昨晩服すら脱がずに居間で寝入ってしまったから、お前はドタバタ走って彼（お父さん）が休んでいるのを邪魔してはいけないよ。

解説　A、B、Cを読むと、Cから（おそらくお母さん）がお父さんを気遣う雰囲気が見て取れるのに、Aは真逆のような発言になっているので、Aは単独で成立するわけではなくBの最後の方の“别”「～してはいけない」にかかっていると考えてBAと並べると「…ドタバタ走って彼が休んでいるのを邪魔してはいけない」という意味になる。最後にCであるが、ドタバタ走って邪魔してはならない理由が書かれているので、冒頭に置いてCBAとするのが最も自然。

59 正解 BCA

問題文和訳

この文章の作者は中国語のレベルが高いです。文章を通してだけでは、彼が結局のところ中国人なのか留学生なのかを判断することはまったくできません。

解説 A、B、Cを読むと、Bが理由でAが結果という因果関係が認められる（中国語のレベルが高いので、中国人なのか留学生なのか判断が付かない）ので、B→Aとなるが、Cは「文章を読むだけでは判断付かない」とつながるのが自然なので、BとAの間に挿入してBCAとなる。

60 正解 BAC

問題文和訳

高速道路では、それぞれの車線にそれぞれの走行速度の基準があります。規定に厳格に従って車を走らせてこそ、初めて人々の安全を保証することができます。

解説 Aの冒頭“只有”は、よく“才”と呼応して「～してこそ初めて…」とか「～しなければ…ない」というような意味の表現をつくるので、ACと並べることが分かる。またAの“规定”が何の規定なのか漠然としているが、Aの前にBを置けば、Aの“规定”とは高速道路の車道の速度制限のことだと分かるので、BACが正解。

61 正解 BCA

問題文和訳

ご安心ください。携帯電話が保証期間内でありさえすれば、私どもは現れるいかなる問題に対しても、技術支援を提供することができます。

解説 Bの“只要”は「～でありさえすれば…」という複文を作る接続詞なのでBで終わることは考えにくい。そこでBの後に続くものを探すとAが考えられるが、Aの主語が現れていないのでBから直接Aにつなげず、間にCを入れると、Aの主語はCの“我们”ということになり、また何に技術支援を提供するのかもCに書いてあり、より分かりやすくなるのでBCAが正解。

62 正解 ABC

問題文和訳

彼は大学を卒業したばかりで、経験が多くないけれども、物事を行うのが真面目できめ細かいので、多くの大事な仕事も、私たちは彼に託してやり抜いてもらいたいと思っています。

解説 Aの“尽管”は“但是”などの逆接の接続詞と呼応することが多く、ちょうどBが“但”から始まっているのでABと並べる。B後半の“所以很多重要工作”は、“所以”の後が名詞表現（“很多重要工作”）だけで終わっていて文として成立していない。そこでCを続けると、Bの“很多重要工作”はCの“完成”という動詞の目的語が強調されて前に置かれている構文を作ることができる。よってABCが正解となる。

63 正解 CBA

問題文和訳

あの日の出来事は誤解だったのだから、あなたはまた機会を探して彼としっかり話してみるべきです。さもないとあなたは後にきっと後悔します。

解説 Cの“既然”は呼応関係を作る接続詞でBの“就”と呼応する。“既然～就…”で「～である以上…」「～なのだから…」という意味になる。そこでCBと続ける。またAの冒頭“否则”は「そうでなければ、さもないと」という意味なのでAから文章が始まることはない。よってCBAが正解と分かる。

64 正解 CAB

問題文和訳

私はお母さんに付き添ってこの家具モールで1日中うろうろしました。ちょうどいい食卓は見つかりませんでした。そこで私たちは明日別のショッピングモールに見に行くつもりです。

解説 Bの冒頭“于是”は、前のことを受けて「そこで」と次につなげる接続詞なので、Bから始まることはない。またAは主語もなくいきなり“都”から始まっているので、やはりAから始まることはない。そこでCから始める。Bの“于是”の前にくるのはどれか考えると、もしCBと続くとすれば「家具モールでうろうろした」ので「明日別のショッピングモールに行く」では論理がつながらない。そこでABとつなげると「ちょうどいい食卓は見つからなかった」ので「明日別の所へ行く」となり論理がつながる。そこでCABが正解となる。

65 正解 ACB

問題文和訳

このホテルは環境がロマンチックであるだけでなく、サービスの質も高いです。そのため多くの新婚夫婦がやってきて宿泊します。

解説 Aの“不仅”は、後半の“也”と呼応して「～だけでなく…も」という意味を表すのでACとつなげるとよい。またBの“因此”は、前で言った原因や理由を受けて「そのようなわけなので」と結果を述べる時に使う因果関係を表す接続詞なので、最後に置くとよい。したがってACBが正解。

第3部分　問題 p.70 ～ p.75

〈問題文〉请选出正确答案。
〈和　訳〉正しい答えを選びなさい。

66　正解 C

問題文和訳

中国には1,000以上の都市がありますが、名前に「京」の字を持っているところは意外にも少ないです。その中で最も有名なのは南京と北京という2つの都市です。「京」は国家の首都を表していて、南京は歴史上何度か中国の首都になっています。また北京は600年以上前から現在に至るまで、ずっと中国の首都です。

★　この話によると、「京」の意味は：

選択肢和訳

A　1つの省　　B　歴史が長い
C　国家の首都　　D　経済発展が速い

解説 真ん中あたりで“‘京’是指国家的首都”と書かれているのでCを選択。中国の省の話はまったく触れられていないのでAは間違い。北京は600年以上前から首都だという話は出ており北京の首都としての歴史は長いと言えるが、「京」という漢字の意味が「歴史が長い」という意味だとは書かれていないのでBも間違い。経済発展の話も出てきていないのでDも間違い。

67　正解 B

問題文和訳

この小説は最近とても人気があり、その内容は豊富で、言葉がユーモラスであるとみんな考えています。しかし私にとっては、その最も魅力的なところは私に美しい過去を思い出させ、私に深い感動をもたらすというところです。

★　話し手がその小説を気に入っている主な理由は：

選択肢和訳

A　ストーリーがすばらしい　　B　人を感動させる
C　言葉が分かりやすい　　D　悩みを忘れることができる

解説 文章の前半部分（1文目）はこの小説に対する一般の見方で、話し手の考えは後半にある。最後に“带给我深深的感动”とあるのでBを選択。Aは前半部分の“内容丰富”の言い換えと思われるが、前半は話し手の考えではないので間違い。Cは“语言幽默”と似ているがこれも話し手の考えではないので間違い。また悩みが忘れられるかどうかという話はまったく触れられていないのでDも間違い。

68 正解 B

問題文和訳

生活の中にはいつも酸いも甘いも様々なことがあります。こういった不愉快でうまくいかないことは往々にして人をより鍛えてくれます。樹木が雨風を経て初めてより高く成長できるのと同じように、人も雨風を経験して初めてより良く変われるのです。

★　この話の中の「雨風」が指すのは：

選択肢和訳

A　理想　　B　困難　　C　欠点　　D　幸福

解説　前半部分で"酸甜苦辣""不愉快、不顺利的事"と言っているのを「雨や風」に例えているので、Bを選択。「理想」や「欠点」や「幸福」の話はまったく触れられていないのでA、C、Dは間違い。

69 正解 A

問題文和訳

我が社は現在記者10名の募集を計画しており、報道関係の専攻を卒業していて、外国語が流暢で、2年以上の就業経験がある方がよく、年齢は35歳未満であることを求めます。条件に合致する方の積極的な応募を歓迎します。

★　募集広告にはどのような条件が提示されていますか？

選択肢和訳

A　専攻　　B　性別　　C　国籍　　D　性格

解説　提示されている条件は4つ。"与新闻有关的专业毕业""外语流利""两年以上工作经验""35岁以下"。これを踏まえてAを選択。性別や国籍に関しては言及がなく、性格についての条件もないのでB、C、Dは間違い。

問題文和訳

兄はずっと音楽を作ることに対して極めて大きな情熱を持っていて、彼は私にいつも「聞き手が気に入る音楽を作る前に、まず自分が気に入る音楽を作り出さねばなりません。これは自分に対する責任でもあり、また聞き手に対する責任でもあります」と言います。

★　兄が思うに、音楽を作ることは：

選択肢和訳

A　わりとつまらない　　B　人を楽しくさせる

C　何もメリットがない　　**D　責任感を持たねばならない**

解説 文章の最後のところで“这既是对自己负责，也是对听众负责”と言っている。これは要するに責任を持たねばならないということなので、Dを選択。AやCのようなマイナスイメージのことは言っていないのでA、Cは間違い。“在做出听众喜欢的音乐之前”のところを読んでBが正解と思う人もいたかもしれないが、聞き手が好きな音楽よりまず自分の好きな音楽を作るべきと言っているのでBも間違い。

71　正解 B

問題文和訳

私は男性と女性とでは面倒事に遭遇した時の解決方法があまり共通していないと思っています。大部分の男性は自分一人で解決することを選択しますが、一方女性は往々にして家族や友人と話し合い、彼らの意見を聞いてみる傾向がより目立ちます。

★　大多数の女性は生活の中の面倒事をどのように解決しますか？

選択肢和訳

A　経験に照らす　　**B　友人の意見を聞く**

C　近所の人に助けてもらう　　D　しばらく棚に上げておく

解説 後半の“而”がポイント。“而”は対比を表すので、「一方女性は…」と、この後に女性がどうするのか書かれている。そして最後のところで“听听他们的意见”と言っているのでBを選択。経験に照らして解決するとはどこにも書かれていないのでAは間違い。“而”以降に「家族や友人の意見を聞く」というような話は書かれているが、近所の人のことは出てこないのでCも間違い。しばらく放置するような話も出てこないのでDも間違い。

72 正解 B

問題文和訳

両親の商売はやればやるほど大きくなって、少なからぬお金を稼ぎましたが、彼らはこれらは簡単に得られるものではないとずっと私に教えてきました。彼らが私に商売やマネジメントを学ばせるのは、私にこれらすべてがみな努力の結果であることを分からせたいからです。

★　この話によると、話し手の両親は：

選択肢和訳

A　貧しい　　B　商売が成功している

C　彼のことを気にかけない　　D　彼がマネジメントを学ぶことに反対している

解説 文章冒頭に"虽然爸妈的生意越做越大"とあるのでBを選択。"赚了不少钱"とありお金は（今では）持っている様子なのでAは間違い。"他们一直教育我这些得来不易"とあり彼のことを気にかけていることは明らかなのでCも間違い。後半の文から両親は彼にマネジメントを学ばせていることが明らかで、反対しているはずがないのでDも間違い。

73 正解 C

問題文和訳

テニスをする上でポイントとなるのは腕の力の強さだと多くの人が思い込んでいますが、実はそうではありません。フォームさえ正しければ、体の力を利用することができるのです。そのため、フォームが基準に則っている多くの子供たちは彼らよりずっと力のある大人に勝つこともできるのです。

★　テニスが上手になりたい場合、ポイントとなるのは：

選択肢和訳

A　力が強いこと　　B　レシーブが速いこと

C　フォームが基準に則っていること　　D　体がリラックスしていること

解説 冒頭に"很多人以为"と書かれているのでこの直後に書かれていることは答えではない。"以为"は「思い込む」という意味で使われ、実はその考えは誤解だ、という意味になるので注意。大事なのは2文目"只要动作正确，就能借用身体的力"。つまりフォームが正しい（基準に則っている）ことが大事だと話している。そこでCを選択。BのレシーブやDのリラックスの話はまったく触れられていないので間違い。Aの力の強さについては冒頭のところで触れているので惑わされないように気を付けよう。

74 正解 D

問題文和訳

現在多くの小学校では科学の授業を加えています。この授業では、先生の話を聞くだけでなく、生徒は様々な実践活動に参加する機会があり、実践力を鍛えつつ科学的基礎知識を理解します。

★ 科学の授業で、生徒ができるのは：

選択肢和訳

A ノートを取らない　　B 自信を高める

C 自由に座席を替える　　D 実践力を高める

解説 文章の最後の部分に"在锻炼动手能力的同时了解一些科学基础知识"とあるのでDを選択。ノートを取る話も自信を高める話も席替えの話もまったく触れられていないのでA、B、Cは間違い。

75 正解 A

問題文和訳

赤い薬は説明書通りに飲めばいいですが、緑の薬は毎晩寝る前になってから飲むことを忘れないようにしてください。それから、咳の状況が改善したと感じたら、緑の薬を飲むのをやめても構いません。

★ 話し手はどういう人である可能性が最も高いですか？

選択肢和訳

A 医者　　B 運転手　　C 作家　　D 店員

解説 薬の飲み方について説明している文章なので、医者か看護師や薬剤師のような医療関係者であることが予想される。選択肢の医療関係者はAのみなのでAを選択。

76 正解 D

問題文和訳

森林は気候の変化に対して多方面にわたり影響を与えています。夏は、森林は地面の温度を下げ、周囲を涼しくしてくれます。冬に風が吹く時は、森林は風のスピードを落とし、周囲をそれほど寒くないようにしてくれます。

★　この話が主に言っているのは：

選択肢和訳

A　風のスピード　　B　中国の気候

C　夏の温度　　**D　森林の役割**

解説 夏には森林が地面の温度を下げる、冬は風のスピードを落とすなど、森林がどんな働きをしているかが書かれている文章なので、Dを選択。"风速"という言葉は出てくるが、森林が風のスピードを落とすという文脈で出てくるので風のスピードが主題ではない。よってAは間違い。中国の話に限定しているわけではない（中国という国名すら出てこない）のでBも間違い。夏は森林が地面の温度を下げるという話は出てくるが、夏の温度が主題ではないのでCも間違い。

77 正解 A

問題文和訳

十数年前、列車のチケットや飛行機のチケットを買う時はわざわざチケット売り場の窓口に行かなければなりませんでした。しかし今は、インターネットの発展に伴い、数分を費やすだけで、ウェブサイト上で購入することができるようになりました。

★　この話が主に言っているのは：

選択肢和訳

A　インターネット上でのチケット購入　　B　観光サイト

C　フライト情報　　D　列に並ぶ時間

解説 前半は昔の話（十数年前）で、後半は現在の話。そして「昔は～だったが、今では～」という論調なので、言いたいことは後半部分。インターネットのおかげでウェブサイトでチケットを買えるようになったと言っているのでAを選択。"网站"という単語は出てくるが、チケット購入のサイトの話なのでBは間違い。"飞机票"という単語は出てくるが、フライト情報の話ではないのでCも間違い。確かに昔は列に並んでチケットを買っていたと想定されるが、実際に並ぶ話には触れられていないのでDも間違い。

78　正解 C

問題文和訳

プレッシャーがあることは決して悪いことではありません。それのおかげで人は頑張って仕事をしたり勉強したりするのです。しかしプレッシャーが大きすぎると人は緊張しやすくなるし、小さすぎるとまた何のはたらきにもならないので、適度なプレッシャーが最も良いでしょう。

★　話し手の考えは以下のどれですか？

選択肢和訳

A　思いきって間違いを認めなければならない　　B　積み重ねが重要だ

C　プレッシャーが適度であることが最も良い　　D　変更するのに遅すぎることはない

解説　この文章の一番言いたいことは最後に出てくる。"合适的压力最好" の部分からCを選択。間違いを認めるとか積み重ねとか変更するといったような話はまったく触れられていないのでA、B、Dは間違い。

79　正解 D

問題文和訳

華羅庚は著名な数学者で、彼は読書する時まず何ページか読み、その後そこから先の内容を推量するようにしていました。――もしその推量が当たらなかったら、引き続き読み、もし当たっていたら、続けて読むことはしませんでした。

★　華羅庚は読書する時どんな習慣がありましたか？

選択肢和訳

A　人と討論する　　B　キーポイントに印をつける

C　読みながらお茶を飲む　　**D　その先の内容を推量する**

解説　前半で "他读书时习惯先读几页，然后猜后面的内容" と言っているのでDを選択。討論するとかキーポイントとかお茶の話は一切出てこないのでA、B、Cは間違い。

第3回

80 - 81

問題文和訳

中国では、贈り物をすることは1つの技能です。人々は互いにプレゼントを贈ることで、気持ちを深め、友情を厚くしますが、もし不適切なプレゼントを贈ってしまったら、まったく反対の効果を引き起こすかもしれません。例えば、傘は、「散」という漢字と発音が近いので、「分かれる・離れる」という意味を持ってしまい、配偶者や親友に傘を贈るのは適切ではありません。それゆえ、普段から贈り物の文化に理解を深めておくことが必要です。こうして初めて誤解を引き起こすことがなくなるのです。

80 正解 A

★ この話が主に説明しているのは：

選択肢和訳

A 贈り物の文化　　B 民族の芸術

C 法律の知識　　D 中国語の文法

解説　冒頭で“在中国，送礼是一门艺术”と言っているので、中国の民族の芸術の話だと思ってしまったらBを選んでしまうが、これは間違い。中国語の“艺术”はいわゆる日本語の「芸術」という意味以外に「技術、技能」という意味がある。ここでは中国の“送礼”の文化にはいろいろ気をつけるべきことがある（つまり技能が必要である）という話なのでAを選択。法律や中国語の話は出てこないのでC、Dは間違い。

81 正解 A

★ この話によると、「傘」を贈ってはいけない相手は：

選択肢和訳

A 妻　B 客　C 子供　D 若い男性

解説　文章後半に“送伞给爱人和好朋友就很不合适”とあるのでAを選択。文章には、傘を贈ってはいけない相手は“爱人”と“好朋友”しか書かれておらず、客や子供や若い男性はまったく触れられていないのでB、C、Dは間違い。

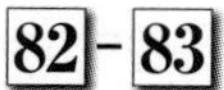

82-83

問題文和訳

最後の1秒になってやっとやるべきことを終わらせがちな人が多いのですが、彼らには共通の特徴があります。それは重要なことを最後に置いておくのです。例えば、復習をしようとしている時に自分の机が散らかっていると気づいたら、机を片づけ始め、片づけ中に何か買わなければならないものに気づいてネットショッピングを始める……といった具合です。ある研究で、気持ちに影響を受けやすい人ほど、この問題が起こりやすいということが分かりました。彼らはこういうふうにしていつも時間通りに計画を完遂できなくなるのです。

82 正解 C

★ 重要なことに対して、多くの人がやりがちなのは：

選択肢和訳

A 真剣に考える　　B 相談を拒否する

C 最後に完成する　　D 新たな方法を試す

解説 前半部分に“就是把重要的事情放在最后”とあるのでCを選択。大事なことを真剣に考えるという話や相談を受けない話や新しい方法でやろうとするというような話はまったく触れられていないのでA、B、Dは間違い。

83 正解 C

★ 研究によると、そういった「この問題」のある人は：

選択肢和訳

A たびたび遅刻する　　B インターネットショッピングをする習慣がある

C 心に影響を受けやすい　　D 机を片づけるのが好き

解説 設問で“研究发现”と言っているので、必ず本文中の“研究发现”の後に書かれていることから選ぼう。本文前半に書かれていることは研究によって分かったことではないので、たとえ本文中に出ている言葉でも間違いとなる。よってB、Dは間違い。Aについてはまったく触れられていないので間違い。本文中の“研究发现”の直後に“越容易受到心情影响的人，就越有可能出现这一问题”と言っており、言い換えればこの問題のある人は心に影響を受けやすい人だと言えるので、Cを選択。

84 - 85

問題文和訳

世界の自動車の数量が増加するのに従って、渋滞の状況はますます深刻になっていき、しかもそれによりもたらされる大気汚染も一大問題となっており、さらには人々の生命や健康に直接影響を及ぼしています。大気汚染の減少のために、少なからぬ国が公共交通機関の無料乗車規定を設け、人々が公共交通機関を使用して出かけるよう奨励しています。

84 正解 B

★ 自動車の数量の増加はどのような問題をもたらしていますか？

選択肢和訳

A ガソリン代が高騰している　　B **大気が汚染されている**

C 自動車の品質が悪くなっている　　D 駐車場所がなくなっている

解説 1文目にその答えが書かれている。簡単に日本語で要約すると、「自動車が増える→渋滞がひどくなる→大気汚染が問題になる」となるのでBを選択。ガソリン代や自動車の品質や駐車場所の話はまったく出てこないのでA、C、Dは間違い。

85 正解 D

★ 大気汚染の減少のために、少なからぬ国が規定しているのは：

選択肢和訳

A ガソリンスタンドの削減　　B ビニール袋の使用禁止

C 外来の車両の入国禁止　　D **公共交通機関の乗車の無料化**

解説 設問の"不少国家"に注目。本文にも"不少国家"とあるので、そこ以降の記述から答えを探す。本文で"不少国家推出了免费乘坐公交的规定"と言っているのでDを選択。ガソリンスタンドやビニール袋や外来の車両の話についてはまったく触れられていないのでA、B、Cは間違い。

3 书写

第1部分　問題 p.76

〈問題文〉完成句子。
〈和　訳〉文を完成させなさい。

86　正解 这只老虎来自亚洲。

和　訳

このトラはアジアから来ました。

解説 "这只"の"只"はいくつかの意味を持つが、指示代名詞"这"が前にあるので、量詞として使われていることが分かる。量詞"只"は動物を数える時によく使われるので"这只"の後に"老虎"を置く。"来自"は"A来自B"のように使い「AはBから来た」「AはB出身だ」という意味を表すので、"来自"の後には場所を表す言葉"亚洲"を置く。そして主語に先ほど作った"这只老虎"を立てれば完成。

87　正解 发奖金的目的是鼓励竞争。

和　訳

賞金を出す目的は競争を奨励するためです。

解説 "发奖金的"には"的"がついているので、後ろに名詞が入りそうである。名詞は"目的"と"竞争"があるが、「賞金を出す競争」だと人々がいくら賞金を出すか競っていることになり、少々特殊な状況に思えるので、もう一つの"目的"を後ろに置いて"发奖金的目的"「賞金を出す目的」とする。与えられた単語を見ると述語動詞となりそうなのは"是鼓励"の"是"しかないので、先ほど作った"发奖金的目的"を主語として文頭に置き"是鼓励"を後に続けるしかない。最後に残った"竞争"を"鼓励"の目的語として後ろに置いて完成。

88　正解 你把那些旧杂志扔了吧。

和　訳

あなたはそれらの古い雑誌を捨ててしまいなさい。

解説 "你把"とあるので、この"把"は量詞とは考えず、介詞だと考えて"把"フレーズを作って、これから文を始める。そして"把"の次には目的語「～を」となるものが入るので、与えられた単語を見ると"杂志"が入りそう。そして動詞の入っている"扔了吧"を続けると一応文としては成立するが、"旧"と"那些"が残っている。いずれも名詞を修飾できる要素なので"杂志"の修飾語にすればよい。両者をどう並べるかだが、"那些"の"些"は量詞で、量詞と名詞の間には修飾語が入り得るので、"那些"と"杂志"の間に形容詞"旧"を入れる。

89 正解 信封里有一张表格。

和　訳

封筒の中には表が1枚あります。

解説 "有" があるのでこれを述語動詞とする文を作る。基本的に "有" の文は存現文なので「場所を表す言葉＋"有"＋（数詞＋量詞）＋人・物」という語順になる。与えられた単語のうち "一张表格" は数詞と量詞がついているので、これは "有" の後に入ることが決まる。そこで残った "信封" に "里" をつけて「封筒の中」という「場所を表す言葉」を作り、文頭に据える。

90 正解 葡萄是被小孙子吃光了吗?

和　訳

ブドウは小さな孫に食べつくされてしまったのでしょうか？

解説 "葡萄是" とあるので、これが文頭に立つことが予想される。ただ "是" があるのに、他に "吃光了" という述語動詞にできる表現があるが、"是" は述語の動詞や形容詞の前に置いて強調するという用法があるので、気にしなくてもよい。しかしそのまま "吃光了" を置くのではなく、"被" があるので受け身の文を作る。受け身の文は「"被"＋人＋動詞…」という語順になるので「"被" ＋ "小孙子" ＋ "吃光了"」という語順で並べる。最後に "吗" を置いて疑問文にする。疑問文には "？" をつけるのを忘れずに。

第3回

91 正解 黑板上的句子翻译得很准确。

和　訳

黒板上の文は正確に翻訳されています。

解説 "翻译得" は "翻译" という動詞に "得" がついているので、可能補語か様態補語の文を作ると考える。次に "很准确" という「程度副詞＋形容詞」という組み合わせがあるので、これを "翻译得" の後に置いて様態補語を構成する。次に残りの "黑板上的" と "句子" を並べた "黑板上的句子" は意味的には動詞 "翻译" の目的語であるが、様態補語の文は動詞の直後にも補語の後にも目的語を置くことができないので、動詞の前に持っていくしかない。そこでこれを動詞 "翻译" の前に置いて完成。

92 正解 我下午去打印那份证明。

和　訳

私は午後にその証明書をプリントアウトしに行きます。

解説 まず述語が何になりそうか考えつつ与えられた単語を見ると、"下午去" の "去" しかないので、この前に "去" の主語になりそうな "我" を置く。次に "证明" は場所を表す名詞ではなく "下午去" の目的語にはなりそうもないので、"下午去" の後には動詞 "打印" の含まれる "打印那份" を置いて連動文を作る。"打印那份" の "那份" は「指示代名詞＋量詞」なのでこの後には名詞がくるはず。そこで残った "证明" という名詞を置いて完成。

93 正解 座位的顺序需要重新排列。

和　訳

座る位置の順番を改めて並べなおす必要があります。

解説 まず述語になりそうな単語を探すと、“顺序需要”の“需要”がある。他に“排列”という動詞もあるが、これは“需要”の目的語として“需要”の後に置くとよい。ただし副詞“重新”があるので動詞“排列”の前に置き“顺序需要重新排列”という述語部分を作っておく。最後に残った“座位的”は、“的”がついているので、後ろに名詞が欲しい。名詞は与えられた単語の中では“顺序需要”の“顺序”しかないので、その前に“座位的”を置いて完成。

94 正解 年轻人普遍爱睡懒觉。

和　訳

若い人は総じて寝坊しがちです。

解説 “普遍爱”の“爱”は後ろに動詞句を目的語として取ることができるので、この後に動詞句“睡懒觉”を置いて「寝坊しがちである」という意味にする。残った“年轻人”を主語として文頭に据えて完成。

95 正解 这碗西红柿汤没放盐。

和　訳

このトマトスープは塩を入れていません。

解説 “这碗”は「指示代名詞＋量詞」という形をしているので、後ろにそれを受ける名詞が欲しい。また量詞“碗”はお椀１杯を単位として数えるので、お椀に入るようなもの（ご飯、スープ、水餃子等）が次にくる。それを考えると“汤”がふさわしい。そして述語になりそうな“没放盐”を最後に置けば「このスープは塩を入れていない」となって、文として一応成立するが、与えられた単語のうち“西红柿”をまだ使っていない。そこでスープをトマトスープとすることにして“汤”の前に持っていく。

第2部分　問題 p.77

〈問題文〉看图，用词造句。

〈和　訳〉写真を見て、単語を用いて文を作りなさい。

96 解答例 祝贺你毕业了。

和　訳

ご卒業おめでとう。

第3回

解説 右側の人が頭にかぶっている角帽から、彼女が着ているのは欧米の大学や一部日本の大学でも見られるアカデミックガウンとその角帽らしいことが分かる。中国の大学でもよく見られる卒業式の服装である。そこでここでは卒業にかかわる一言を書ければ正解となる。与えられている言葉は“祝贺”なので解答例のように「卒業おめでとう」というような文がふさわしいだろう。

97 解答例 这个盒子其实挺轻的。

和　訳

この箱は実はとても軽いです。

解説 大きな段ボール箱のようなものを女性が軽々と持ち上げている写真なので、“轻”という言葉を使って「箱が軽い」というようなことを書けばよい。あるいは“这个盒子虽然很大，但是很轻”「この箱は大きいが軽い」という内容でもいいだろう。

98 解答例 你讲的笑话真有意思。

和　訳

あなたの話す笑い話は本当に面白いです。

解説 写真だけ見ているとどういう状況か分かりにくいが、与えられた単語が“笑话”なので、男性が大笑いしている様子らしいことが分かる。そこで解答例のように「笑い話が面白い」というような文を作るか、“他很喜欢听笑话”「彼は笑い話が大好きだ」というような文でもいいだろう。

99 解答例 他们的孩子出生了。

和　訳

彼らの子供が生まれました。

解説 少し見えにくいが女性が赤ん坊を抱いているように見える。そして女性の夫と見られる男性が寄り添っている。また男女は笑顔のように見えるので、二人の間に子供が生まれて喜んでいる様子と判断できる。与えられた単語は“出生”なので「二人に子供が生まれた」とか“孩子出生后，他们非常高兴”「子供が生まれて彼らは大喜びしている」という内容でもいいだろう。

100 解答例 盘子里的饼干看起来很好吃。

和　訳

皿の中のビスケットはおいしそうです。

解説 写真だけでは分かりにくいかもしれないが、与えられた単語がそのものずばり“饼干”なのでビスケットの写真であることが分かる。写真は単に皿の上にビスケットが盛り付けられているだけなので、作文の自由度は高い。解答例の他に“这些饼干看起来不太好吃”「これらのビスケットはあまりおいしくなさそう」、“我非常喜欢吃饼干”「私はビスケットを食べるのが大好きだ」など様々な答えが想定されるので自由に書けばよい。

4級 第4回 解答・解説

聴力試験・・・P.248 ~ P.270
読解試験・・・P.271 ~ P.286
書写試験・・・P.287 ~ P.290
問題の解答はP.15 ~ P.21で紹介しています。

正解一覧

1. 听力

第1部分

1. ×	2. ×	3. ✓	4. ×	5. ×
6. ✓	7. ✓	8. ✓	9. ×	10. ✓

第2部分

11. C	12. B	13. A	14. A	15. C
16. C	17. A	18. B	19. D	20. B
21. D	22. C	23. B	24. A	25. D

第3部分

26. D	27. B	28. B	29. C	30. A
31. D	32. A	33. C	34. C	35. B
36. C	37. A	38. D	39. A	40. B
41. A	42. C	43. B	44. D	45. C

2. 阅读

第1部分

46. C	47. F	48. A	49. E	50. B
51. E	52. B	53. D	54. A	55. F

第2部分

56. ABC	57. BAC	58. CBA	59. BCA	60. CAB
61. CBA	62. ACB	63. ABC	64. CAB	65. ACB

第3部分

66. D	67. B	68. C	69. B	70. A
71. C	72. C	73. D	74. D	75. A
76. A	77. B	78. B	79. A	80. D
81. A	82. D	83. B	84. D	85. C

3. 书写

第1部分

86. 你的缺点就是太粗心了！
87. 儿子保证以后按时完成作业。
88. 这条河被污染得很严重。
89. 她经常参加各种社会活动。
90. 这盒牙膏已经用光了。
91. 大家对于民族文化有不同的看法。
92. 今年的奖金比去年多了一倍。
93. 你把那碗鱼汤倒掉吧。
94. 笑话别人很不礼貌。
95. 这种植物喜欢阳光。

第2部分（参考答案）

96. 躺在沙发上真舒服！
97. 这两把勺子没有区别。
98. 她看起来非常伤心。
99. 我们聚会时点了烤鸭。
100. 他在认真地弹钢琴。

1 听力

第1部分 問題 p.80

21K4Q4-1

〈問題文〉判断对错。
〈和　訳〉文が正しいかどうか判断しなさい。

1 正解 ×

スクリプト

我寒假才刚学会开车，现在还不太敢上路。如果让我来开，恐怕会开得很慢。

スクリプト和訳

私は冬休みにようやく車の運転を覚えたばかりで、今はまだあまり路上に出る勇気がありません。もし私に運転させるなら、おそらくゆっくり運転することになるでしょう。

問題文和訳 ★ 話し手は新車を1台買った。

2 正解 ×

スクリプト

那儿的景色太美了！本来可以给你们照些照片看看的，可惜我把照相机忘在家里了。

スクリプト和訳

そこの景色は大変美しかったです！　もともとはあなたたちに何枚か写真を撮って見せてあげられると思っていたけれど、残念ながら私はカメラを家に忘れてきてしまいました。

問題文和訳 ★ カメラはオフィスにある。

3 正解 ✓

スクリプト

他说的到底是真是假，谁也说不清楚。所以警察决定再找其他人了解一下当时的情况。

スクリプト和訳

彼の言っていることはいったい本当なのか嘘なのか、誰もはっきりとは言えません。そこで警察は再び他の人を探して当時の状況を把握することに決定しました。

問題文和訳 ★ 警察は引き続き状況を把握したいと思っている。

4 正解 ✕

スクリプト

虽然第一次正式约会，他就迟到了半小时，可是后来他很认真地向我解释并道歉了。既然他不是故意的，我也就原谅他了。

スクリプト和訳

初めての本格的なデートなのに、彼は30分遅刻しましたが、その後に彼は真剣に私に理由を説明し謝ってくれました。彼はわざとではないのだから、私も彼を許すことにしました。

問題文和訳 ★ 話し手は依然として腹を立てている。

5 正解 ✕

スクリプト

咱们两个坐的车方向相反，你就在这儿坐车，我去对面的公交车站坐。

スクリプト和訳

私たち二人が乗るバスは方向が反対です。あなたはここでバスに乗り、私は向かいのバス停に行って乗ります。

問題文和訳 ★ 彼らが乗ろうとしているのは同じバスだ。

6 正解 ✓

スクリプト

高师傅，我们平时都是按照说明书上的方法使用的，可是这空调买回来才半年，已经好几次出现问题了，麻烦您今天好好修理一下，看看究竟是哪儿的问题。

スクリプト和訳

（店員の）高さん、私たちは普段から説明書の方法通りに使用しているのですが、このエアコンを買って帰ってきてまだ半年なのに、すでに何度も問題が起こっています。お手数ですが今日はしっかり修理して、いったいどこの問題なのか見てみてください。

問題文和訳 ★ そのエアコンはたびたび故障する。

7 正解 ✓

スクリプト

小静，听说你明天要搬家，我来帮你吧。沙发、床什么的太重了，你一个人抬不动。

スクリプト和訳

静さん、あなたは明日引っ越すことになっていると聞きました。私はあなたを手伝います。ソファーやベッドなどは大変重いから、あなた一人では持ち上げて動かすことができないでしょう。

問題文和訳 ★ 話し手は静さんの引っ越しを手伝う予定だ。

8 正解 ✓

スクリプト

真不敢相信，他刚来中国一年多，汉语就说得这么流利了。不知道他用的是什么学习方法，竟然这么有效。

スクリプト和訳

本当に信じられません。彼は中国に来て1年ちょっとなのに、中国語を話すのがこんなに流暢になっています。彼が使ったのはどんな学習方法なのでしょう、意外にもこんなに効果があるなんて。

問題文和訳 ★ 彼の中国語のレベルは向上するのが速い。

9 正解 ×

スクリプト

我觉得去看演出很麻烦。一个人安安静静地在家听音乐就挺好的，尤其是晚上听，更有感觉。

スクリプト和訳

公演を観に行くのは面倒だと思います。一人で静かに家で音楽を聴くのがなかなかいいです。とりわけ夜に聴くと、ますます雰囲気があります。

問題文和訳 ★ 話し手は公演を見に行くのが好きだ。

10 正解 ✓

スクリプト

爸，您怎么还抽烟啊？医生都说了，您再继续抽下去，就不只是咳嗽那么简单了，还有可能引起其他问题，您可要重视啊。

スクリプト和訳

お父さん、あなたはどうしてまだタバコを吸っているのですか？　お医者さんも言っていましたが、あなたがさらに吸い続けたら、咳のような簡単な話だけではなく、その他の問題を引き起こす可能性があるのだから、あなたは重く見ないといけませんよ。

問題文和訳 ★ 父親は医者の言った話を重く見ていない。

第2部分　問題 p.81　21K4Q4-2

〈問題文〉请选出正确答案。
〈和　訳〉正しい答えを選びなさい。

11　正解 C

スクリプト

男：你的新工作怎么样?
女：比以前忙多了，不过工资增加了不少，辛苦还是值得的。
问：关于女的，可以知道什么?

スクリプト和訳

男　：あなたの新しい仕事はどうですか？
女　：以前よりずっと忙しくなったけれど、給料がはるかに増えたので、苦労もその価値があります。
問題：女性について、何が分かりますか？

選択肢和訳

A　非常に後悔している　　B　生活が幸せである
C　収入が多くなった　　D　残業を嫌っている

12　正解 B

スクリプト

女：别着急，大概半个小时就能到大使馆，肯定来得及。
男：我还是早点儿出发吧，可能会堵车。
问：男的要去哪儿?

スクリプト和訳

女　：慌てないでください。だいたい30分で大使館に着くことができるから、きっと間に合います。
男　：私はやはり早めに出発することにします。渋滞するかもしれないので。
問題：男性はどこに行こうとしていますか？

選択肢和訳

A　公園　　B　大使館
C　（北京）首都空港　　D　バドミントンコート

13 正解 A

スクリプト

男：小李，打扰一下，咱公司附近有邮局吗？我下午想去寄点儿东西。
女：我记得前面十字路口右转就有一个。
问：说话人最可能是什么关系？

スクリプト和訳

男　：李さん、お邪魔しますが、私たちの会社の近くに郵便局はありますか？　私は午後ちょっと物を郵送したいのです。
女　：私の記憶では正面の十字路を右に曲がれば1つあります。
問題：話し手たちはどういう関係である可能性が最も高いですか？

選択肢和訳

A　同僚　　B　夫婦
C　父と娘　　D　姉と弟

14 正解 A

スクリプト

女：二十几年前这里还是郊区，现在已经是市区的一部分了。
男：大城市都在飞速发展着，一天一个样。
问：男的是什么意思？

スクリプト和訳

女　：二十数年前ここはまだ郊外でしたが、今はすでに市街地の一部になっています。
男　：大都市は急速に発展しているから、日に日に様子が変わります。
問題：男性が言っているのはどういう意味ですか？

選択肢和訳

A　都市は変化が早い　　B　市街地はさらににぎやかだ
C　郊外は空気がきれいだ　　D　交通が便利になった

15 正解 C

スクリプト

男：干杯！祝贺你顺利通过了入学考试！
女：谢谢大家，虽然以后会很忙，但还是要常常联系啊！
问：女的是什么意思？

スクリプト和訳

男　：乾杯！　順調に入学試験をパスできておめでとう！
女　：皆さんありがとう。今後忙しくなっても、変わらずしょっちゅう連絡を取り合いましょうね！
問題：女性が言っているのはどういう意味ですか？

選択肢和訳

A　酒を飲み終わった
B　試験が簡単だった
C　今後もしょっちゅう連絡を取り合う
D　情報が正確ではなかった

16 正解 C

スクリプト

女：我想做记者，可是我一跟不熟悉的人交流，就会害羞脸红。
男：一开始这样很正常，你再多积累些经验就好了。
问：男的建议女的怎么做？

スクリプト和訳

女　：私は記者になりたいのですが、私はあまり知らない人と交流すると、すぐに恥ずかしくて顔が赤くなるのです。
男　：始めたばかりの頃はそうなっても当たり前です。あなたはもっと経験を積めばいいのです。
問題：男性は女性にどうするようにアドバイスしていますか？

選択肢和訳

A　発音を練習する
B　何かする時に丁寧にするようにする
C　たくさん経験を積む
D　失敗を恐れてはいけない

17 正解 A

スクリプト

男：你网店的生意最近怎么样?
女：不太好，人们还是不太习惯在网上买家具。
问：女的在做什么生意?

スクリプト和訳

男　：あなたのインターネットショップの商売は最近どうですか？
女　：あまり良くないです。人々はまだインターネット上で家具を買うことにあまり慣れていないのです。
問題：女性は何の商売をしていますか？

選択肢和訳

A　家具を売る
B　携帯電話を修理する
C　ホテルを営業している
D　喫茶店を営業している

18 正解 B

スクリプト

女：咱们班的旅游计划怎么还没定下来?
男：大家的意见都不一样，这个说地点不理想，那个说时间不合适。
问：他们的计划为什么还没定下来?

スクリプト和訳

女　：私たちのクラスの旅行計画はどうしてまだ決まっていないのですか？
男　：みんなの意見が全然違うのです。この人は場所が理想的でないと言えば、あの人は時間がふさわしくないと言う感じです。
問題：彼らの計画はどうしてまだ決まっていないのですか？

選択肢和訳

A　費用が高すぎる
B　意見が合わない
C　先生が許可しない
D　みんな積極的ではない

19 正解 D

スクリプト

男：王阿姨，您孙子个子这么高，将来可以去当篮球运动员了。
女：这可能是因为他平时就爱吃鸡蛋和肉，还爱喝牛奶。
问：他们在谈论谁？

スクリプト和訳

男　：王おばさん、あなたのお孫さんは背がこんなに高いので、将来バスケットボールの選手になったらいいですね。
女　：それは多分彼が普段から卵とお肉を食べるのが好きだし、さらに牛乳を飲むのも好きだからです。
問題：彼らは誰のことを話していますか？

選択肢和訳

A　（女性の）王さん　　B　昔の同級生
C　水泳の選手　　D　王おばさんの孫

20 正解 B

スクリプト

女：发生什么事了？你看起来不太开心。
男：刚接到通知，让我去出差，这周末又没办法休息了。
问：男的为什么不高兴？

スクリプト和訳

女　：何が起こったのですか？　あなたは見たところあまり機嫌が良さそうではありませんね。
男　：たった今通知を受け取ったのです。私を出張に行かせるというものです。今週末もまた休めなくなりました。
問題：男性はなぜ不機嫌なのですか？

選択肢和訳

A　試合に負けた　　B　週末出張に行く
C　叱られた　　D　乗る便に間に合わなかった

21 正解 D

スクリプト

男：我仍然适应不了那里的工作方式，准备放弃这次机会。
女：既然这样，你可以再去招聘会看看，也许会发现更适合自己的工作。
问：女的建议男的怎么做?

スクリプト和訳

男　：私は相変わらずあそこの仕事のやり方に慣れることができないので、今回のチャンスを諦めるつもりです。
女　：そういうことなら、あなたはまた会社説明会に行ってみるといいですよ。より自分に合う仕事が見つかるかもしれません。
問題：女性は男性にどうするようにアドバイスしていますか？

選択肢和訳

A　人に親切にする　　B　頑張って続けていく
C　中国の標準語をマスターする　　**D　改めて仕事を探す**

22 正解 C

スクリプト

女：您好，请问我现在可以进去吗?
男：演出正在进行中，还有十分钟中场休息，到时我带您进去。
问：男的是什么意思?

スクリプト和訳

女　：こんにちは。お尋ねしますが私は今入っていってもいいですか？
男　：公演が行われているところです。あと10分間で途中休憩ですので、その時になったら私があなたを連れて入っていきましょう。
問題：男性が言っているのはどういう意味ですか？

選択肢和訳

A　すぐに離れてほしい　　B　中は満員になった
C　少々待ってほしい　　D　入り口は左側にある

23 正解 B

スクリプト

男：这家店的西红柿比其他家贵了好几毛钱。
女：确实贵一些，可他们家的菜都是当天从南方送过来的，特别新鲜。
问：女的认为那家店怎么样？

スクリプト和訳

男　：この店のトマトは他の店より何角も高いですね。
女　：確かに少し高いけれど、彼らの店（この店）の野菜は当日南方から送られてきたものだから、ことのほか新鮮です。
問題：女性はそのお店をどう思っていますか？

選択肢和訳

A　果物が甘くない　　B　野菜が新鮮だ
C　販売員が多い　　D　エレベーターがいつも壊れている

24 正解 A

スクリプト

女：你看见我的体检表了吗？
男：刚才发现在地上，我就给你放客厅桌子上了，以后别随便乱丢。
问：男的把体检表放在了哪儿？

スクリプト和訳

女　：あなたは私の健康診断表を見かけましたか？
男　：さっき床の上で見つけたから、私はあなたのために居間のテーブルに置いておきました。今後はいい加減にしてなくしたりしてはいけませんよ。
問題：男性は健康診断表をどこに置きましたか？

選択肢和訳

A　居間　　B　キッチン
C　封筒の中　　D　箱のそば

25 正解 D

スクリプト

男：春天的天气多变，你这么早就穿裙子，小心感冒。
女：好吧，新闻上说四月温度还会下降，看来还得拿几件厚衣服出来。
问：女的打算干什么？

スクリプト和訳

男　：春は天気がよく変わるのに、あなたはこんなに早くからスカートをはくのだから、風邪をひかないように気をつけてください。
女　：分かりました。ニュースで4月は温度がまた下がるかもしれないと言っていたし、どうやらあと何着か厚手の服を取り出してこなければなりませんね。
問題：女性は何をするつもりですか？

選択肢和訳

A　革靴を脱ぐ　　B　風邪薬を飲む
C　部屋を片づける　　D　**厚手の服を取り出す**

第3部分　問題 p.82 ～ p.83　21K4Q4-3

〈問題文〉请选出正确答案。
〈和　訳〉正しい答えを選びなさい。

26　正解 **D**

スクリプト

女：我的钥匙找不到了。
男：是不是忘带了？
女：可我记得我把钥匙和眼镜一起放进包里的，眼镜还在呢。
男：呀！你的包破了，钥匙估计是从这里掉出去了。
问：女的怎么了？

スクリプト和訳

女　：私の鍵が見つからなくなりました。
男　：持ってくるのを忘れたのでは？
女　：でも私は鍵をメガネと一緒にかばんの中に入れたのを覚えているのですが、メガネはあるのです。
男　：おや！　あなたのかばんは破れています。鍵はここから出て落ちてしまったのでしょう。
問題：女性はどうしましたか？

選択肢和訳

A　道に迷った
B　メガネを持ってこなかった
C　靴下が破れた
D　鍵がなくなった

27 正解 B

スクリプト

男：您好，请问车停在哪儿？
女：抱歉先生，我们这里没有停车场。
男：什么？你们饭店没有停车的地方？实在太不方便了。
女：马路对面的超市有一个停车场，您可以把车停在那儿。
问：女的最可能在哪儿工作？

スクリプト和訳

男　：こんにちは。お尋ねしますが車はどこに停めればいいですか？
女　：（男性の）お客様申し訳ありません。私どものところには駐車場がないのです。
男　：なんですって？　あなたたちのレストランには車を停める場所がないですって？本当に不便すぎますね。
女　：通りの向かいのスーパーには駐車場が1つございますので、（あなたは）車をそちらにお停めいただけます。
問題：女性はどこで働いている可能性が最も高いですか？

選択肢和訳

A　郵便局　　B　レストラン　　C　図書館　　D　（列車の）駅

28 正解 B

スクリプト

女：这本书非常有趣，建议你看一下。
男：《看得懂的科学书》，这个书名挺有意思的。
女：作者的语言很活泼，读起来一点儿都不无聊。
男：真的吗？那我有空儿读一下。
问：关于那本书，可以知道什么？

スクリプト和訳

女　：この本は非常に面白いので、あなたもちょっと読んでみることをお勧めします。
男　：『見て分かる科学の本』、このタイトルもなかなか面白いですね。
女　：作者の言葉は生き生きしていて、読んでみると少しも退屈ではないのです。
男　：本当ですか？　では私は時間があったらちょっと読んでみます。
問題：その本について、何が分かりますか？

選択肢和訳

A　間違いがある　　B　言葉が生き生きしている
C　魅力がない　　D　作者が若い

29 正解 C

スクリプト

男：我和房东商量好了，咱们只租三个月，每个月两千五百块。
女：价钱可以接受。我们什么时候能搬进去？
男：交完房租就行，但是必须一次付清。
女：没问题，正好月底就发工资了。
问：关于房租，可以知道什么？

スクリプト和訳

男　：私は大家と話し合って決めました。私たちは3か月だけ借ります。1か月2,500元です。
女　：家賃は受け入れられますね。私たちはいつ入居できますか？
男　：家賃を払えばいいのですが、1回で払いきらないといけません。
女　：問題ありません。ちょうど月末に給料が入りますから。
問題：家賃について、何が分かりますか？

選択肢和訳

A　現金でしか払えない　　B　毎月5日に払う
C　1回で払いきらないといけない　　D　もともとの値段より高くなった

30 正解 A

スクリプト

女：这是我做的饼干，你尝尝怎么样？
男：怎么是咸的啊？饼干不都是甜的吗？
女：当然有咸味的了，还吃得习惯吗？
男：味道挺不错的。
问：男的觉得饼干怎么样？

スクリプト和訳

女　：これは私の作ったビスケットですが、あなたちょっと味見してみてはどうですか？
男　：しょっぱいとはどういうことですか？　ビスケットとは全部甘いのではありませんか？
女　：もちろん塩味のもあります。それでも食べて慣れることができますか（それでも口に合いますか）？
男　：味はなかなかい良いですよ。
問題：男性はビスケットのことをどう思いましたか？

選択肢和訳

A　味が良い　　B　塩味が足りない　　C　少し苦い　　D　砂糖が足りなかった

31 正解 D

スクリプト

男：听说这个学校的法律专业是全国第一，非常难考。
女：是的，竞争特别厉害。
男：那你考虑好了吗？
女：当律师是我的理想，即使只有千分之一的可能，我也要试一试。
问：女的想考什么专业？

スクリプト和訳

男　：この学校の法律専攻は全国で一番で、非常に受かりにくいという話ですよ。
女　：そうですね。競争がとりわけ激しいです。
男　：ではあなたの考えは決まりましたか？
女　：弁護士になるのが私の夢なので、たとえ千分の一の可能性しかなくとも、私は試してみたいです。
問題：女性はどんな専攻を受験したいと思っていますか？

選択肢和訳

A　放送　　B　教育　　C　芸術　　D　法律

32 正解 A

スクリプト

女：您好！请问您需要点儿什么？
男：我想买一个包，要颜色深一点儿的，轻一点儿的。
女：您看这个怎么样？今年非常流行，脏了拿毛巾擦一下就行。
男：样子还不错。
问：那个包怎么样？

スクリプト和訳

女　：こんにちは！　お尋ねしますがあなたは何をお求めですか？
男　：私はかばんを1つ買いたいのですが、色は濃い目のもので、少し軽いものが欲しいです。
女　：こちらはどう思われますか？　今年非常に流行していて、汚れたらタオルでちょっと拭けばいいのです。
男　：デザインはまあいいですね。
問題：そのかばんはどうですか？

選択肢和訳

A　流行している　　B　大変重い
C　サイズがぴったりだ　　D　色がきれいでない

33 正解 C

スクリプト

男：我感觉你最近瘦了，皮肤也变好了。
女：是吗？谢谢，这说明我锻炼身体有效果了。
男：你平时都是怎么锻炼的？
女：我每天都会跑五公里，并且一直坚持早睡早起。
问：男的觉得女的有什么变化？

スクリプト和訳

男　：私はあなたが最近痩せて、肌もきれいになったと感じているのですが。
女　：そうですか？　ありがとう。それは私が体を鍛えているのが効果があったということです。
男　：あなたは普段いつもどうやって鍛えているのですか？
女　：私は毎日5キロメートル走り、さらにずっと早寝早起きを続けています。
問題：男性は女性にどんな変化があったと感じていますか？

選択肢和訳

A　力が強くなった
B　おしゃれがうまくなった
C　肌がきれいになった
D　ますます勇敢になった

34 正解 C

スクリプト

女：王先生，您女儿的成绩最近有了很大提高。
男：听说您昨天表扬了她，她现在特别有信心。
女：那是因为她不仅学习努力，还经常帮助别的同学。
男：谢谢老师对她的肯定。
问：老师为什么表扬王先生的女儿？

スクリプト和訳

女　：王さん、あなたの娘さんの成績は最近大きく伸びましたね。
男　：あなたは昨日彼女を褒めてくれたそうですね。彼女は今ことのほか自信を持っています。
女　：それは彼女が一生懸命勉強しているだけでなく、しょっちゅう他の同級生を手助けしているからですよ。
男　：先生の彼女に対する高評価に感謝いたします。
問題：先生はなぜ王さんの娘を褒めましたか？

選択肢和訳

A　性格が愛らしいから
B　文章を書くのがうまいから
C　同級生の手助けをよくするから
D　よく教室を掃除するから

35 正解 B

スクリプト

男：这份材料一共有多少页?
女：差不多五十页吧。
男：太长了！至少要减去一半儿的内容。
女：恐怕有些困难，里面剩下的都是重点内容了。
问：男的对材料有什么要求?

スクリプト和訳

男　：この資料は全部で何ページあるのですか？
女　：だいたい50ページでしょうね。
男　：長すぎますね！　少なくとも半分の内容を減らさなければ。
女　：おそらく少し難しいでしょうね。中に残っているのはすべて重要な内容ばかりですから。
問題：男性は資料に対してどんな要求がありますか？

選択肢和訳

A　プリントアウトする
B　内容を減らす
C　それを郵送する
D　もう一度内容を確認する

36 - 37

スクリプト

最近机票打折很厉害，甚至经常能看到九十九元的特价机票。这段时间小周正好工作不忙，于是他打算请一个星期的假，去南方的几个城市看看。因为买到了特价机票，来回的机票他一共只花了五百块钱。

スクリプト和訳

最近航空券の割引がすごくて、99元の特価航空券をしょっちゅう目にすることもあるほどです。このところ周さんはちょうど仕事が忙しくないので、彼は1週間の休みを取り、南方のいくつかの都市を見に行く予定です。特価の航空券を買えたので、往復の航空券に彼は全部でたった500元しか使っていません。

36 正解 C

設問スクリプト

最近机票怎么了?

設問スクリプト和訳

最近航空券はどうなりましたか？

選択肢和訳

A　値段が高くなった　　B　買うのが難しくなった

C　割引がすごくなった　　D　インターネットで購入しなければならなくなった

37 正解 A

設問スクリプト

小周为什么请假?

設問スクリプト和訳

周さんはなぜ休みを取るのですか？

選択肢和訳

A　旅行に出かけるから　　B　集まりに参加するから

C　母親の面倒を見なければならないから　　D　病院に注射を打ちに行くから

38 - 39

スクリプト

叔叔学的是新闻专业，大学时他就经常参加新闻大赛，还获得过国际大奖。毕业后他在好几家公司工作过，积累了丰富的经验。后来，有家著名公司向他发出工作邀请，开出了很好的条件，但他还是放弃了。因为他决定开一家自己的公司，朋友和家人都很支持他。

スクリプト和訳

叔父さんが学んだのはジャーナリズム専攻で、大学の時彼はよくジャーナリズム大会に参加し、国際グランプリを取ったこともあります。卒業後彼はいくつもの会社で働いたことがあり、豊富に経験を積みました。その後、ある著名な会社が彼を招聘し、良い条件を提示しましたが、彼はそれでも断りました。なぜなら彼は自分の会社を作ることに決めたからで、友人も家族もみんな彼を応援しています。

38 正解 D

設問スクリプト

关于叔叔，可以知道什么？

設問スクリプト和訳

叔父さんについて、何が分かりますか？

選択肢和訳

A　給料が高い　　B　見た目がかっこいい

C　飛び級で卒業した　　**D　ジャーナリズム専攻を学んだ**

39 正解 A

設問スクリプト

毕业后，叔叔做了什么决定？

設問スクリプト和訳

卒業後、叔父さんはどんな決定をしましたか？

選択肢和訳

A　会社を作る　　B　雑誌を刊行する

C　引き続き勉強する　　D　招聘を受ける

40 - 41

スクリプト

我认识张师傅，他已经在小区对面的那家理发店工作十几年了。他尊重每一位顾客，会耐心地听顾客的意见。他理发理得好，收费还不贵，所以住在附近的人都很喜欢找他理发。

スクリプト和訳

私は（理髪師の）張さんを知っています。彼は集合住宅の向かいのあの理髪店で働いてすでに十数年になります。彼は一人ひとりの客のことを尊重し、根気よく客の意見を聞きます。彼は調髪がうまい上に、値段も高くないので、近くに住んでいる人はみんな好んで彼の所に調髪に行きます。

40 正解 B

設問スクリプト

关于张师傅，可以知道什么？

設問スクリプト和訳

張さんについて、何が分かりますか？

選択肢和訳

A　気性が荒い　　B　客を尊重する

C　冗談を言うのが好き　　D　お金を稼いでいない

41 正解 A

設問スクリプト

附近的人为什么爱找张师傅理发？

設問スクリプト和訳

近くの人はなぜ張さんのところに調髪に行くのを好むのですか？

選択肢和訳

A　技術がすばらしいから　　B　距離が近いから

C　たまに無料になるから　　D　並ばなくてすむから

42 - 43

スクリプト

我发现周围的很多人都是为了学习而学习。我并不支持这种做法，我认为我们更应该“为了解决问题而学习”。在我看来，学习不仅仅是为了获得知识，更重要的是解决实际生活中遇到的问题。

スクリプト和訳

周りの人の多くは勉強のために勉強していると私は気がつきました。私はこういったやり方を支持しません。むしろ私たちは「問題を解決するために勉強する」べきだと私は考えています。私が思うに、勉強は知識を得るためだけではなく、より重要なのは実生活の中で遭遇する問題を解決することなのです。

42 正解 C

設問スクリプト

说话人对周围人的做法是什么态度?

設問スクリプト和訳

周りの人のやり方に対して話し手はどんな態度を取っていますか？

選択肢和訳

A　理解している　　B　無関心である

C　支持しない　　D　驚きを感じている

43 正解 B

設問スクリプト

说话人认为学习的主要目的是什么?

設問スクリプト和訳

勉強の主な目的は何だと話し手は考えていますか？

選択肢和訳

A　能力を高めること　　B　問題を解決すること

C　理想を見つけること　　D　自信を得ること

44 - 45

スクリプト

各位朋友，大家好！欢迎大家来到长城。很高兴今天带大家参观，希望大家能在长城留下一段美好的回忆。参观时，请大家不要乱扔垃圾，让我们共同保护周围的环境，谢谢大家。

スクリプト和訳

友人の皆さん、こんにちは！　皆さん万里の長城へようこそおいでくださいました。本日は皆さんを見学にお連れできることをうれしく思います。皆さんが万里の長城で美しい思い出を残されることを希望いたします。見学される際は、どうか皆さんゴミをみだりにお捨てにならず、私たちみんなで周囲の環境を守っていきましょう。ありがとうございます。

44 正解 D

設問スクリプト

说话人的职业可能是什么?

設問スクリプト和訳

話し手の職業は何である可能性がありますか？

選択肢和訳

A　記者　　B　弁護士
C　俳優　　D　ガイド

45 正解 C

設問スクリプト

说话人提醒人们怎么做?

設問スクリプト和訳

話し手は人々にどうするよう呼びかけていますか？

選択肢和訳

A　安全に注意する　　B　サングラスをかける
C　みだりにゴミを捨てない　　D　管理規定を読む

2 阅 读

第1部分 問題 p.84 ~ p.85

〈問題文〉选词填空。
〈和　訳〉語句を選んで空所を埋めなさい。

46 - 50

選択肢和訳

A　例えば　　B　本当の　　C　チョコレート
D　頑張って続ける　　E　互いに　　F　コマ（授業を数える量詞）

46 正解 C

問題文和訳

姉はスーパーで2時間うろうろし、結局［チョコレート］1箱しか買いませんでした。

解説 空欄の直前が「数词 "一" +量词 "盒"」なので空欄にはそれを受ける名詞が入ると思われる。選択肢で名詞はCのみである。また量词 "盒" は箱入りのものを数える時に使うので、チョコレートは箱入りであると考えればここにチョコレートが入ってもまったく問題ないので、Cを選択。

47 正解 F

問題文和訳

皆さんどうか帰ったらしっかりとこの［コマ］の授業の内容を復習してください。分からないことがあればまた私に尋ねに来てください。

解説 空欄の前には指示代名詞 "这" が、後には名詞 "课" があるので、空欄には "课" を数える時に使う量詞が入ると想定できる。F "节" は授業を数える量詞なので、Fを選択。

48 正解 A

問題文和訳

私の趣味は多くて、［例えば］テニスをすること、映画を観ること、音楽を聴くこと等です。

解説 最初に「私の趣味は多い」と言って、空欄の後に趣味と思われるものが列挙されているので、空欄には「例えば」といった言葉が入ると考えられる。A "比如" はまさに「例えば」という意味の単語なので、Aを選択。

49 正解 E

問題文和訳

遠慮はご無用ですよ。私たちは隣人同士なのですから、[互いに] 助け合うべきなのです。

解説 空欄の前には能願動詞“应该”があり、後には動詞“帮助”があるので、空欄には動詞が入って連動文を作るか、または“帮助”を目的語とできるような動詞が入るか、“帮助”を修飾する副詞が入ることが想定される。D“坚持”は文法的には問題なく、意味的にも絶対ないとは言いにくいが、“帮助”に目的語がないので「私たちが誰を(何を)助け続けるべき」なのかがはっきりしない。そこで副詞であるE“互相”を入れると、「お互いに助け合う」という意味になり目的語が必要なくなるので、Eを選択。

50 正解 B

問題文和訳

[本当の] 友情は時間や距離によって変わるはずがありません。

解説 空欄の直後に“的”があるので、空欄には“的”を伴って連体修飾語になることができる言葉が入るのでA、E、Fではない。またC「チョコレートの友情」はかなり荒唐無稽な言い方になるので、間違いと言える。またD「頑張って続ける友情」もしくは「持ちこたえる友情」となると、「時間や距離によって変わるはずがない」という本文の内容とは少し矛盾が生じてしまうのであまり適切ではない。そこで意味的にも文法的にも問題ないB“真正”を選択。“真正”は形容詞で、通常“的”を伴って名詞を修飾する。

51 - 55

選択肢和訳

A 得意になる	B ギョウザ	C 温度
D すばらしい	E まさか	F 耐えられない

51 正解 E

問題文和訳

A:[まさか] もう他の方法がなくなったのですか?

B:私の思いついたものはこれだけなので、他の人に何かいいアイディアがあるかどうか尋ねてみてください。

解説 空欄以外の部分で「他の方法がなくなりましたか」という文になり、意味的にはこのままでも会話が成り立つので、副詞表現が空欄に入る可能性が高い。選択肢の中で副詞はE“难道”のみ。“难道”は「まさか~とでもいうのか?」という反語を作る副詞で、多くの場合“吗?”を文末に置き疑問文を作るので、疑問文であることもヒントの1つとなる。Eを選択。

52 正解 B

問題文和訳

A：あなたはまたこんなにたくさんの物を買って、冷蔵庫がもういっぱいになりそうです。
B：私はただちょっと野菜と肉を買っただけですよ、私たちは夜は羊肉の［ギョウザ］を食べましょう。

解説 空欄の前は“吃羊肉”という「動詞＋目的語」となっていて、この後に入る言葉は、例えば動詞を入れて連動文を作るなどが考えられるが、選択肢の中に動詞句はF“受不了”のみで、意味的に入りづらい。また、形容詞のA、Dがこの位置に入るのも考えにくい。Eの副詞も位置的に入れられない。そこで、ここは「羊肉のギョウザ」と考えてBを入れると、意味的にも文法的にも問題ないので、Bを選択。

53 正解 D

問題文和訳

A：この小説は数十万字ありますが、あなたはこんなに早く読み終わったのですか？
B：何といっても、内容が大変［すばらしい］のです。私は食事の時と寝ている時以外は、ずっと読んでいたのです。

解説 空欄の前後を見ると“太（ ）了”となっており、空欄には形容詞が入る可能性が高い。選択肢にはA“得意”とD“精彩”があるが、程度補語として“写得～”が使われているので、小説の内容がどうだったかを考えてみる。A“得意”は自慢するニュアンスが強いので、他人の小説の内容には合わない。D“精彩”は小説などの内容を賞賛する時によく使われる形容詞なので、意味的にも文法的にも問題ない。そこでDを選択。

54 正解 A

問題文和訳

A：私たちは［得意になる］のが早すぎてはいけません。これは今のところの得点でしかありません。
B：私は自信があるので、私は私たちが最後には必ず勝てると信じています。

解説 空欄の後には“得”があり、さらにその後は“太早”と修飾語付きの形容詞が入っているので、この“得”は程度補語で使われる“得”であることが分かる。程度補語の前に立つものは動詞か形容詞で、Fは動詞的であるが可能補語がついているので、これを程度補語の前に置くことはできない。A“得意”とD“精彩”のうち、Dだと「すばらしくなるのが早すぎてはいけない」といった意味になり、文脈に合わない。Aだと「いい気になるのはまだ早いぞ」と手綱を締めるような発言になるので、Aを選択。

55 正解 F

問題文和訳

A：ここ数日の気候はとても涼しいので、寝ていても気持ちがいいですね。
B：そうですね、先週は［耐えられない］ほど暑かったけれど、幸い雨が降りました。

解説 空欄の前に“热得”とあり、“热”「暑い」の程度がどのくらいだったかをその後に加える程度補語の文だと考えられる。“热得”の後に“人”があるので、「人」がどうなる程度だったかと考え、文法的に入りうるのは動詞や形容詞であるA、D、Fとなる。A“得意”だと「人が得意になるほど暑い」となり意味的に問題がある。D“精彩”はそもそも人のことを形容する時には使われない。F“受不了”だと「人が耐えられないほど暑い」となり、文法的にも意味的にも問題ないので、Fを選択。

第2部分　問題 p.86 ～ p.87

〈問題文〉排列顺序。
〈和　訳〉順序を並べ替えなさい。

56　正解 ABC

問題文和訳

もしメニューに漢字しかなく、写真がなかったら、私のように中国語を学び始めたばかりの外国人にとって料理の注文は困難なことだったでしょう。

解説　Aはもしこれだけで文が完結していると考えると「もしメニューに漢字しかなければ、写真はない」となり意味がおかしいので、"如果" は最後の "没有图片" までかかっていると考えると、文が完結しないので、Aが最後にくることはないと分かる。Bには冒頭に "那么" があり、この "那么" は後ろに形容詞等がないので、「それでは」という意味の接続詞であることが分かる。これはよく "如果" の文の下の句の冒頭に使われるので、ABと並ぶことが分かる。またBは "对～来说"「～にとって」というフレーズで終わってしまっているので文が完結していない。そこで最後にCを持ってきて文を終わらせる。したがってABCが正解。

57　正解 BAC

問題文和訳

午後会議を開いてこの問題を話し合う時、私たちはまずその中の原因を探し出さなければなりません。その後に解決方法を提出します。

解説　Aの "首先"「先に」とCの "然后"「その後」、"再"「それから」を見て「先に～してその後に…する」とつながると考え、ACと並べれば、「原因を探し出してから、解決方法を提出する」、という自然な展開を作ることができる。Bは "～时"「～する時」で終わっており文が完結せず、ACの後に置くと文章が終わらなくなってしまうので、最初に置いてBACとするのが最も自然である。

58　正解 CBA

問題文和訳

私は彼女とすでに十数年会っていませんでした。しかし彼女の様子はほとんど何の変化もありませんでした。そのため私は一目で彼女だと分かりました。

解説　Aの冒頭の "所以" は因果関係の結果部分を導く接続詞で、その前に原因や理由が述べられていなければならないので、Aから文章が始まることはない。Aの内容の理由「変化がなかったので一目で彼女だと分かった」が書いてあるのはBなので、BAと並べる。またBも接続詞 "不过" から始まっており、Bから文章が始まることはない。そこでCをその前に置き、CBAとすればよい。

59 正解 BCA

問題文和訳

たとえ水の使用の節約やゴミをみだりに捨てないことが些細なことだとしても、一人ひとりが頑張ってやり続けていくことが必要です。なぜなら地球を守ることは私たちの共通の責任だからです。

解説 まずBの“尽管”は接続詞で前半フレーズに用いられ、後半フレーズの“但是”“还是”“也”などと呼応する。するとCが“也”から始まっているのでBCと続けたい。残ったAは“因为”から始まっており、“因为X,（“所以”）Y”「XなのでY」のように因果関係を表す複文の前半フレーズに用いられることもあれば、もしくは前に述べられたことを受けて、その理由を「なぜなら～だからだ」と後で述べる時にも使われる。今回の場合ABCでもBCAでもよさそうに見えるが、Aを最初に置いてBCを後半フレーズのようにする複文を作ると、BCですでに１つの複文を構成しているので複文の二重構造のようになってしまう。そこでBCAが最も自然となる。

60 正解 CAB

問題文和訳

弟は小さい頃から自分に対して厳しいです。たとえどんな事をするにしても、彼は自分が納得するまでやり遂げようとします。

解説 Aの冒頭“无论”は接続詞で、後半フレーズの“都”と呼応するので、ABと並べたい。またBには“他”という人称代名詞があり、これが誰を指すのかこのままでは分からないが、CをABの前に置けばBの“他”がCの“弟弟”を指すと分かるので、CABが正解。

61 正解 CBA

問題文和訳

彼が責任者であるからには、現れた問題に対してすぐに正確な判断を下すに違いありません。それにより任務が時間通りに完成できることを保証します。

解説 Aの冒頭の“以”はここでは接続詞で、“X～, 以Y～”で「XすることによってYする」もしくは「Yすることができるように Xする」という意味となる。つまりAの前には何か他の文がなければならないので、Aから始まることはない。またCの冒頭“既然”はよく“就”と呼応する接続詞で、Bの冒頭に“就”があるので、CBと並べることが分かる。よってCBの後にAを並べてCBAとすればよい。

62 正解 ACB

問題文和訳

私と両親はまるで親友のようです。いかなる悩み事に遭遇しようとも、私はいつも彼らと相談して解決します。

解説 まずCの“任何”は「いかなる～でも」という意味で、よく後半の“都”や“也”と呼応する。Bに“都”があるのでCBと並べるとよい。残ったAを最初に置くか最後に置くかだが、話の流れとしては「両親とはまるで親友」と言ってから「どんな悩みも彼らと相談する」と続けても、「どんな悩みも相談する」と言ってから「彼らはまるで親友」と言ってもおかしくない。ただ、Bの人称代名詞“他们”は“父母”のことを指し、それが分かるようにするためには“父母”が先に出ていなければならない。そこでAを最初に置いてCBと並べるのが正解と分かる。

63 正解 ABC

問題文和訳

あなたはくれぐれも誤解をしないでください。あなたの作った中華まんじゅうはおいしいです。味が極めてすばらしいです。ただ私はすでに満腹で、どうしても食べられないだけなのです。

解説 Cの冒頭“只是”は「ただ～（だけ）」という先行する文章に補足を加えるための逆接の接続詞なので、Cから始まることはない。AとBの関係を考えると、Aで言ったことをさらに具体的に言っているのがBと捉えて、ABと続けるとその中華まんじゅうがおいしいということの強調になり、その後にCを置くと、誤解をしてほしくない理由の説明として続けることができる。よってABCが正解。

64 正解 CAB

問題文和訳

この夏休みは私は市内で行われる通訳大会に参加するだけでなく、さらに来学期の教科書の本文の予習もしなければなりません。旅行に出かける暇なんてないに違いありません。

解説 Cの“不仅”は前半フレーズに用い、後半フレーズの“而且”や“也”や“还”等と呼応する。Aには“还”があるので、Cの後にはAがくると考えられる。Bには主語がなく、誰が旅行に出かける暇がないのかこれだけでは分からないので、Bから始まることはない。したがって、最後に置いてCABとするのが最も自然。

65 正解 ACB

問題文和訳

お父さんは普段ほとんどお酒を飲みません。商談をする時でさえもこれまで飲んだことがありません。祝祭日を過ごす時だけ（父方の）祖父に付き合って少し赤ワインを飲むだけです。

解説 Aには“爸爸”という主語があるので、BとCの主語は“爸爸”であると考えられ、Aから始まるのは確か。Aは「父は酒を飲まない」、Bは「祝祭日だけ飲む時がある」、Cは「商談でも飲まない」となっていて、Aから始まって次にBCと続くと、「飲まない」→「飲む」→「飲まない」となり、論理がややこしくなる。Aで「酒を飲まない」と言って、さらに「飲まない」話を膨らませて（C「商談でも飲まない」）、最後に例外として祝祭日の時のことを言う（B「祝祭日だけ飲む時がある」）のが最もすっきりしていて自然である。したがってACBが正解。

第3部分　問題 p.88 ～ p.93

〈問題文〉请选出正确答案。
〈和　訳〉正しい答えを選びなさい。

66　正解 D

問題文和訳

テレビによると、人は寝すぎると余計に眠くなってさらに疲れを感じる可能性があり、寝るのが足りないと注意力が落ちてしまうといいます。一般的には、若い人は１日8時間寝るのが最もふさわしいです。

★　この話が主に私たちに伝えるのは：

選択肢和訳

A　夢を見るのは良くない　　B　早めに起きる
C　昼寝は大事である　　**D　8時間寝るのが最も良い**

解説　前半の文は「寝すぎても良くないし睡眠不足も良くない」ということを具体的に述べているが、後半の文は結局どうすればいいのかをはっきり述べているので後半の文が重要。そうすると、8時間寝るのがいいと言っているのでDを選択。夢の話や昼寝の話はしていないのでA、Cは間違い。また、睡眠時間の多寡について述べているので早く起きるかどうかも関係ない。そこでBも間違い。

67　正解 B

問題文和訳

兄とガールフレンドの恋愛は最初は両親の反対にあいましたが、3年間の忍耐と努力を経て、彼らはとうとう両親の気持ちを動かしました。来月には彼らは結婚するので、本当に彼らのために（私は）喜んでいます。

★　兄と彼のガールフレンドは：

選択肢和訳

A　たびたびデートしている　　**B　来月結婚する**
C　以前は隣人同士であった　　D　知り合って10年を超える

解説　後半部分に“下个月他们就要结婚了”と言っているのでBを選択。両親から反対されても3年間頑張ったのでたびたびデートしていたかもしれないが、はっきりそうとは書かれていないのでAは間違い。以前近くに住んでいたような話も書かれていないのでCも間違い。知り合って10年かどうかは書かれていないのでDも間違い。

68　正解 C

問題文和訳

医者は母親たちに、子供が生まれた後に慌ててダイエットをしてはいけないこと、よく病院に行って検査をする方が良いこと、体が健康基準を満たすのを待ってから計画的にダイエットをすることで、こうすれば効果がより良くなるとアドバイスしました。

★　子供が生まれた後、医者が母親たちにしたアドバイスとは：

選択肢和訳

A　毎日散歩する　　B　気持ちをリラックスさせる

C　慌ててダイエットしてはいけない　　D　人とたくさん交流する

解説　医者のアドバイスはいろいろ言っているように見えるかもしれないが、すべてダイエットのことに尽きると言える。病院に行って検査をするのは、ダイエットしてもいいかどうかを見るためだからである。つまりこの文章で一番言いたいことは、文章前半部分の“不要在孩子出生后就急着减肥”であると分かる。そこでCを選択。

69　正解 B

問題文和訳

スポーツ飲料は近年大変人気があり、多くの人がそれを水の代わりに飲んでさえいます。ところが実際は、スポーツ飲料は大いに運動をした後に大量に汗をかいた人のために特別に用意されたものであり、普段からそれを水の代わりに飲んでも、体にメリットはありません。

★　スポーツ飲料は：

選択肢和訳

A　効果があまりない　　B　水の代わりに飲むことはできない

C　人を太らせるかもしれない　　D　ミネラルウォーターよりは良い

解説　最後の部分に“平时拿来当水喝，对身体并无好处。”とあり、水の代わりにスポーツ飲料を飲んだところで体にメリットはないと述べているので、Bを選択。運動して大量に汗をかいた人にはスポーツ飲料は効果があるのでAは間違い。スポーツ飲料を飲むと太るという話は出ていないのでCも間違い。水は出てきているがミネラルウォーターの話は出てきていないのでDも間違い。

70 正解 A

問題文和訳

外はこんなにも大雨が降っているので、私は先週インターネットで買った冷蔵庫は遅れて配送されるだろうと思い込んでいました。ところが思いもよらないことに、配送の皆さんはやはり時間通りに品物を送ってきてくれました。

★　この話から分かるのは：

選択肢和訳

A　**配送が時間通り**　　B　道路が渋滞していた

C　住所を書き間違えていた　　D　外は雪が降っている

解説 文章の最後で"送货师傅们还是准时把东西送来了"と言っているのでAを選択。道路の渋滞の話も、住所を書き間違えた話も出てきていないのでB、Cは間違い。また外は大雨であり、雪とは言っていないのでDも間違い。

71 正解 C

問題文和訳

(妹に) ねえ、あなたは年末に仕事の総括をする時、要点を押さえた話にしなければなりません。自分がどんなことをしてきたかを詳しく紹介するようなことはしなくてもよくて、主にあなたがこれまでの1年間に得た成果と積み上げた経験のことを言うのです。そうすればマネージャーに好印象を持ってもらいやすくなります。

★　話し手が妹にしたアドバイスは：

選択肢和訳

A　資料を整理する　　B　何かあっても冷静に対処する

C　**話は要点を押さえる**　　D　挨拶することを忘れない

解説 文章の前半部分で"讲话一定要有重点"と言っており、その後はそれを具体的に説明しているので、これがこの文章のポイントである。そこでCを選択。資料を整理することや、冷静に対処すること、挨拶のことはまったく触れられていないのでA、B、Dは間違い。

72 正解 C

問題文和訳

小中学生の読書習慣を理解するために、ここのサイトは一度アンケート調査を行ったことがあります。その結果、およそ30%の生徒が1日の読書時間が1時間以上であることが分かります。しかし、そのうちの90%を超える生徒が携帯電話でインターネット小説を読んでいます。

★　そのアンケート調査は何についてでしたか？

選択肢和訳

A　夏休みの予定　　B　子供の趣味

C　生徒の読書習慣　　D　インターネットの特徴

解説 アンケート調査の目的は文章の冒頭の "为了了解中小学生的阅读习惯" にあるので、Cを選択。文章の中に夏休みのことや、子供の趣味のことはまったく触れられていないのでA、Bは間違い。文章の最後にインターネットの小説を読んでいる生徒が多いという話は出てきたが、インターネットの特徴の話ではないのでDも間違い。

73 正解 D

問題文和訳

看護師として働くのはわりと大変ですが、患者さんがわざわざ感謝しに来てくれる度に、私はやはりとても感動し、やってきたすべての事はそれだけの価値があったと感じます。

★　話し手は看護師の仕事をどう感じていますか？

選択肢和訳

A　気楽だ　　B　いささか危険だ

C　情熱が必要だ　　D　疲れてもそれだけの価値がある

解説 この文は短くまとめると、看護師の仕事は大変だが価値がある、ということなので、Dを選択。気楽だとはまったく言っていないのでAは間違い。看護師の仕事は危険を伴うものであると考えられるが、この文章では触れられていないのでBも間違い。看護師の仕事は大変なので情熱が必要という話はこの文章では触れられていないのでCも間違い。

74 正解 D

問題文和訳

私は張さんが大好きです。彼はたくさんの長所があります。人柄は誠実で信頼できるし、学習上では進んで努力をします。同期の修士数人の中で最も努力する一人です。だからこそ私は彼に続けて博士課程に進むよう激励しているのです。

★　話し手が張さんを激励しているのは：

選択肢和訳

A　求人に応募すること　　B　海外留学すること

C　文法を研究すること　　D　続けて博士課程に進むこと

解説 激励している内容は、最後の"所以我才鼓励他继续读博士"なのでDを選択。就職する話や留学の話や文法の研究の話はまったく触れられていないのでA、B、Cは間違い。

75 正解 A

問題文和訳

毎週日曜日にこのスーパーはイベントをやっていて、多くの商品を値引したり割引したりするので、来る人がとりわけ多いです。時にはお金を払うのに30分も並ばなければならず、もともと大きくないスーパーがもっと小さく見えてしまいます。

★　そのスーパーは毎週日曜日に：

選択肢和訳

A　商品を値引する　　B　小銭を両替できる

C　閉まる時間が遅い　　D　レジ袋を提供しない

解説 最初のところで"每个礼拜天这个超市都会做活动，很多东西都会降价打折"と言っていて、日曜日は値引や割引をしているのでAを選択。小銭の話やスーパーの閉まる時間、レジ袋の話は触れられていないのでB、C、Dは間違い。

76 正解 A

問題文和訳

放送の中ですでに飛行機への搭乗案内をしていましたので、荷物を私にください。私は出発しなければ、これ以上遅くなると間に合わなくなります。心配しないでください。飛行機が着陸したら私はきっとあなたに電話をかけますから。

★　話し手はこの後何をしますか？

選択肢和訳

A　搭乗する　　B　荷物を預ける

C　タバコを吸う　　D　トイレに行く

解説 文章内に、搭乗案内の放送があったこと、飛行機が着陸したら電話をかけることなどがあるので、この後飛行機に乗ることが分かる。そこでAを選択。荷物については、"把行李给我吧"と一緒にいる見送りの人が持ってくれている荷物を「私に渡して」と言っているのでBは間違い。タバコやトイレの話はまったく出てきていないのでC、Dも間違い。

77 正解 B

問題文和訳

普通の人は長距離走を行う場合少し遅く走ると良く、スピードを自分がつらくないと感じるくらいまで遅くするのですが、ただしそれをずっと継続しなければなりません。あと、身体的条件は人によって違うので、ふさわしい運動の距離もそれぞれ違います。一般的な状況では、長くても35キロメートル未満です。

★　長距離走をする場合何に注意しなければなりませんか？

選択肢和訳

A　フォームの基準　　B　スピードを下げること

C　必要な時に水を飲むこと　　D　準備運動をすること

解説 前半部分でスピードの話をしている。特に冒頭で"普通人进行长距离跑时可以慢一点儿"と言っているのでBを選択。後半部分では走る距離の話をしており、フォームや水を飲むことや準備運動の話はまったく出てこないのでA、C、Dは間違い。

78 正解 B

問題文和訳

今学期芸術学部では京劇初心者クラスを開設しました。王教授が皆さんに授業してくださいます。王教授は京劇の演技にとても造詣が深くていらっしゃいます。興味のある学生の皆さんは学部事務所に申込書を取りに来て、積極的に申し込んでください。

★ 京劇初心者クラスについて分かるのは：

選択肢和訳

A 冬休みに授業をする　　B 現在申込受付中である

C 申込者の人数が多い　　D 基礎的な知識を教えてくれる

解説 文章では、京劇初心者クラスを「開設した」と言い、最後に“积极报名”と言っているので、現在申し込み受付中であることが分かる。そこでBを選択。この授業は“这学期”に開設したと言っており冬休みとは言っていないのでAは間違い。申込者の人数については触れられていないのでCも間違い。京劇の表現に造詣の深い先生が教えてくれるとは言っているが、具体的にどんな内容になるかは書かれていないのでDも間違い。

79 正解 A

問題文和訳

生活の中の多くの事で私たちは選択をしなければならず、大きいものは職業、恋愛から、小さいものは食事、買い物までです。人によってはプレッシャーを感じるかもしれません。なぜなら私たちは毎回の選択がすべて正しいとは保証できないからです。しかし、実際多くの選択は正しいか間違いかを区別できないので、自分に合っているかどうかこそが最も重要なのです。

★ この話によると、選択する時に大事なのは：

選択肢和訳

A 自分に合っていること　　B 安全を保証すること

C 他人に対して責任を持つこと　　D 正しい方法を用いること

解説 文章の最後の部分で“适合自己才最重要”と言っているのでAを選択。“保证”という単語は文章中に出てくるが、安全を保証するという話ではないのでBは間違い。他人に対する責任の話は出てこないのでCも間違い。文章後半部分で“很多选择其实不分对错”と言っているのでDも間違い。

80 - 81

問題文和訳

子供の性格は多方面の影響を受けうるのですが、その中で最も重要な影響とは両親からのものです。両親の生活態度と教育方式は子供に対してより直接的で、より長期的で、より普遍的な影響を持っています。したがって、子供を優秀にしたいなら、模範的な父母になるよう皆さん努力しなければなりません。

80 正解 D

★ 子供の性格について、以下のどれが正しいですか？

選択肢和訳

A 変わりやすい　　B 性別に関係がある

C 環境によって決まる　　D 多方面の影響を受ける

解説 冒頭で“孩子的性格会受到多方面的影响”と言っているのでDを選択。子供の性格が変わりやすいや、性別に関係がある、環境によって決まるというような話は出てこないのでA、B、Cは間違い。

81 正解 A

★ この話はどのような人に対して言っている可能性が最も高いですか？

選択肢和訳

A 両親　　B 校長

C 大家　　D 作家

解説 一貫して「両親の影響が大きい」ということを述べており、最後に“大家就要努力成为合格的父母。”と言っている。つまり“大家”「皆さん」＝聞いている人に模範的な親になるよう言っているので、聞いている人は父親や母親の立場の人だと分かる。そこでAを選択。校長や大家や作家にはまったく触れられていないのでB、C、Dは間違い。

82 - 83

問題文和訳

中国の中部に「江城」という都市があります。ここは長江と漢江により3つの部分に分かれています。自然環境の条件はとても複雑ですが、ここの交通網の発展にはまったく影響を及ぼしませんでした。最も誇るべきはこの都市の地下鉄です。そのうちの1路線は中国で初めての長江を通る地下鉄で、2012年の年末に開通し、長江大橋の交通の負担を大いに軽減しました。

82 正解 D

★ 江城について、何が分かりますか？

選択肢和訳

A 景色が美しい

B 気候が寒冷である

C 経済発展のスピードが速い

D 自然条件が複雑である

解説 前半部分で"虽然自然环境条件十分复杂"と言っているのでDを選択。景色や気候についてはまったく触れられていないのでA、Bは間違い。また交通網の発展という言葉は出てくるが経済の発展の話は出てこないのでCも間違い。

83 正解 B

★ その地下鉄は：

選択肢和訳

A 黄河を通る

B すでに開通している

C 座席が多い

D 全長60キロメートルである

解説 後半部分で"在2012年底通了车"と言っており、すでにこの地下鉄は開通していることが分かるのでBを選択。この地下鉄は黄河ではなく長江を通るのでAは間違い。座席や全長については触れられていないのでC、Dも間違い。

84 - 85

問題文和訳

技術の発展に伴って、デジタルテレビのことが多くの人によく知られ、受け入れられるようになってきました。以前のテレビと比べると、デジタルテレビの番組は内容がより豊富となり、人々は追加費用を払うことでオンデマンドの番組を選択して視聴することができます。また同時に、デジタルテレビは番組の音質や画質を極めて大きく向上させ、視聴者によりよい鑑賞効果を提供することができます。

84 正解 D

★ デジタルテレビについて、何が分かりますか？

選択肢和訳

A パスワードが要らない　　B 電話をかけることができる
C 音声が不明瞭である　　D 番組がより豊富である

解説 前半部分に“数字电视的节目内容更加丰富”とあるのでDを選択。パスワードの話や電話をかけられる話は出てこないのでA、Bは間違い。音質が向上するという話はあるが音声が不明瞭とは言っていないのでCも間違い。

85 正解 C

★ この話がデジタルテレビについて主に言っているのは：

選択肢和訳

A 視聴者の年齢　　B 支払方法
C 技術的な長所　　D コマーシャルの量

解説 文章の骨組みだけを取り出すと、デジタルテレビは内容が豊富であることと、音質や画質が向上したことが書かれている。いずれも技術的な長所を述べていると言えるのでCを選択。視聴者の年齢やコマーシャルの話は出てこないので、A、Dは間違い。料金を払う話は出てくるが、オンデマンドの番組を見る料金の話であり支払方法の話ではないのでBも間違い。

3 书 写

第1部分 問題 p.94

〈問題文〉完成句子。
〈和　訳〉文を完成させなさい。

86 正解 你的缺点就是太粗心了！

和　訳

あなたの欠点はつまり大変そそっかしいというところです！

解説 "你的"には後に名詞が欲しい。"缺点就是"の"缺点"が名詞なのでこれを後ろに置いて"你的缺点就是"と並べる。次に、"太～了"という言い方があるので"太粗心"と"了"を並べて"太粗心了"としておく。"你的缺点就是"の後ろに"太粗心了"を並べれば完成。

87 正解 儿子保证以后按时完成作业。

和　訳

息子は今後時間通りに宿題をやり終えると約束しました。

解説 まず"按时"は「時間通りに」という意味の副詞なので動詞の前に置きたい。動詞は"保证"と"完成"の2つがあるが、意味的に考えて"按时完成作业"「時間通りに宿題を完成させる」と並べた方が自然。主語になれそうなのは"儿子"しかないので"儿子"をとりあえず"按时完成作业"の前に置くことにする。一応これで「息子は時間通りに宿題を完成させる」という文が成立する。残った"保证以后"は、これだけ見ると「約束した後」と読め、最初に置いて"保证以后儿子按时完成作业"とするのも文脈によってはあり得るが、どんな約束をした後の話なのかが分からない文章になってしまう。そこで主語の後に入れれば"儿子保证以后按时完成作业"となり、意味的には"以后"はそれ以降の部分にかかるので「今後時間通りに宿題をやり終える」ことを"儿子"が"保证"するとなり、意味的にも文法的にも問題ない自然な文となる。

88 正解 这条河被污染得很严重。

和　訳

この川はひどく汚染されています。

解説 "这条"は「指示代名詞＋量詞」という構造なので、その後ろにはそれを受ける名詞が必要。"河"は"条"という量詞で数えることができる名詞なのでこれを後ろに並べる。次に"污染得"は「動詞＋"得"」なので程度補語と考えると後ろに「污染」の程度や様子を表す言葉が入るので、"很严重"を並べる。この程度補語の文の主語になれそうなものは最初に作った"这条河"なので、これを頭に置く。残った"被"は受け身の文を作る成分なので、主語と動詞の間に置いて"这条河被污染得很严重"という文が出来上がる。

89 正解 她经常参加各种社会活动。

和 訳

彼女はたびたび様々な社会活動に参加します。

解説 述語となれそうな動詞や形容詞を探すと、“参加各种”の“参加”しかないので、これを軸に考えていく。“参加”の主語になれそうなのは“她”しかないのでこれを頭に置く。“参加各种”の“各种”は「様々な、各種の」という意味で、後ろに名詞がくるはずなので、与えられた単語の中の唯一の名詞である“社会活动”を後ろに置いて、“她参加各种社会活动”とすると、一応文としての体裁は整う。最後に、“经常”は副詞なので動詞“参加”の前に置いて完成。

90 正解 这盒牙膏已经用光了。

和 訳

この練り歯磨きはすでに使い切りました。

解説 “牙膏已经”の“已经”は副詞で、一般に述語動詞の前に置かれるので、「動詞＋結果補語」の“用光”の前に置く。“这盒”は「指示代名詞＋量詞」という構造になっているので、後ろに名詞が欲しい。そこで“牙膏已经”の“牙膏”と結びつけ“这盒牙膏已经”と並べる。“盒”は箱入りの物を数える量詞なので、箱入り状態の練り歯磨きを数える量詞と考えればよい。最後に残った“了”は動作の完了を表すアスペクト助詞なので「動詞＋結果補語」の“用光”の後に置いて完成。

91 正解 大家对于民族文化有不同的看法。

和 訳

皆さんは民族の文化に対して様々な考え方を持っています。

解説 与えられた単語から、“有不同的”と“看法”を結び付けて「様々な考え方がある」とできそうだなと考えて文を組み立てていく。次に“大家对于”に注目すると、「みんなは～に対して」という意味なので、「民族の文化に対して」とすると自然な文が出来上がると考えて、“大家对于民族文化”と並べる。そしてこれを先ほど作った“有不同的看法”の前に置いて完成。

92 正解 今年的奖金比去年多了一倍。

和 訳

今年のボーナスは去年より2倍に増えました。

解説 “比去年”があるので、比較の文を作る。「去年より」と言っているので去年の何と比べているのか考えると、“今年的奖金”が目に入る。つまり「今年のボーナス」は「去年（のボーナス）より」となることが分かる。中国語の比較文「AはBより～」は“A比B～”となるので“今年的奖金比去年”と並べる。“A比B”の後は「形容詞＋比較の差」を並べるので、形容詞“多了”を置き、最後に比較の差（去年と比べてどのくらい差があるか）を表す“一倍”を置いて完成。

93 正解 你把那碗鱼汤倒掉吧。

和　訳

あなたはその魚スープを（器を傾けて）捨ててしまってください。

解説 "你把" があるので、この "把" は介詞であることが分かる。つまり "把" 構文を作る。"把" の後にはこの文の目的語がくるので "鱼汤" が入る。与えられた単語に "那碗" という「指示代名詞＋量詞」構造があり、量詞 "碗" はお椀やボールに入ったものを数える時に使うので "鱼汤" の前に置き "那碗鱼汤" として、これを "你把" の後に置く（"你把那碗鱼汤"）。"把" 構文は「主語＋ "把" ＋目的語」の後に動詞句を置くので、動詞句を含む "倒掉吧" を置いて完成。

94 正解 笑话别人很不礼貌。

和　訳

他人を笑いものにするのはとても失礼です。

解説 "很" は形容詞などを修飾する「程度の副詞」なので、形容詞的表現の前に置くが特別な意味は持たない。与えられた単語の中では "不礼貌" が、否定形ではあるが形容詞なので、この前に "很" を置く。そしてこの "很不礼貌" が何かを修飾するのであれば必ず "的" が必要であるが、与えられた単語に "的" は入っていないので、この "很不礼貌" は述語になることが分かる。では何が「とても失礼だ」と言っているか、それが主語になるわけだが、残った単語が "别人" と "笑话" なので、"笑话别人" と並べ「動詞＋目的語」構造を作って、それを文全体の主語にすればよい。"笑话" は「笑い話」という名詞の意味と「笑いものにする」という動詞の意味があることを押さえておこう。

95 正解 这种植物喜欢阳光。

和　訳

この種の植物は太陽の光を好みます。

解説 "喜欢" という動詞があり、名詞が2つあるので、普通に「主語＋動詞＋目的語」という文を作ればよい。"这种" は「指示代名詞＋量詞」という構造をしているのでどちらかの名詞の前に置く。太陽の光に種類はなく「この種の太陽の光」とは普通言わないので、"这种" は "植物" の前に置く方がよい。さて、"这种植物" と "阳光" のどちらを主語にしてどちらを目的語にするかは、意味をよく考えるとよい。太陽の光は、差別することなく地上のものを照らすので "阳光喜欢这种植物"「太陽の光はこの種の植物を好む」という文はかなり不自然である。そこで "这种植物" を主語にして "这种植物喜欢阳光" と並べるのが最も自然となる。

第4回

第2部分 問題 p.95

〈問題文〉看图，用词造句。

〈和　訳〉写真を見て、単語を用いて文を作りなさい。

96 解答例 躺在沙发上真舒服！

和　訳

ソファーの上に寝転がるのは本当に気持ちがいいです！

解説 写真は人がソファーの上に寝転がって両腕を伸ばしリラックスしているのが見て取れるので、ソファーで寝転がるのは気持ちいいというような内容を書けばよい。解答例はソファーに寝転がっている人の発言として作文されている。他にも例えば“姐姐一回家就躺在沙发上休息”「姉は帰宅するとすぐにソファーに寝転んで休憩する」のような作文も考えられる。あるいは存現文を使って写真の情景を描写するような内容、例えば“沙发上躺着一个人”「ソファーに人が１人寝転がっている」のような作文も考えられる。

97 解答例 这两把勺子没有区别。

和 訳

この2本のスプーンは違いがありません。

解説 写真は色も形状もまったく同じスプーンが２本写っているだけだが、与えられた単語が“区别”なので、解答例のように「スプーンは違いがない」という内容で書くとよい。または“这两把勺子很像，几乎看不出区别”「この２本のスプーンはそっくりで、ほとんど違いを見出すことができない」のような解答も考えられる。

98 解答例 她看起来非常伤心。

和 訳

彼女は見たところ非常に悲しそうです。

解説 写真は泣き顔の女性が手で涙を拭っている様子で、与えられた単語が“伤心”なので、彼女が悲しんでいるというような内容を書けばよい。解答例のように“看起来”を入れて「見たところ悲しそうだ」のようにするのもよいし、少し状況を設定して“这个消息让她很伤心”「その知らせは彼女を悲しませた」のような作文も考えられる。

99 解答例 我们聚会时点了烤鸭。

和 訳

私たちはパーティーの時に北京ダックを注文しました。

解説 写真を見ると、４人の男女がそれぞれ箸を手に大皿料理を食べようとしている様子と分かる。何の料理かは写真からは絞り切れないが、与えられた単語が“烤鸭”なので北京ダックだと分かる。そこで解答例ではパーティーのような集まりを設定し、「北京ダックを注文した」という言い方にしている。また、“吃了烤鸭”「北京ダックを食べた」のように動詞を替えてもいいし、例えば“除了我以外，其他四个人都喜欢吃北京烤鸭”「私を除いて他の４人はみんな北京ダックが大好きだ」のような内容でもいいだろう。

100 解答例 他在认真地弹钢琴。

和 訳

彼はまじめにピアノを弾いています。

解説 写真を見ると、少年が鍵盤楽器を弾いている様子が写っていて、与えられた単語は“弹钢琴”なので、この鍵盤楽器はピアノだと分かる。解答例では少年の表情を見て“认真地”という修飾語を盛り込んでいるが、写真では少し笑顔のようにも見えるので、ここを例えば“高高兴兴地”のようにするのもいいだろう。または程度補語を使って“他弹钢琴弹得非常厉害”「彼はピアノを弾くのがすごく上手い」のように作文するのもいいだろう。

4級 第5回 解答・解説

例題の解答は P.15 ~ P.21 で紹介しています。

正解一覧

1. 听力

第1部分

1. ×	2. ✓	3. ×	4. ×	5. ✓
6. ×	7. ✓	8. ✓	9. ✓	10. ×

第2部分

11. C	12. C	13. C	14. A	15. B
16. A	17. C	18. D	19. B	20. A
21. A	22. D	23. B	24. D	25. B

第3部分

26. A	27. B	28. C	29. D	30. B
31. B	32. C	33. D	34. A	35. C
36. B	37. D	38. C	39. A	40. A
41. D	42. B	43. A	44. D	45. C

2. 阅读

第1部分

46. A	47. E	48. C	49. B	50. F
51. B	52. A	53. F	54. E	55. D

第2部分

56. ABC	57. ACB	58. ABC	59. BAC	60. CBA
61. CAB	62. BAC	63. CBA	64. BAC	65. ACB

第3部分

66. A	67. C	68. C	69. A	70. A
71. D	72. A	73. C	74. B	75. D
76. D	77. B	78. C	79. A	80. B
81. B	82. D	83. C	84. D	85. B

3. 书写

第1部分

86. 说明书里缺少详细的解释。
87. 母亲最爱吃的是饺子。
88. 中国的手机号码有 11 位数字。
89. 这个网站介绍了关于生命科学的知识。
90. 让我们为顺利毕业而干杯。
91. 气候变暖的问题越来越严重了。
92. 我中午去邮局寄信。
93. 最近河里鱼的数量增加了很多。
94. 妹妹得意地抬起了头。
95. 这两个镜子有什么区别?

第2部分（参考答案）

96. 今天考试时，我特别紧张。
97. 这杯果汁很好喝。
98. 她还没打扮好，我们再等等。
99. 房间有密码，不用带钥匙。
100. 奇怪，我哥的电话怎么一直占线?

1 听 力

第1部分 問題 p.98  21K4Q5-1

〈問題文〉判断对错。
〈和　訳〉文が正しいかどうか判断しなさい。

1 正解 ×

スクリプト

上个月的三亚之行很顺利，我们除了乘船、游泳，还吃了很多好吃的。不过，我妻子最喜欢的还是购物。

スクリプト和訳

先月の三亜旅行は順調で、私たちは船に乗ったり泳いだりしただけでなく、さらにたくさんのおいしいものを食べました。しかし、私の妻が最も気に入ったのはやはりショッピングでした。

問題文和訳 ★ 話し手は先月長江に行った。

2 正解 ✓

スクリプト

无论是在生活中还是工作中，我们给别人留下的第一印象都是非常重要的，因为它很难发生改变。

スクリプト和訳

生活の中であろうと仕事の中であろうと、私たちが他人に残す第一印象というものは非常に重要で、なぜならそれは変化しにくいからです。

問題文和訳 ★ 第一印象は変えにくい。

3 正解 ×

スクリプト

小姐，我们店里可以做无糖蛋糕。您选好后，可以在这张纸上填写一下送货时间和地址，我们会按时给您送过去。

スクリプト和訳

（女性の）お客様、私どもの店では無糖のケーキをお作りすることが可能でございます。あなた様はお選びいただきましたら、こちらの用紙にお届け日時とご住所をご記入いただければ結構です。私どもはご指定日時通りにあなた様へお届けいたします。

問題文和訳 ★ ケーキは客が自分で取りに行かなければならない。

4 正解 ×

スクリプト

小王以前从没戴过帽子去上班。有一天，他戴了帽子，结果竟然有好几个同事没有认出他来。

スクリプト和訳

王さんは以前は帽子をかぶって出勤したことがありませんでした。ある日、彼が帽子をかぶったら、その結果意外にも何人もの同僚が彼が来たことに気づきませんでした。

問題文和訳 ★ 王さんは帽子をたくさん持っている。

5 正解 ✓

スクリプト

我家的小狗不仅活泼，还特别聪明，它能从好几双鞋子里准确找到我爸爸常穿的那双。

スクリプト和訳

我が家の子犬は活発であるだけでなく、ことのほか利口です。それ（子犬）は何足もの靴の中から私のお父さんがよく履いているあの靴を正確に見つけ出せるのです。

問題文和訳 ★ その子犬は利口だ。

6 正解 ✕

スクリプト

下午上课的时候，老师发现同学们都很困，所以故意提高了声音，来引起大家的注意。

スクリプト和訳

午後の授業の時、先生は学生たちがみんな眠そうなのに気づいたので、わざと声を張り上げて、みんなの注意を引きつけました。

問題文和訳 ★ その先生の声は小さい。

7 正解 ✓

スクリプト

从地图上看，我们距离那家医院至少还有四公里，走路太累，我们打车过去吧？

スクリプト和訳

地図で見ると、私たちとその病院までの距離は少なくともあと4キロメートルはあって、歩くのはあまりにも疲れるので、私たちはタクシーをつかまえて行きませんか？

問題文和訳 ★ 話し手はタクシーに乗りたがっている。

8 正解 ✓

スクリプト

经理，我觉得咱们还是应该先把杂志办好，暂时不要考虑其他的计划。

スクリプト和訳

マネージャー、私たちはやはり先に雑誌をきちんと処理する（創刊する）べきで、しばらく他の計画のことは考えないようにすべきだと私は思います。

問題文和訳 ★ 話し手は先に雑誌をきちんと処理する（創刊する）ことを希望している。

9　正解 ✓

スクリプト

飞机降落时，我们应继续在座位上坐好，不要急着站起来取行李箱，否则不太安全。

スクリプト和訳

飛行機が着陸する時、私たちはそのままシートにきちんと座っているべきです。慌てて立ち上がってスーツケースを取り出してはいけません。さもなければあまり安全ではありません。

問題文和訳 ★　飛行機が着陸する時はシートにきちんと座っていなければならない。

10　正解 ✕

スクリプト

学跳舞没有那么容易，有时候一个动作要练好几天，还是挺辛苦的。

スクリプト和訳

ダンスを習うことはそんなに簡単なことではなく、時として1つの動きを何日間も練習しなければならないこともあり、やはりなかなか大変です。

問題文和訳 ★　ダンスを習うことは気楽なことだ。

第2部分　問題 p.99　21K4Q5-2

〈問題文〉请选出正确答案。
〈和　訳〉正しい答えを選びなさい。

11　正解 C

スクリプト

男：你怎么这么晚了还在打扫卫生?
女：明天有几个老朋友来家里聚聚，客厅有点儿乱，提前收拾一下。
问：女的明天会做什么?

スクリプト和訳

男　：あなたはこんなに遅くなってもまだ掃除をしているのですか？
女　：明日は何人かの昔なじみの友達が家に集まるのですが、居間がちょっと散らかっているので、事前に少し片づけているのです。
問題：女性は明日何をしますか？

選択肢和訳

A　散髪をする
B　ビザの手続きをする
C　パーティーを開く
D　勉強机を片付ける

12　正解 C

スクリプト

女：我喜欢吃的那种饼干没有巧克力味的了，只剩葡萄的了。
男：我去问问售货员，也许还有存货。
问：他们可能在哪儿?

スクリプト和訳

女　：私の好物のあの（種の）ビスケットはチョコレート味がなくなって、ブドウのだけが残っています。
男　：私は販売員に尋ねてみましょう。まだ在庫があるかもしれません。
問題：彼らはどこにいる可能性がありますか？

選択肢和訳

A　教室
B　郵便局
C　スーパー
D　ホテル

13 正解 C

スクリプト

男：还没开始参观，你怎么就把照相机收起来了?

女：门口的牌子上写着“馆内禁止照相”，还是先收起来吧。

问：女的是什么意思?

スクリプト和訳

男　：まだ見学が始まってもいないのに、あなたはなぜカメラをしまったのですか？

女　：出入り口の札に「館内撮影禁止」と書いてあるから、やっぱりとりあえずしまいましょう。

問題：女性が言っているのはどういう意味ですか？

選択肢和訳

A　引き続き見て回る

B　景色が美しい

C　写真を撮らないことにした

D　メガネはかばんの中にある

14 正解 A

スクリプト

女：终于买到票了，只是咱俩的座位离得有些远。

男：没事，我们可以找旁边的人商量，换一下座位。

问：男的打算怎么做?

スクリプト和訳

女　：とうとうチケットを買えたけれど、ただ私たち二人の座席がちょっと離れてしまいました。

男　：大丈夫です。私たちは隣の人と話して、座席を替わってもらうといいでしょう。

問題：男性はどうするつもりですか？

選択肢和訳

A　座席を替わってもらう

B　後ろに座る

C　計画を遅らせる

D　女性に謝る

15 正解 B

スクリプト

男：喂，你好，卫生间的毛巾有点儿脏，能送来一条新的吗？
女：好的，先生，您的房间号是多少？
问：男的为什么打电话？

スクリプト和訳

男　：もしもし、こんにちは。洗面所のタオルが少し汚れているので、新しいのを1枚届けてくれませんか？
女　：かしこまりました。（男性の）お客様、そちらのお部屋番号は何番でしょうか？
問題：男性はなぜ電話をかけたのですか？

選択肢和訳

A　パスワードを尋ねる
B　新しいタオルが欲しい
C　冷蔵庫を修理してほしい
D　窓が開かない

16 正解 A

スクリプト

女：您好，这里是体育馆的停车场吗？
男：是，不过，抱歉，小姐，这里的停车场已经满了。
问：男的是什么意思？

スクリプト和訳

女　：こんにちは。ここは体育館の駐車場ですか？
男　：そうです。ですが、申し訳ありません、（女性の）お客様。ここの駐車場はもう満車になりました。
問題：男性が言っているのはどういう意味ですか？

選択肢和訳

A　車を停める場所がなくなった
B　順番通りに入る
C　好き勝手に駐車してはいけない
D　携帯電話で料金を支払う

17 正解 C

スクリプト

男：听说你放暑假时去长白山玩儿了，感觉怎么样？
女：不错，那儿森林多，空气新鲜，连我的皮肤好像都变好了。
问：女的觉得长白山怎么样？

スクリプト和訳

男　：あなたは夏休みに長白山に遊びに行ったと聞いたけれど、どうでしたか？
女　：なかなか良かったです。あそこは森が多くて、空気は新鮮で、私のお肌さえいい感じになったようなのです。
問題：女性は長白山をどう思っていますか？

選択肢和訳

A　にぎやかだ
B　人が親切だ
C　空気が新鮮だ
D　道に迷いやすい

18 正解 D

スクリプト

女：这个工作要求对互联网技术非常了解，你有信心吗？
男：当然，我有五年的工作经验，对这部分已经很熟悉了。
问：那个工作有什么要求？

スクリプト和訳

女　：この仕事はインターネットの技術にとても詳しいことが求められますが、あなたは自信がありますか？
男　：もちろんです。私は5年の業務経験があり、その部分についてはすでに熟知しております。
問題：その仕事はどんなことが求められていますか？

選択肢和訳

A　文章が書けること
B　多くの国の言語ができること
C　中国の標準語が正確であること
D　インターネット技術を理解していること

19 正解 B

スクリプト

男：你下次叫外卖的话，可以选择不要餐具，这样比较环保。
女：你提醒得对，下次我就用自己的筷子和勺子。
问：男的建议女的怎么做?

スクリプト和訳

男　：あなたは次回テイクアウトするなら、食器をもらわないことを選ぶといいですね。そうすればわりと環境にやさしいです。
女　：あなたのアドバイスは正しいです。次回私は自分のお箸とスプーンを使います。
問題：男性は女性にどうするようアドバイスしましたか？

選択肢和訳

A　塩を控えめに摂る
B　環境保護に気をつける
C　無駄遣いをしないようにする
D　安全に火を使う

20 正解 A

スクリプト

女：小伙子，你就是受凉了，才会肚子疼。
男：我知道了，大夫，可能是因为昨晚睡觉时一直开着空调。
问：男的怎么了?

スクリプト和訳

女　：（男性の若者に向かって）あなたはね、体が冷えたから、お腹が痛くなったのです。
男　：分かりました、先生。多分昨夜寝る時ずっとエアコンを付けていたからだと思います。
問題：男性はどうしましたか？

選択肢和訳

A　お腹が痛い
B　寝覚めが悪い
C　ずっと咳が出る
D　頭痛がひどい

21 正解 A

スクリプト

男：祝贺你拿了第一！你对今天的成绩还满意吗？
女：满意，一分二十秒是我今年参加的游泳比赛里最好的成绩了。
问：女的参加了什么比赛？

スクリプト和訳

男　：第1位獲得おめでとうございます！　あなたは今日の成績に満足していますか？
女　：満足しています。1分20秒は私が今年参加した水泳大会の中で最も良い成績です。
問題：女性は何の大会に参加しましたか？

選択肢和訳

A　水泳　　B　テニス
C　ピアノ演奏　　D　民族舞踊

22 正解 D

スクリプト

女：这几个词语，我只会读，但不知道它们的意思。
男：你刚学汉语不久，已经很厉害了。
问：关于女的，可以知道什么？

スクリプト和訳

女　：このいくつかの語句は、私はただ読めるだけで、それらの意味は分かりません。
男　：あなたは中国語を勉強して間もないのに、すでにすごいですね。
問題：女性について、何が分かりますか？

選択肢和訳

A　ストレスが大きい　　B　いささか傲慢だ
C　外国語が流暢だ　　D　中国語を学び始めたばかりだ

23 正解 B

スクリプト

男：有观众想问，你对将来的男朋友有什么要求吗？
女：我觉得他不一定要很帅，但人要诚实，对我好。
问：女的对将来的男朋友有什么要求？

スクリプト和訳

男　：ある観客の方が、あなたが未来のボーイフレンドに何を求めるかを尋ねたいと思っています。
女　：私は相手が必ずしも美形でなくてもいいのですが、人柄が誠実で、私に良くしてほしいです。
問題：女性は未来のボーイフレンドに対して何を求めますか？

選択肢和訳

A　ロマンを理解する　　B　人柄が誠実である
C　自宅が首都にある　　D　両親に良くしてくれる

24 正解 D

スクリプト

女：爸爸，这只小猫太可怜了，我们把它带回家吧。
男：不行，妈妈一直反对在家里养小动物。
问：关于那只小猫，下列哪个正确？

スクリプト和訳

女　：お父さん、この子猫は大変かわいそうなので、私たちはそれ（子猫）を家に連れて帰りましょうよ。
男　：だめだよ。お母さんが家で小動物を飼うことにずっと反対しているからね。
問題：その子猫について、以下のどれが正しいですか？

選択肢和訳

A　清潔だ　　B　生まれたばかりだ
C　父がそれを嫌っている　　D　家に連れ帰ることができない

25 正解 B

スクリプト

男：王奶奶，您小孙子学功夫学了多少年了?
女：五年了，每个礼拜天都去上兴趣班，从来没少上过一节课。
问：王奶奶的孙子礼拜天做什么?

スクリプト和訳

男　：王おばあさん、あなたの小さなお孫さんはカンフーを習って何年になりますか？
女　：5年になります。毎週日曜日はいつも初級クラスに行き、一度も授業を欠かしたことがありません。
問題：王おばあさんの孫は日曜日に何をしますか？

選択肢和訳

A　公園に行く
B　カンフーを習う
C　教科書の本文を予習する
D　卓球をする

第3部分　問題 p.100 ～ p.101　21K4Q5-3

〈問題文〉请选出正确答案。
〈和　訳〉正しい答えを選びなさい。

26　正解 **A**

スクリプト

女：你还记得咱们小学的同班同学王丽吗?
男：记得，可是很久都没有和她联系了。
女：她去医院应聘没成功，所以就去外国留学了。
男：那也挺好的，多学习是好事。
问：他们最可能是什么关系?

スクリプト和訳

女　：あなたは私たちの小学校の同級生でクラスメートの王麗さんを覚えていますか？
男　：覚えているけれど、長らく彼女と連絡を取っていません。
女　：彼女は病院への就職に応募したけどうまくいかなかったので、外国に留学に行ったのです。
男　：それもすばらしいですね。たくさん勉強することはいいことです。
問題：彼らはどんな関係である可能性が最も高いですか？

選択肢和訳

A　同級生　　B　母と子
C　看護師と患者　　D　客と販売員

27 正解 B

スクリプト

男：又买东西了？你也太能花钱了。
女：最近网上在做活动，买得越多越便宜。
男：正好家里没有牙膏了，你顺便买点儿吧。
女：行，活动还没结束呢，我再看看。
问：男的让女的买什么？

スクリプト和訳

男　：また買い物したのですか？　あなたもずいぶんお金を使いますね。
女　：最近インターネットでイベントをやっていて、たくさん買えば買うほど安くなるのです。
男　：ちょうど家に練り歯磨きがなくなったから、ついでにちょっと買っておいてください。
女　：いいですよ。イベントはまだ終わっていないから、私はまた見てみます。
問題：男性は女性に何を買ってもらうのですか？

選択肢和訳

A　靴下　　B　**練り歯磨き**
C　ミネラルウォーター　　D　ゴミ箱

28 正解 C

スクリプト

女：这次的任务结束了吗？
男：还有几个问题需要明天上午开会讨论一下。
女：那我今天先把材料提前准备好。
男：好的，我先走了，你也别忙太晚。
问：根据对话，可以知道什么？

スクリプト和訳

女　：今回の仕事は終わりましたか？
男　：まだいくつかの問題があり明日午前に会議を開いて少し話し合う必要があります。
女　：では私は今日まず資料を事前にしっかり準備しておきます。
男　：分かりました。私は先に帰りますが、あなたもあまり遅くまでやらないようにしてください。
問題：対話によると、何が分かりますか？

選択肢和訳

A　プリンターが壊れた　　B　明日表を配る
C　**仕事が終わっていない**　　D　男性はファックスを送っている

29 正解 D

スクリプト

男：老王去哪儿了？最近都没见过他。
女：听说他做生意失败了，估计心情不好，不愿意出门吧。
男：这可不行，我下午去找他聊聊天儿。
女：行，陪他说说话，他也许就不那么难受了。
问：老王怎么了？

スクリプト和訳

男　：王さんはどこに行ってしまったのでしょう？　最近彼を見かけないのですが。
女　：彼は商売に失敗したらしくて、多分精神状態が良くないから、出かけたくないのだと思います。
男　：それはいけませんね。私は午後おしゃべりをしに彼を訪ねて行きましょう。
女　：そうですね。彼に付き添ってお話でもすれば、彼はそんなにつらくなくなるかもしれませんね。
問題：王さんはどうしましたか？

選択肢和訳

A　騙された　　B　おしゃべりが好きではない
C　批判された　　D　商売が失敗した

30 正解 B

スクリプト

女：都放在办公室，怎么你的这棵绿植就比我的那棵长得好？
男：这种植物喜欢阳光，你得放在有阳光的地方。
女：可是为什么这边的叶子比那边的大呢？
男：这边向光时间长，当然长得好。所以，最好经常给它转转方向。
问：那种植物有什么特点？

スクリプト和訳

女　：どちらもオフィスに置いてあるのに、どうしてあなたのこの観葉植物の方が私のよりもよく育っているのですか？
男　：この種の植物は太陽の光を好むから、あなたは太陽の光のあるところに置かないといけないですよ。
女　：でもどうしてこっちの葉っぱはそっちのより大きいのですか？
男　：こっちは光に向かっている時間が長いから、当然よく育つのです。だから、しょっちゅうそれの方向を変えてあげた方がいいのです。
問題：その種の植物はどのような特徴がありますか？

選択肢和訳

A　よい香りがある　　B　太陽の光を好む
C　夏に花を咲かせる　　D　アジアでしか育たない

31 正解 B

スクリプト

男：李姐，您知道公司周围的房子租金大概是多少吗?
女：你不是在郊区租了房子吗?
男：那儿实在是太远了。
女：也是，公司附近的房子租金恐怕最少也得四千吧。
问：男的想在哪儿租房子?

スクリプト和訳

男　：（女性の）李さん、あなたは会社の周辺の家の家賃がだいたいどのくらいかご存じですか？
女　：あなたは郊外に家を借りたのではありませんでしたか？
男　：あそこは本当に大変遠いのです。
女　：それもそうですね。会社近くの家の家賃はおそらく少なくとも4,000は必要でしょうね。
問題：男性はどこに家を借りたいのですか？

選択肢和訳

A　病院のそば　　B　会社の近く　　C　大使館の東側　　D　地下鉄の駅の周囲

32 正解 C

スクリプト

女：外面雨下得好大啊!
男：这雨下得真及时，前几天真是热得让人受不了。
女：是啊，下了雨之后应该就凉快多了。
男：没那么快，电视上说高温天气差不多还有一个礼拜呢。
问：接下来的一个礼拜，天气怎么样?

スクリプト和訳

女　：外は雨がなんともひどいですね！
男　：この雨は本当に絶好のタイミングで降ってくれました。数日前は本当に暑くて耐えられませんでした。
女　：そうですね。雨が降ったらぐっと涼しくなるはずですね。
男　：そんなにすぐにはなりませんよ。テレビによると高めの気温があとほぼ1週間続くらしいですから。
問題：これからの1週間、気候はどうですか？

択肢和訳

A　すべて晴天　　B　時々雨が降る
C　気温が高い　　D　徐々に涼しくなる

33 正解 D

スクリプト

男：这个感冒药我已经吃了两天，一点儿效果都没有。
女：你自己买的感冒药吗？
男：对，药店店员根据我的情况，建议我买的。
女：你还是去医院看看吧，即使是感冒，也马虎不得。
问：女的建议男的怎么做？

スクリプト和訳

男　：この風邪薬を私はすでに2日飲んでいますが、少しも効果がありません。
女　：あなたが自分で買った風邪薬ですか？
男　：そうです。薬屋の店員が私の状況に合わせて、私に買うように勧めてくれました。
女　：あなたやっぱり病院に行って診てもらいなさいよ。風邪と言っても、いい加減にしてはいけません。
問題：女性は男性にどうするようにアドバイスしましたか？

選択肢和訳

A　注射を打ちに行く
B　小銭を持っていく
C　横になって休む
D　医者に診てもらいに行く

34 正解 A

スクリプト

女：你不是说要参加校园歌手大赛吗？怎么没去？
男：我那段时间出国了，所以错过了报名时间。
女：那真是太可惜了，你歌唱得那么好。
男：明年我一定准时报名。
问：男的为什么错过了报名时间？

スクリプト和訳

女　：あなたはキャンパスシンガー大会に参加したいと言っていたのではありませんでしたか？　どうして行かなかったのですか？
男　：私はあの頃は外国に行っていたから、申し込みの時期を逃してしまったのです。
女　：それは本当に大変残念です。あなたは歌を歌うのがあんなに上手なのに。
男　：来年私はきっと期日通りに申し込みます。
問題：男性はなぜ申し込みの時期を逃したのですか？

選択肢和訳

A　出国していた
B　旅行に行っていた
C　渋滞にぶつかった
D　住所を覚え間違えていた

35 正解 **C**

スクリプト

男：刚才的考试你觉得怎么样?
女：别提了，我最后一篇没翻译完，你呢?
男：我觉得阅读题挺难的，好几个题的答案都是猜的。
女：还是等成绩发下来再看看吧。
问：他们在谈什么?

スクリプト和訳

男　：さっきの試験はあなたはどう思いましたか？
女　：話に出さないでください。私は最後の文章を訳し終わらなかったのだけれど、あなたはどうでしたか？
男　：私は読解問題がとても難しくて、いくつもの問題の答案は当てずっぽうです。
女　：やっぱり成績が出るのを待ってまた見てみましょう。
問題：彼らは何を話していますか？

選択肢和訳

A　復習の要点
B　夏休みの宿題
C　先ほどの試験
D　来学期の予定

36 - 37

スクリプト

　今年公司的收入是去年的两倍，这离不开大家的共同努力。借今晚的酒会，我想对大家的付出表示感谢，你们辛苦了。另外，我决定，每个人再发工资的百分之二十当作奖金。明年，希望大家继续努力。

スクリプト和訳

　今年の会社の収入は去年の2倍でした。これは皆さんが団結して頑張ってくれたことと切り離すことはできません。今夜の飲み会の場をお借りしまして、私は皆さんの苦労に感謝を申し述べたいと思います。皆さんお疲れ様でした。また、私は、さらに一人につき給料の20%をボーナスとして出させていただくことに決めました。来年も、皆さん引き続き頑張っていただけるよう希望しております。

36 正解 B

設問スクリプト

说话人最可能是谁?

設問スクリプト和訳

話し手は誰である可能性が最も高いですか？

選択肢和訳

A　校長　　B　マネージャー

C　運転手　　D　警察官

37 正解 D

設問スクリプト

关于公司，下列哪个正确?

設問スクリプト和訳

会社について、以下のどれが正しいですか？

選択肢和訳

A　家具を販売している　　B　競争を奨励している

C　新人を募集する予定だ　　D　収入が増加した

38-39

スクリプト

今天早上准备出门时，我突然发现钥匙不见了！于是我开始到处找钥匙，但是怎么也找不到。没办法，再不走就来不及上班了，我只好决定先出门再说。等我出门时才发现，原来钥匙没有弄丢，我昨晚开完门，忘记把它取下来，它一直都挂在门上。

スクリプト和訳

今朝出かける支度をしている時、私は突然鍵が見あたらないことに気がつきました！そこで私はあちこち鍵を探し始めましたが、どうしても見つかりません。仕方ないので、もう出発しないと出勤時間に間に合わなくなります。私はとりあえず家を出てから考えるしかありませんでした。家を出る時になってやっと私は気がつきました。なんと鍵はなくしていなかったのです。私は昨晩ドアを開けた後、それを抜き取るのを忘れていたのです。それはずっとドアの所に掛かったままでした。

38 正解 C

設問スクリプト

钥匙在哪儿？

設問スクリプト和訳

鍵はどこにありましたか？

選択肢和訳

A 箱の中　　B ソファーの下

C ドアの所　　D キッチン

39 正解 A

設問スクリプト

关于说话人，可以知道什么？

設問スクリプト和訳

話し手について、何が分かりますか？

選択肢和訳

A そそっかしい　　B 笑い話を話すのが好き

C 休みを取らざるを得ない　　D デートに急いでいる

40 - 41

スクリプト

我去过很多家烤鸭店，最喜欢的就是这家，这还是我第一次来北京旅游时，当时的导游给我介绍的。尽管看上去有些破旧，但这儿烤鸭的味道极好。不过这家店每天只卖一百只，想吃的话一定要早早地来排队。

スクリプト和訳

私は何軒もの北京ダック店に行ったことがありますが、最も気に入っているのがこの店で、ここは私が初めて北京に旅行に来た時に、その時のガイドさんが私に紹介してくれたところです。見た目は少し古くて傷んでいますが、ここの北京ダックの味は極めて良いです。しかしこの店は1日100羽しか売らないので、食べたければ必ず早々と来て列に並ばなければなりません。

40 正解 A

設問スクリプト

谁给说话人介绍的那家店?

設問スクリプト和訳

誰が話し手にその店を紹介したのですか？

選択肢和訳

A　旅行ガイド　　B　大家

C　親戚　　D　同僚

41 正解 D

設問スクリプト

关于那家店，可以知道什么?

設問スクリプト和訳

その店について、何が分かりますか？

選択肢和訳

A　値段が高い　　B　汚くて散らかっている

C　接客態度が良い　　D　事前に並ぶ必要がある

42 - 43

スクリプト

我过去非常害羞，不敢在别人面前大声说话。后来我遇到了张教授，他一直鼓励我要勇敢地说出自己的想法，不要害怕出现错误。在他的鼓励下，我慢慢地开始愿意与人交流。现在，我也成为了一名老师，我永远也不会忘记张教授对我的帮助。

スクリプト和訳

私は以前は非常に恥ずかしがり屋で、人前で大きな声で話す勇気がありませんでした。やがて私は張教授と出会い、彼はずっと私に勇気をもって自分の考え方を話し、間違えることを恐れないよう励ましてくれました。彼の励ましのおかげで、私は次第に人と交流をしたいと思い始めました。今では、私も一人の教師となりました。私は張教授の私に対する手助けを永遠に忘れないでしょう。

正解 **B**

設問スクリプト

张教授鼓励说话人怎么做?

設問スクリプト和訳

張教授は話し手にどうするよう励ましましたか？

選択肢和訳

A　大きな声で話す　　B　間違いを恐れない

C　人に挨拶する　　D　たくさん試合に参加する

正解 **A**

設問スクリプト

说话人现在做什么工作?

設問スクリプト和訳

話し手は今どんな仕事をしていますか？

選択肢和訳

A　教師　　B　記者　　C　医者　　D　弁護士

44 - 45

スクリプト

大家早上好，欢迎大家每天早上八点准时收听我们的广播。今天我们为大家邀请到的是北京市交警大队的负责人，他今天将为我们介绍一些基础的交通安全和法律知识，还有一些大家出行需要注意和重视的问题。

スクリプト和訳

皆さんおはようございます。皆さん毎朝8時ちょうどに私たちの放送をお聞きになることを歓迎します（8時ちょうどの私たちのラジオ放送にようこそ）。本日私たちが皆さんのためにお招きしたのは北京市交通警察大隊の責任者の方です。彼は今日私たちにいくつかの基本的な交通安全と法律の知識、それから皆さんがお出かけになる際に注意して重要視すべきいくつかの問題についてご紹介くださる予定です。

44 正解 D

設問スクリプト

关于那个广播节目，下列哪个正确？

設問スクリプト和訳

このラジオ番組について、以下のどれが正しいですか？

選択肢和訳

A　老人向けである　　B　学生を招く

C　アンケートを行っている　　D　朝8時に放送される

45 正解 C

設問スクリプト

那位负责人将介绍什么？

設問スクリプト和訳

この責任者は何を紹介する予定ですか？

選択肢和訳

A　国際関係　　B　フライト情報

C　交通に関する知識　　D　世界経済史

2 阅 读

第1部分 | 問題 p.102 ~ p.103

〈問題文〉选词填空。
〈和　訳〉語句を選んで空所を埋めなさい。

46 - 50

選択肢和訳

A　許可　　　　　B　うらやむ　　　C　キッチン
D　頑張って続ける　E　少々　　　　　F　あらゆる

46　正解 **A**

問題文和訳

すべての人が残業しなければならないので、マネージャーの［許可］がなければ、あなたは先に帰ることはできません。

解説　空欄の直前に“的”があり、空欄には名詞が入るので、マネージャーの何がなければ帰れないのかと考えて、A“允许”を選択。

47　正解 **E**

問題文和訳

この中国画はきちんと掛かっていないので、あなたはそれを［少々］右の方へずらしてください。

解説　空欄の前に“把它”とあり、この文は“把”構文であることが分かる。“把”構文は「主語＋“把”＋目的語」の後ろには具体的な動作がくるが、空欄の後“往右放一点儿”はこれだけでも具体的な動作を十分言い表していて文法的に足りないものはない。そこで動詞を修飾できる副詞として使える語句を選択肢から探してみると、副詞のE“稍微”しかない。また意味も問題ないので、Eを選択。

48　正解 **C**

問題文和訳

私はスイカを1つ買って帰ってきたところなので、あなたは私の代わりに［キッチン］へ包丁を取りに行ってきてください。

解説　空欄の前には“去”という動詞があり、空欄の後ろには“拿”という動詞があるので、連動文になっていると考える。そうすると空欄は“去”の目的語となる場所を表す言葉が入ると考えられ、選択肢の中にふさわしいものはC“厨房”しかない。意味的にも包丁を取りに行く場所ということで問題ないのでCを選択。

49 正解 B

問題文和訳

王叔父さんとその妻はずっととても愛し合っており、彼らの愛情は本当に［うらやましい］です。

解説 空欄の前に“让人”がある。使役の形をしているので、空欄には動詞か感情を表す形容詞が入ると考える。動詞はA、B、Dなので、「彼らの愛情が人をどうさせるのか」と考えて、A「人を許可させる」やD「人を頑張って続けさせる」では意味が通じない。Bは「人をうらやましがらせる」となり意味的にも文法的にも問題がないのでBを選択。“让人～”は「人を～させる」となっているが、実際には「自分が～だ」と言っていることがほとんど。ここも実際には「(私が）本当にうらやましい」という意味である。

50 正解 F

問題文和訳

とうとう合格したので、私がこれまで行ってきた［あらゆる］努力はすべてそれだけの価値があったということです。

解説 空欄の所に何も入れなくても、意味的にも文法的にも文は成立するので、空欄はその次の“努力”を修飾する言葉が入ると考えられる。ここの“努力”は名詞として使われているので、空欄には連体修飾語となれる語句が入る。選択肢ではF“一切”以外は連体修飾語になりにくいことが分かる。“一切”は代名詞で「一切の事物、すべて」という意味もあるが、連体修飾語として「あらゆる、すべての、一切の」という意味用法もある。その場合“的”をつけずに直接名詞の前に置くので、Fが意味的にも文法的にもふさわしいことが分かる。Fを選択。

51 - 55

選択肢和訳

A　確かに	B　～くらい	C　温度
D　誤解	E　ぴったりだ	F　提供する

51 正解 B

問題文和訳

A：上演がまもなく始まるけれど、30分を超えると入場させてもらえなくなります。

B：間に合います。私のいる所は少し渋滞しているけれど、あと10分［くらい］で到着できますから。

解説 空欄に何も入れなくても文は成立する。可能性としては、前の“十分钟”に付加される成分が入りそうだと考えて選択肢を見ると、数量を表す語句の後に置いて概数を表すB“左右”がふさわしいことが分かる。Bを選択。

52 正解 A

問題文和訳

A：私の息子はとてもトラが好きで、消しゴムの柄すらもトラのものを欲しがるのです。

B：彼はあんなに活発で、性格も［確かに］小さなトラのようですね。

解説 これも空欄に何も入れなくても文は成立する。空欄の前には“也”という副詞があり、空欄の後ろは「動詞＋目的語」が続くので、空欄に入りうるのは副詞と考えられる。選択肢のA“确实”は形容詞的用法のほかに副詞としても使うことができ、意味的にもここで「確かに」という言葉が入っても問題ないので、Aを選択。

53 正解 F

問題文和訳

A：これは私たちの会社があなたに［提供する］ことができる最良の条件です。

B：分かりました。ありがとうございます。私はまた少し考えてみます。

解説 空欄を含む“我们公司能给你（　）的”は次の“最好条件”にかかる修飾語で、“给你（　）”の構造を考えると空欄には動詞が入ると考えられる。そして“条件”にかかるので、条件を目的語に取れる動詞、つまりF“提供”がふさわしいと分かる。Fを選択。

54 正解 E

問題文和訳

A：このスカートははいていて気持ちいいし、サイズもとても［ぴったり］です！

B：そういうことなら、買うといいでしょう。

解説 空欄の前の“挺”は程度の副詞で、後ろに形容詞表現がくる。選択肢ではAが形容詞としても使われるが、「サイズがとても確実だ」は意味が今一つはっきりしない。もう一つの形容詞E“合适”は「ちょうどよい、ぴったりだ」という意味で、意味的にも文法的にもふさわしいので、Eを選択。

55 正解 D

問題文和訳

A：ごめんなさい。あなたは怒らないでください。私はあなたに冗談を言ったのです。

B：いいでしょう。でもあなたが先ほどあのように言ったのは本当に他人の［誤解］をとても招きやすいですよ。

解説 空欄の前に“的”があるので、空欄には名詞が入る可能性が高い。選択肢を見るとC、Dが名詞として使われる。もしC“温度”だと「他人の温度を引き起こす」となり意味をなさない。D“误会”は「他人の誤解を引き起こす→誤解を招く」となり、意味的にも文法的にもこれが最もふさわしいのでDを選択。

第2部分　問題 p.104 ～ p.105

〈問題文〉排列顺序。
〈和　訳〉順序を並べ替えなさい。

56　正解 ABC

問題文和訳

両親は小さい頃から彼をしつけていました。将来どのくらいお金を稼ごうが、貧しかろうが豊かであろうが、節約することを理解し、無駄遣いをしてはいけない、と。

解説 Bの冒頭“不管”は後半フレーズの“都”と呼応する。ちょうどCの冒頭に“都”があるのでBCと続ければよい。そのBCの内容は、Cに“要”や“不能”があるので「～しなければならない」「～してはならない」という命令や指示の内容であることが分かるので、Aで言う「しつけ」の内容と考えられる。そこで、まずAで「しつけていた」と話し、その内容をBCで述べるという流れが最も自然なので、ABCが正解。

57　正解 ACB

問題文和訳

計画によると、この建設中の大橋は、だいたい今年の年末には工事を終えることができます。その時（竣工時）になると、それは市内で最も長い大橋となる予定です。

解説 Aは“这座正在修的大桥”という主語部分のみで終わっていて述語部分がないので、Aが最後にくることはないが、“可以完工”という表現を持つCを続けるのが意味的にも適切。また、Bは“它”を主語として主述構造が成立しているので、AとCの間に置くことはできない。Bを最初に置くか最後に置くかだが、Bには“它”という代名詞があり、“到时”「その時になると」という言葉があるので、もしBから始まると“它”が何を指すか、“到时”がいつを指すのかが分からず不自然。そこでBを最後に置いてACBとするのが正解。

58　正解 ABC

問題文和訳

（修理工の）王さんは自転車を修理して何年にもなります。しかも技術がすばらしく、いかなる問題も軽々と解決することができます。あなたは自転車を押して彼の所に修理してもらいに行けばいいですよ。

解説 Bには冒頭に“而且”という接続詞があり、前の言葉を受けて「しかも」と続ける接続詞なのでBから始まることはない。またCには副詞“就”があり、これは前の言葉を受けて「そうならば、そうなので」というようなニュアンスを添えるので、Cから始まることもない。したがってAから始める。Bの内容はAの内容をさらに広げたような内容なのでABと並べて、結論としてCを最後に置くのが最も自然な並べ方になる。

59 正解 BAC

問題文和訳

多くの子供はよく学習成績が悪いことで叱られます。しかし成績は子供が優秀かどうかを判断するだけの基準ではありません。よって、決して成績を子供の生活のすべてにしてはなりません。

解説 Aには冒頭に逆接の接続詞“但”があるので、Aから始まることはない。またCにも因果関係の結果を導く接続詞“因此”があるのでCから始まることはない。そこでBから始める。Cの“因此”は結果を導くので、その前に原因が書かれていなければならないため「成績を子供の生活のすべてにしてはならないのは、なぜなのか」と考えつつABを見ると、A「成績が基準ではない」から「成績をすべてにしてはならない」というつながりがあることが分かる。そこでACと並べる。またAから始まることはないので、最初にBを置いてBACと並べるのが正解と分かる。

60 正解 CBA

問題文和訳

今回のイベントは北京で行われました。世界の50余りの国から来た環境学者が参加しました。彼らは地球の保護など複数の方面の問題について討論を行いました。

解説 Aの冒頭に人称代名詞“他们”があり、もしAから始めると、この“他们”が誰なのか分からないので、Aから始めることはない。また、Bには学者たちが何に参加したのかが書かれておらず、Bから始まるのも不自然。そこでCから始まると分かる。次にAの冒頭の“他们”は誰なのか考えると、Bに出てくる学者たち以外に人は出てこないので、学者たちのことを指していると分かる。そこでAより前にBを置く。したがってCBAとなる。

61 正解 CAB

問題文和訳

周さんは普段あまり話さず、とても落ち着いているとはいうものの、しかし肝心な時になるといつも良いアイディアを考え出すことができ、みんなを大いに驚かすことができます。

解説 Aの冒頭に逆接の接続詞“可是”があるので、Aから始まることはない。Cの冒頭の“别看”は「~と見てはいけない」が本来の意味だが、“别看”のあるフレーズの次には逆方向の内容を続けて「~とはいうものの、しかし~」とする用法があり、そう考えるとCの後にAが続くと考えると自然である。「Cだとはいうものの実はA」と言っているので、その後にB「みんなを驚かす」と続けるのが自然な流れ。そこでCABが正解。ちなみにABと続けた時Aの“能”はBの最後までかかるので、ABの訳は「しかし肝心な時はいつもよいアイディアを考え出しみんなを大いに驚かすことができる」となる。

62 正解 BAC

問題文和訳

ノックする時に力を入れすぎると、人に失礼だと思わせてしまうかもしれないだけでなく、さらには他の人に迷惑をかけてしまう可能性もあります。

解説 A“不仅”は後半の“也”“还”等と呼応して「~だけでなく…」という意味を表すのでAの次にはCが続く。ただ、ACだけでは何が失礼だと思わせてしまうのかが書かれていない。そこでBを最初に据えてACと続ければ、ノックで力を入れすぎると失礼に思わせてしまうという自然な流れになるのでBACが正解。

63 正解 CBA

問題文和訳

ホテルから万里の長城に行く観光バスは午前は1便しかありません。普通は朝7時半に発車します。もし間に合わなかったら午後のバスを待たなければなりません。

解説 AもBも“车”という字は存在するものの、何の車の事なのかはっきり書かれておらず、情報不足の感は否めないのでAやBから始まることはない。Cを最初に据えると、AやBの“车”は万里の長城へ向かう観光バスのことであると分かるのでCから始める。そしてCの「午前は1便」というのが何時発なのかを言うのがBなので、CBと続け、その時間にもし間に合わなかったらどうなるかを述べているAを最後に据えるのが最も自然。

64 正解 BAC

問題文和訳

彼ら二人は一人が40歳、一人は70歳ではありますが、しかし同じ趣味嗜好があるので、最終的には厚い友情を育みました。

解説 Aには冒頭に“却”がある。これは副詞だが逆接の接続詞のような意味を持つのでAから始まることはない。またBの冒頭には“尽管”があり、これは後半の逆接の接続詞等と呼応して「〜ではあるが…」という意味を表すので、BAと続く。Aには因果関係の原因・理由を導く接続詞“因为”があり、これがあるフレーズの次には結果を述べるフレーズが欲しいので、BACと続けるのが最も自然な流れとなる。

65 正解 ACB

問題文和訳

生活の中にどれだけ酸いも甘いもがあっても、私たちは（一種の）積極的な態度で笑って生活しましょう。

解説 Aの冒頭の“无论”は、後半フレーズの“都”や“也”と呼応して「〜であろうとも」「〜にかかわらず」といった意味を表す。ちょうどCに“都”があるのでACと続ければよい。またCで文が完結していると考えると「私たちは（一種の）積極的な態度を用いなければならない」という意味になり、「積極的な態度を使って」どうするのかが述べられておらず、今一つ具体性に欠ける言い回しのように見えるので、まだ言葉が続くと考えられる。そこでCの後にBを続けると「積極的な態度で」→「笑って生活する」という流れになる。

第3部分　問題 p.106～p.111

〈問題文〉请选出正确答案。
〈和　訳〉正しい答えを選びなさい。

66　正解 A

問題文和訳

『新婚初日』は古い映画です。この映画は面白いストーリーを述べていて、俳優たちの演技もすばらしいです。今年の映画祭で再放送されると、やはり視聴者から温かい歓迎を受けました。

★ 『新婚初日』について、以下のどれが正しいですか？

選択肢和訳

A　**深く歓迎される**　　B　ストーリーが面白くない
C　大賞を取った　　D　全部で120分である

解説　文章の最後に"仍然受到了观众的热情欢迎"とある。少し表現は違うものの歓迎されたことは確かなのでAを選択。ストーリーについては"电影讲了一个有趣的故事"と「面白い」と言っておりBは間違い。賞を取った話と映画が何分あるかという話はまったく触れられていないのでC、Dは間違い。

67　正解 C

問題文和訳

学生の皆さん、音楽はその他の芸術と同じように、人に感動をもたらすことができます。歌の一節にはたいてい作者の複雑な感情が入っていて、私たちが歌を聴く時その中の気持ちを理解するよう注意しなければならず、そのようにして初めて本当に音楽を理解することができるのです。

★ 話し手が学生にした音楽を聴く時のアドバイスとは：

選択肢和訳

A　心楽しくする　　B　歌詞を理解する
C　**作者の感情を理解する**　　D　流行音楽を拒絶する

解説　文章後半部分に"要注意理解这其中的感情"とあるのでCを選択。聴いている時に心楽しくという話や、歌詞の話、流行音楽の話はまったく触れられていないのでA、B、Dは間違い。

 正解 C

問題文和訳

子供に良い習慣を身につけさせたければ、両親は口でのしつけだけではいけません。まずは良い習慣を持つよう自分に厳しく求め、その後に正しいやりかたで、徐々に子供に植えつけていくべきで、このようにして初めて効果が現れうるのです。

★ 子供に良い習慣を身につけさせたい場合、両親がすべきなのは：

選択肢和訳

A 癇癪（かんしゃく）をあまり起こさない　　B 子供によく付き合う

C まずは自分がきちんとする　　D 子供の意見を聞く

解説 文章の中盤で"首先应该严格要求自己有个好习惯"と言っており、まずは自分によい習慣を持つようにしなければと言っているのでCを選択。癇癪（かんしゃく）を起さないようにとか、子供によく付き合うとか、子供の意見を聞くといった話は出てこないのでA、B、Dは間違い。

 正解 A

問題文和訳

私のボーイフレンドは記者で、私たちが初めて本格的なデートをした時から彼はたびたび遅刻してきました。もともと私はこのことに怒っていましたが、彼がほとんど毎回こうなのは最新の情報を得るために、取材に急いで走っていくのだと分かってからは、やはり徐々に彼を許すようになっていきました。

★ 話し手はその後にボーイフレンドに対してどのような態度でしたか？

選択肢和訳

A 許した　　B 後悔した

C 失望した　　D 感動した

解説 文章の最後で"也就慢慢原谅他了"とあるのでAを選択。もともとは怒っていたとあるが、後悔したり失望したり感動したりはしていないのでB、C、Dは間違い。

第5回

70 正解 A

問題文和訳

水道の安全を確保するため、各棟で給水検査を行います。明日は集合住宅で1日断水をしますので、皆さん事前に生活用水を準備しておいてください。断水によって引き起こされる不便について、私どもは深くお詫び申し上げます。

★　これは何の話である可能性が最も高いかというと：

選択肢和訳

A　（1件の）通知　　　B　（1つの）ゲーム

C　（1本の）ニュース　　　D　（1部の）証明書

解説 全体を読めば、明日団地で断水をするという通知であることが分かるので、Aを選択。ゲームやニュースや証明書の話は出てこないのでB、C、Dは間違い。

71 正解 D

問題文和訳

大学の責任は学生たちに知識を与えるだけではなく、彼らの発展により注目すべきであり、彼らを健康で、責任感があり、社会の役に立つ人材に育てるべきなのです。

★　この話が語っているのは：

選択肢和訳

A　職業選択　　　B　社会経験

C　文化的発展　　　D　大学の責任

解説 冒頭で“大学的责任～”と言っており、その話で文章が完結するので、この話が語っているのは大学の責任についてだと考えられる。そこでDを選択。職業選択についてはまったく触れられていないのでAは間違い。「社会の役に立つ人材に」という話はあるが社会経験について話しているわけではないのでBも間違い。「発展」という言葉は出てくるが、本文では文化的発展と限定していないのでCも間違い。

72　正解 A

問題文和訳

ここの通りは小さくて静かなので、自転車に乗って見物して回るのにもってこいです。インターネットでレンタサイクルカードを1枚申し込めば、道端の公共自転車を使用することができ、非常に便利です。

★　そこで見物して回る場合、最も良いのは：

選択肢和訳

A　**自転車に乗って出かける**　　B　インターネットでチケットを買う

C　軽食を少し味わう　　D　現金を持っていく

解説　文章前半部分に“更适合骑车游玩儿”とあるのでAを選択。インターネットでレンタサイクルカードを申し込むとはあるが、チケットを買うわけではないのでBは間違い。軽食や現金の話はまったく触れられていないのでC、Dも間違い。

73　正解 C

問題文和訳

現在の広告コピーは往々にして非常に魅力的です。しかし、広告の内容については決してすべてが真実だとは限らず、時として間違った情報が入っていることすらあります。それゆえ、私たちはある程度の判断力が必要で、完全に広告を信じてはいけません。

★　この話が人々に注意を促しているのは：

選択肢和訳

A　総括することをマスターする　　B　新聞をたくさん読む

C　**判断力を持つ**　　D　割引イベントに注目する

解説　文章後半で“我们要有一定的判断能力”と言っているのでCを選択。総括についてや、新聞や、割引イベントについてはまったく触れられていないのでA、B、Dは間違い。

74 正解 B

問題文和訳

麗麗さん、あなたはバドミントンをやり終わってこんなにたくさん汗が出ているので、まずはエアコンの風に焦って当たってはいけません。風邪をひきやすいですよ。あなたはもしどうしても暑く感じるのであれば、先に入浴しに行ってください。入浴し終わったら涼しくなりますよ。

★ 話し手は麗麗に何をするよう言ったかというと：

選択肢和訳

A エアコンを拭く　　B **入浴しに行く**

C スープを飲み干す　　D 一緒に晩ご飯を作る

解説 文章後半部分で"你要是实在觉得热，就先去洗个澡"と言っているのでBを選択。汗をかいているのにエアコンの風に当たってはいけないという話はあるが、エアコンを拭くとは言っていないのでAは間違い。スープや晩ご飯の話はまったく触れられていないのでC、Dも間違い。

75 正解 D

問題文和訳

今日は子供の日なので、水族館を見学し終わった後、14歳以下のお友達は入り口のところに戻ると『海底二万里』という絵本を1冊無料でもらえます。皆さん祝日を楽しまれますように！

★ この話によると、どこで無料で絵本をもらえますか？

選択肢和訳

A 1階ロビー　　B 子供レストラン

C ショーホールの向かい　　D **水族館の出入口**

解説 文章前半部分で「水族館を見終わったら…入口の所で絵本がもらえる」とあるので、Dを選択。本文では"入口处"とある一方、選択肢Dでは"门口"と別の言い方をしているので迷うかもしれないが、"门口"は「出入口、玄関」の意味なのでこの文脈では同じものと考えてよい。1階ロビーや子供レストランやショーホールという言葉は本文中にまったく出てこないのでA、B、Cは間違い。

76 正解 D

問題文和訳

毎回出張して研修を受ける際、彼はいつも自分の日記帳を持っていき、学んだ新しいことを記録するだけでなく、時には自分の考え方も書き込むことがあります。こういった経験は彼の今後の仕事の中で大きく役立ってきます。

★ この話によると、彼は：

選択肢和訳

A 忍耐力に欠ける　　B いろいろな経歴がある

C マネジメントの仕事に精通している　　**D 出張する時は日記を書く**

解説 文章の最初の1文に「毎回出張の時は日記帳を持って行って学んだことを書き込む」とあるので、Dを選択。本文の“除了会记下学到的新内容，有时还会写下自己的看法”を“写日记”とまとめていいかどうか迷うかもしれないが、その日あったことを何でも書くのが日記なので問題ない。忍耐力や経歴、マネジメントの仕事といった話はまったく触れられていないのでA、B、Cは間違い。

77 正解 B

問題文和訳

「永遠の若さ」はあるテクノロジー会社で、この会社は求人面で特別な規定があります。——応募できる人の年齢は55歳以上でなければならないということです。現在、この会社は合計400人余りの人がいますが、すべて年齢が55歳から83歳までの中高年の人々です。

★ 「特別な規定」にはどういった面における条件が挙げられていますか？

選択肢和訳

A 国籍　**B 年齢**　C 性別　D 専門分野

解説 特別な規定について書かれているのは“——”の後ろ、すなわち“应聘者的年龄必须要在55岁以上”なので、Bを選択。国籍、性別、専門分野については言及がないのでA、C、Dは間違い。

第5回

78 正解 C

問題文和訳

電話をかけずに携帯メールを送るのを好む人が次第に多くなってきていますが、なぜかというと電話は交流する時に彼らに不自然な感じを抱かせるからです。それに比べて、携帯メールは人をよりリラックスさせやすく、交流の助けとなります。

★ 携帯メールを送って交流するのを好む人が次第に多くなってきているのは、なぜかというと：

選択肢和訳

A より簡単だから　　B より安価だから

C リラックスするから　　D 正式らしく見えるから

解説 文章前半部分の"是因为"の後から最後のところに、携帯メールを送るのを好む人が増えてきている原因がある。特に最後の部分"短信更容易使人放松，有助于交流"から、Cを選択。携帯メールが簡単だとか、安価だとか、正式だとかという話は出てきていないのでA、B、Dは間違い。

79 正解 A

問題文和訳

この作家は歴史専攻の博士で、彼の書く物語の多くは史実に基づいて改作されています。彼は歴史を尊重しているので、彼の小説は多くの人に受け入れられ、特に多くの著名な作家の評価を得ています。

★ この話によると、その作家は：

選択肢和訳

A 歴史を尊重している　　B 同情に値する

C 理想を諦めた　　D 修士課程を修了していない

解説 文章中盤部分で"由于他尊重历史"と言っているのでAを選択。同情するような話は書かれていないし、理想を諦めたような話も修士課程の話も出てこないのでB、C、Dは間違い。

80 - 81

問題文和訳

研究によると、適度な運動は体をリラックスさせ、夜の睡眠の質を高めることが分かっています。しかし、もし寝る前になってから運動を始めるとかえって人を興奮させやすくなり、正常な入眠時間を逃してしまい、睡眠の質を低下させます。それゆえ、医者は人々に午後か寝る前の少なくとも6時間前に運動することを勧めています。こうすれば運動の効果が往々にして良好であるばかりか、睡眠の質も向上しうるのです。

80 正解 B

★ この話によると、寝る前に運動するとどうなりやすいかというと：

選択肢和訳

A 隣人の邪魔になる　　B 人を興奮させる

C ダイエットの助けになる　　D 最も効果的である

解説 文章の2文目に"然而，如果是睡前才开始运动却容易使人兴奋"とあるのでBを選択。隣人のことやダイエットの話はまったく触れられていないのでA、Cは間違い。文章全体で寝る前に運動することはまったく勧められていないのでDも間違い。

81 正解 B

★ この話が主に語っているのは何ですか？

選択肢和訳

A 生活習慣　　B 運動をする時間

C 散歩のメリット　　D 医師のアドバイス

解説 文章2文目から最後までは運動はいつするのがいいのかと話しているので、Bを選択。運動をいつするかは生活習慣とも関係があるが、この文章は一貫して運動の話しかしていないのでAはふさわしくない。散歩についてはまったく触れられていないのでCは間違い。文章後半で"大夫建议人们在午后或者至少睡前六小时运动"と医師のアドバイスが書かれているが、この文章のテーマではないのでDも間違い。

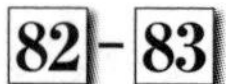

問題文和訳

ある知識人は、本を読むのがいつもことのほか速いので、彼は多くの本を読んだことがあるのですが、どの本も何の印象も残りませんでした。このことで彼は自分が愚かなのではないかと疑いました。ある時、彼は先生にこの悩みを話すと、先生は彼の普段の読書のプロセスを尋ねてから、彼に「読書の目的は速く読むためでもたくさん読むためでもなく、本の内容を本当に理解することなのだ。時にはたとえ1文であっても、何度も読まなければならないこともある。読書は必ず心で記録しなければならない（心に刻み付けなければならない）」と話しました。

82 正解 D

★ 知識人の悩みとは：

選択肢和訳

A 成績が不合格　　B 環境に適応していない
C 文法を学ぶのが難しい　　**D 内容を覚えられない**

解説 知識人の悩みは前半部分の“虽然他读过很多书，可是全都没留下什么印象”にある。何も印象に残っていないということは、つまり内容が覚えられないことなのでDを選択。成績の話、環境に適応していない話、文法の話はまったく触れられていないのでA、B、Cは間違い。

83 正解 C

★ 先生の話はどういう意味ですか？

選択肢和訳

A たくさん質問する　　B 積み重ねを重視する
C 注意深く本を読む必要がある　　D 読書のスピードを上げる

解説 先生の話の最も大事なところは最後の1句“读书一定要用心记”である。そこでCを選択。質問すべきだとか積み重ねを重視すべきという話は出てこないのでA、Bは間違い。先生の言葉の冒頭で“读书的目的不是为了快和多”と言っており、読書の目的は速く読むことではないとはっきり言っているのでDは間違い。

84 - 85

問題文和訳

ここ数年、私の夫は電子タバコを吸い始めました。彼は電子タバコを吸うのは体にまったくデメリットがないと考えており、しかも、彼は電子タバコを吸うことで自分がタバコを吸う回数を減らすのを助け、最終的にはタバコをもう吸わなくなるのだと言います。しかし私はこれを疑っており、なぜならそれは今はまだこの方法に効果があることを証明できる研究がないからです。

84 正解 D

★ 話し手の夫が考えるに電子タバコを吸うことは：

選択肢和訳

A 非常に面倒だ　　B 人を太らせるかもしれない

C 汚染を減らせる　　**D 健康に影響を及ぼさない**

解説 文章前半部分で "他认为抽电子烟对身体完全没有坏处" と言っている。体にまったくデメリットがない、ということは、健康に影響を及ぼさないということなのでDを選択。夫は電子タバコのことを良く思っており、面倒だとか人を太らせうると思っていないのでA、Bは間違い。また汚染を減らせるということはまったく書かれていないのでCも間違い。

85 正解 B

★ 話し手は夫に対してどんな態度を取っていますか？

選択肢和訳

A 支持している　　**B 疑っている**

C 悲しんでいる　　D 無関心である

解説 文章最後の方で "但我对此表示怀疑" と言っているのでBを選択。AはBのちょうど反対の態度になるので間違い。夫のことを疑ってはいるが悲しんではいないのでCも間違い。疑っているというのも1つの関心ではあるので、無関心ではない。そこでDも間違い。

3 书 写

第1部分 問題 p.112

〈問題文〉完成句子。
〈和　訳〉文を完成させなさい。

86 正解 说明书里缺少详细的解释。

和　訳

説明書には詳しい説明が欠けています。

解説 与えられた単語に“缺少”があり、述語動詞となれるものはこれしかないので、これを述語動詞として文を組み立てていく。“里”は名詞の後について「～の中」という意味になるので、“～里 缺少…”「～の中に…が欠けている」という文を作る。何の中に何が欠けているかと考えると、説明書の中に説明が欠けていると考えるのが順当なところなので、“说明书 里 缺少 解释”とする。ところで、“详细的”は名詞の前に置きたいので“说明书”か“解释”の前に置くことになるが、意味を考えると「説明書の中に詳しい説明が欠けている」と考える方が自然である。そこで、“详细的”を“解释”の前に置いて完成。

87 正解 母亲最爱吃的是饺子。

和　訳

母の最も好きな食べ物はギョウザです。

解説 “是饺子”があるので、「～はギョウザである」という文を作ると考える。主語部分を構成する単語は“最”“母亲”“爱吃的”の3つだが、“最”は形容詞等の前に置いて「最も～」という意味を表す副詞なので“爱吃的”の前にしか置けない。もし“最爱吃的母亲”と並べると、「最も食べるのが好きな母」となり、何を食べるのが好きなのか分からないので、“母亲最爱吃的”と並べ、これを主語として“是饺子”の前に置いて完成。

88 正解 中国的手机号码有11位数字。

和　訳

中国の携帯電話番号は11桁の数字があります。

解説 “中国的”は連体修飾語として名詞の前に置く可能性が高い。与えられた単語に名詞は“手机号码”と“11位数字”の2つがあるが、「中国の11桁の数字」では意味がはっきりしないので、“中国的手机号码”と並べる。述語となりそうなものは“有”しかないのでこれを述語動詞とし、その前後に“中国的手机号码”と“11位数字”を置けばいいのだが、どちらを主語にするのか意味を考えると、「電話番号に11桁の数字がある」とするのが自然なので、“中国的手机号码”を前に置き、次に動詞“有”、その後に残った“11位数字”を並べて完成。

89 正解 这个网站介绍了关于生命科学的知识。

和 訳

このサイトは生命科学に関する知識を紹介しています。

解説 述語になれそうなものは“介绍了”なのでこれを軸に文を作っていく。“生命科学的”は後ろに名詞が置かれる可能性が高いので、唯一“的”の後ろに立てそうな“知识”を置いて“生命科学的知识”とする。このままでも「生命科学の知識」という意味になるので、前に“关于”を置いて“关于生命科学的知识”とする。“关于生命科学的知识”“介绍了”“这个网站”の中から、述語動詞として使う“介绍了”を真ん中に置いて、後の2つを前後どちらかにそれぞれ置く。何が何を紹介しているのか考えると、「このサイト」が「知識」を紹介していると考えるのが自然なので、“这个网站”を最初に据え、述語動詞“介绍了”を置き、最後に目的語として“关于生命科学的知识”を置く。

90 正解 让我们为顺利毕业而干杯。

和 訳

私たちが順調に卒業できたことに乾杯しましょう。

解説 単語を眺めてみて「～に乾杯しよう」と言っているとまず判断する。「～のことに乾杯する」という時、“为～而干杯”という言い方をするので、これに当てはめると、“为”が含まれる“让我们为”から始め、最後は“～而干杯”と並べて文を締めくくることが分かる。残った“顺利毕业”は、「順調に卒業できたことに乾杯する」とできるため、これを“为”と“而”の間に置いて完成。

91 正解 气候变暖的问题越来越严重了。

和 訳

地球温暖化の問題はますます深刻になっています。

解説 “越来越”は後ろに形容詞や動詞が入るので、与えられた単語から選ぶと“严重”が来る。“气候变暖的”は“的”があるので後ろに名詞がくる可能性が高い。与えられた単語から選ぶと“问题”しかないのでこれを後ろに置く。すでに作った単語群“越来越严重”以外に述語になれるものがないので、これを述語とし、先ほど作った単語群“气候变暖的问题”を主語とすると、“气候变暖的问题越来越严重”となる。最後に残った“了”を「変化を表す“了”」として文末に置いて完成。

92 正解 我中午去邮局寄信。

和 訳

私はお昼に郵便局に手紙を送りに行きます。

解説 “中午去”の“去”は「～に行く」という意味の動詞なので、場所を表す言葉を目的語として取る。与えられた単語には“邮局”「郵便局」という場所扱いできる名詞があるので、これを後ろに置く。与えられた単語にはもう一つ“寄”「郵送する」という動詞があるので、これをさらに後ろに置き連動文を作る。また“信”「手紙」という名詞は“寄”の目的語としてちょうどいいので“寄”の後ろに置く。最後に残った“我”は主語として文頭に置く。

93 正解 最近河里鱼的数量增加了很多。

和　訳

最近川は魚の量がずいぶん増加しました。

解説 "增加了很多" の "增加" は「増加する」という意味なので何が増加するのかと考えつつ与えられた単語を見ると、"鱼的" と "数量" を並べた "鱼的数量"「魚の量」が増加すると考えるのが自然。残った "最近河里" には時を表す言葉 "最近" があるので文頭に置く。

94 正解 妹妹得意地抬起了头。

和　訳

妹は得意げに顔を上げました。

解説 与えられた単語の中で動詞句である "抬起了头" を述語として文を作っていく。誰が頭を上げるのかというと、与えられた単語の中では "妹妹" しかないので "妹妹 抬起了头" とする。残った単語のうち "地" は連用修飾語を作る助詞なので、もう一つ残っている "得意" と一緒に "得意地" という単語群を作って、これを動詞にかかる連用修飾語として "抬起了头" の前に置く。

95 正解 这两个镜子有什么区别?

和　訳

この2つの鏡にはどんな違いがありますか？

解説 与えられた単語を眺めてみて、"有什么" と "区别" を並べて "有什么区别" とし、「どんな違いがあるか？」という疑問文を作ると想定して文を作っていく。そうすると、残った "这两个" は「指示代名詞＋数詞＋量詞」という構造をしており、この後にはそれを受ける名詞がくる可能性が高いので、同じく残っている "镜子" を並べて "这两个镜子" とし、これを主語として文頭に置く。

第2部分 問題 p.113

〈問題文〉看图，用词造句。

〈和　訳〉写真を見て、単語を用いて文を作りなさい。

96 解答例 今天考试时，我特别紧张。

和　訳

今日試験の時に、私はことのほか緊張しました。

解説 写真には机を前に頭を抱えている人が写っていて、机には何か本のようなものが広げられている。これだけでは状況が見えにくい。与えられた単語も“紧张”で、状況を判断するには情報が足りないが、逆に言えば好きに状況を設定すればよい。解答例は学校の試験を想定し、試験の時に緊張したという書き方をしているが、·たとえば何かの大会に出る準備をしていると考えて“明天有个很重要的数学比赛，我非常紧张”「明日はとても大事な数学コンテストがあるが、私はとても緊張している」というような作文も考えられる。

97 解答例 这杯果汁很好喝。

和 訳

このジュースはおいしいです。

解説 写真は液体の入ったガラスコップを手にした女性が微笑んでいる。与えられた単語が“果汁”なので、コップの中身はジュースだと分かる。女性の表情が笑顔なので、解答例のように「このジュースはおいしい」という内容がいいだろう。また、“她正在喝果汁呢。”「彼女はちょうどジュースを飲んでいるところだ」という動作についての描写も可能である。

98 解答例 她还没打扮好，我们再等等。

和 訳

彼女はまだメーキャップが終わっていないので、私たちはもう少し待ちましょう。

解説 写真を見ると、化粧をしている女性の姿が写っているようである。与えられた単語は“打扮”なので、解答例のように「まだメーキャップが終わっていない」というような内容にするか、“她打扮得真漂亮”「彼女は本当にきれいにメーキャップする」のような内容でもいいだろう。

99 解答例 房间有密码，不用带钥匙。

和 訳

部屋には暗証番号がついているので、鍵を持たなくてもよいです。

解説 写真では分かりにくいが、わずかにドアノブのような取っ手が見えるので、ドアに数字キーがついているように見える。与えられた単語は“密码”なので、暗証番号を打ち込んで開けるタイプのドアだということが予想される。そこで解答例では「暗証番号があるから鍵はいらない」という内容で作文している。他には例えば“我忘密码了，门打不开”「暗証番号を忘れてしまってドアが開けられません」という内容も考えられる。

100 解答例 奇怪，我哥的电话怎么一直占线?

和 訳

おかしいですね。私の兄の電話はどうしてずっと話し中なのでしょう？

解説 写真は深刻な表情の人が携帯電話と見られるものを耳に当てている様子で、与えられた単語は“占线”なので、電話をかけた相手が話し中であることが分かる。そこで解答例ではこの写真の人が「おかしいな。ずっと話し中だ」とつぶやいているような発言を作文している。他には例えば“我给父亲打了好几次电话都是占线”「私は父に何度電話をかけても話し中だ」とか、“妈妈的电话不是占线就是没人接”「お母さんの電話は話し中か誰も出ないかのどちらかだ」といった内容でもいいだろう。

深圳大学 東京校 3つの特徴

特徴 1

日本にいながらにして中国有名総合大学の学士を取得

日本にいながらにして中国四大都市の一つで、アジアのシリコンバレーと呼ばれる深圳の有名総合大学の深圳大学の学士を取得可能です。文部科学大臣より正式に外国の大学等の日本校としての指定を受けているため、日本の大学の学士と違いはなく、本学で学士取得後、日本国内の大学院への進学や、他大学との単位交換なども可能です。

PICK UP! 深圳大学は、世界大学ランキングでも高い評価を得ています

比較 U.S.News大学ランキング

特徴 2

中国語プラスαの能力を身につけることが可能

深圳大学現地から派遣された中国人講師が初心者にもわかる中国語を直接授業。副専攻として、経営管理やイノベーションなどについて学ぶ経営学、プログラミング、クラウド管理等を学ぶ情報コミュニケーション学を選択可能。中国語だけでなく、＋αの実践的な能力を身につけた、中国語人材の中でも競争力のある人材を育成します。

特徴 3

HSK保持者に対する豊富な奨学金、最短2年で卒業可能

HSK保持者には最大24万円の奨学金がでます。また、HSK上位級の早期取得且つ成績優秀者は飛び級が可能で、最短2年で卒業できます。詳しくは募集要項をご確認ください。

深圳大学 東京校　卒業後の進路

深圳大学 東京校で中国語をマスターすれば、中国系企業への就職や大学院進学など、中国語を活かしたさまざまな進路を目指すことができます。

1. 観光、貿易、金融、IT業界等の日系企業や今後増えていく中国系企業への就職
2. 中国系グローバル企業への就職
3. 深圳大学大学院（中国語文学／経営学専攻／金融IT専攻）への進学

中国語検定 HSK公式過去問集4級 [2021年度版]

2021年12月10日　初版　第1刷発行
2024年 4 月 1 日　初版　第2刷発行

著　　者：問題文・音声　中国教育部中外語言交流合作中心
　　　　　翻訳・解説　株式会社スプリックス
編　　者：株式会社スプリックス
発 行 者：常石 博之
D T P：株式会社インターブックス
印刷・製本：株式会社インターブックス
発 行 所：株式会社スプリックス
〒171-0021　東京都豊島区西池袋1-11-1
メトロポリタンプラザビル 12F
TEL 03(5927)1684　FAX 03(5927)1691　Email ch-edu@sprix.jp

落丁・乱丁本については、送料小社負担にてお取り替えいたします。

　ISBN978-4-906725-49-6

HSK日本実施委員会 公認